よくわかる 成年後見制度 活用ブック

精神障害や認知症などのある人の意思決定支援のために

監修：公益社団法人日本精神保健福祉士協会

中央法規

監修の言葉

　成年後見制度が誕生して18年，本協会が成年後見に関する最初のテキストブック（「精神障害者の成年後見テキストブック」2011，中央法規出版）を上梓してからも7年が経過しました。この間，超高齢社会の進行，家族構造の変化，家族の紐帯の希薄化，コミュニティ基盤の脆弱化などがいっそう進み，介護保険制度の拡大とも相まって成年後見制度の需要もまたますます高まってきています。

　一方，精神保健分野においては，長期にわたる社会的入院者が徐々にではありますが，地域に生還しつつあります。彼らを支える社会資源のひとつとして，成年後見制度も期待されています。また，これまで親の献身によって地域生活を支えられてきた精神障害者の親亡き後問題も昨今深刻な課題として取り上げられています。この両者ばかりではありませんが，精神障害者の地域生活を支えるには，成年後見制度は必須のシステムです。

　しかしながら，制度を担う人材は絶対的に不足しており，殊に精神障害者は障害と疾病を分かちがたく合わせもつという障害特性や医療との緊密な連携の必要性などが受任のハードルとなり，担い手をさがすことも容易ではありません。また，成年後見人等の不適切な対応によって制度自体への不信が生まれ，さらに制度の成熟を妨げるという結果につながっているのではないでしょうか。

　この度の改訂は，精神障害者を支える成年後見人等が，より質の高い支援，専門的知識に基づくサポートができるように再構成されました。成年後見制度の充実に熱い思いをもつ本協会のクローバー運営委員会のメンバーが知恵と力を結集して練り上げたものです。

　今すでに後見人等として悩みながら関与されている方，受任したものの不安のある方，よりよい支援を目指したい方，このような方々の福音となることを確信しています。そして，精神障害者の暮らしや人生の伴走者としての成年後見人等が，質・量共に充足されることを願ってやみません。

2018年9月

公益社団法人日本精神保健福祉士協会
会　長　柏木一惠

はじめに

　日本の成年後見法は，1896（明治29）年に公布された民法典総則編の禁治産宣告制度に始まり，戦後も基本的にはそのまま経過してきました。諸外国が成年後見制度を改正していく動きのなかで，1999（平成11）年に民法の一部が改正され，成年後見制度が成立したのです。その背景には，急激に進む高齢化，その対応策としての介護保険の導入がありました。最近では，障害者の権利に関する条約の批准に象徴されるように，権利保障という観点から，知的障害，精神障害のある人の成年後見制度の利用も注目されています。とくに専門職後見人として，法律の専門家だけでなく，福祉専門職が活躍する時代がやってきたのです。

＊

　いち早く，成年後見人等の養成に取り組んだのは，公益社団法人日本社会福祉士会でした。社会の要請にこたえる必要性から，公益社団法人日本精神保健福祉士協会（以下，協会とする）でも，1998（平成10）年から2年間，「精神障害者権利擁護制度研究委員会」で検討が行われていましたが，その後，協会として権利擁護に取り組む組織として，2002（平成14）年1月に「権利擁護委員会」が発足しました。委員会では財産管理や福祉サービス契約にかかわる精神障害者の権利を誰が擁護するのかといった問題が最も緊急の課題という認識で委員間の一致をみました。学習会や多団体へのヒアリング，アンケート調査などを重ね，2006（平成18）年，委員会内に権利擁護委員会成年後見人養成研修検討小委員会が立ち上がりました。そこを起点として，ようやく成年後見人の養成システムの検討が開始され，現在のクローバー運営委員会の活動につながったのです。その委員会を中心に，2009（平成21）年から認定成年後見人ネットワーク「クローバー」が組織され，養成研修を終えた精神保健福祉士が細々とではありますが，各地で成年後見人として活躍しています[1]。

　ここに至る経過のなかで，協会内部からも様々な意見がありました。代表的なものでは，「自己決定を尊重する精神保健福祉士と，本人の代理で判断や決定を行う成年後見人の特徴は相反するものであり，事業実施には慎重であるべき」という意見がありました。後見人が大きな権限をもつがゆえに，精神保健福祉士が大切にしてきた「自己決定の尊重」というかかわりと対立することに危惧を感じるということです。他方，「精神障害者

---

1) 公益社団法人日本精神保健福祉士協会：認定成年後見人ネットワーク クローバー．
　 http://www.japsw.or.jp/ugoki/clover/index.html

本人の権利を擁護し，その自己決定を最大限に尊重しつつかかわる成年後見人には，精神保健福祉士の専門的力量の活用が求められている」という意見もありました。精神保健福祉士の多くが業務として，病院や施設で患者や利用者の金銭や契約に係る代理行為を担ってきた歴史があり，そこに第三者が入ることが人権上好ましいという考えや，法律の専門家や社会福祉士から，精神障害者の支援は精神保健福祉士が担うべきというエールも送られていました。

　そして，時代はそうした対立を緩和する方向に動いてきました。国際的な人権尊重という流れにより，日本においても認知症高齢者や知的障害者，精神障害者等のなかで，判断能力が不十分な人たちの「意思決定支援」にようやく注目が集まってきたのです。

　2016（平成28）年には「後見制度の利用の促進に関する法律」が施行され，成年後見制度利用促進会議および成年後見制度利用促進委員会を設置すること等により，成年後見制度の利用の促進に関する施策を総合的かつ計画的に推進するとされました。もともと成年後見制度は自己決定の尊重をその理念のなかに含んでいましたが，前述したような変化のなかで，成年後見制度の見直しが検討され，判断能力が不十分な認知症高齢者，知的障害者，精神障害者等の意思決定支援が具体化されてきています。それは，精神保健福祉士が抱えていた自己矛盾から解放される道筋を照らす光のようにも感じられるのです。

＊

　成年後見人養成を始めてから10年が経とうとし，私たちなりの蓄積もできてきました。本書は委員会活動や，研修，あるいは，自分の実践で得た知識や経験を再構成しています。障害者総合支援法の時代となり，障害の捉え方が広くなるにしたがって，私たちの守備範囲も拡大してきました。認知症はもちろんですが，発達障害，高次脳機能障害，難病など，多様な障害に焦点を当てながら，成年後見制度の活用や後見人等としての役割をわかりやすく提示させていただいたつもりです。精神保健福祉士のみならず，法律の専門家，社会福祉士，市民後見人など，精神障害のある人にかかわる多くの方々に活用していただければ幸いです。

2018年9月

編者　岩崎　香

目　次

監修のことば …………………………………………………………………………… 1
はじめに ………………………………………………………………………………… 2

第1章　成年後見制度と意思決定支援 ―成年後見人の基本姿勢 ……… 7
第1節　判断能力が不十分な人の意思決定支援 ……………………………… 7
第2節　意思決定を支援する仕組みと意思決定の尊重 …………………… 14
第3節　成年後見人としての倫理 …………………………………………… 19

第2章　判断能力が不十分な人への生活の支援 ……………………… 27
第1節　生活にかかわる法制度 ……………………………………………… 27
第2節　生活を支える社会資源 ……………………………………………… 37
第3節　地域包括ケアシステムと多職種による支援ネットワーク ……… 53

第3章　成年後見制度の活用 ………………………………………… 59
第1節　成年後見制度の申立て ……………………………………………… 59
第2節　成年後見制度を活用する理由―そのメリットとデメリット …… 64

第4章　精神障害・認知症の人に対する成年後見人等の具体的対応 ……… 71
1　統合失調症の再発
　　―精神科医療の仕組み ………………………………………………… 71
2　関係性の構築を難しくする幻聴・妄想
　　―長期入院者へのかかわりとチームによる支援 …………………… 79
3　放火などの重大な他害行為
　　―心神喪失者等医療観察法対象者の地域生活支援 ………………… 86
4　ごみ屋敷で生活する認知症の親と知的障害の子
　　―高齢領域と障害領域の支援者の連携 ……………………………… 92
5　統合失調症の人の身体疾患に対する治療拒否
　　―本人の意思と治療の必要性 ………………………………………… 98
6　中途障害者（高次脳機能障害）の生活支援
　　―高次脳機能障害の人が利用できるサービス ……………………… 106

7　知的障害のある人との金銭目当ての養子縁組
　　―保佐人による法的対応 ……………………………………………………… 113
8　アルコール依存症の治療と支援
　　―アディクションに対する後見人等のかかわり方 …………………………… 119
9　難病の人の親亡き後に向けた任意後見の利用や相続手続き
　　―的確な契約・履行の見極め，法律の専門家との連携 ……………………… 126
10　有料老人ホーム入所のための認知症の人の財産処分
　　―多職種（福祉職と法律の専門家）による複数後見 ………………………… 132
11　身寄りのない認知症の人のサービス利用支援
　　―成年後見制度利用支援事業の活用，市町村長申立による後見人選任 …… 141
12　発達障害の人の利用意向とサービス等利用計画の不一致
　　―成年後見人等の立ち位置 ……………………………………………………… 149
13　発達障害の人による認知症の親への虐待
　　―親子の分離のタイミング ……………………………………………………… 158
14　兄夫婦による知的障害の人の財産搾取（経済的虐待）
　　―親族後見の課題と親族間の関係への介入 …………………………………… 164

第5章　対象疾患・障害の概要 …………………………………………… 173
1　精神疾患・精神障害の概要 ………………………………………………………… 173
2　統合失調症 …………………………………………………………………………… 177
3　感情障害 ……………………………………………………………………………… 182
4　アディクション ……………………………………………………………………… 186
5　認知症 ………………………………………………………………………………… 190
6　高次脳機能障害 ……………………………………………………………………… 195
7　パーソナリティ障害 ………………………………………………………………… 199
8　発達障害 ……………………………………………………………………………… 203
9　知的障害 ……………………………………………………………………………… 206
10　難病 ………………………………………………………………………………… 208

第6章　成年後見制度の限界と課題 …………………………………… 213
第1節　成年後見制度の限界 ………………………………………… 213
第2節　成年後見制度の課題 ………………………………………… 220

資　料
1　公益社団法人日本精神保健福祉士協会の倫理綱領 ……………… 223
2　成年後見制度に関する見解 ………………………………………… 228
3　成年後見制度に関する横浜宣言 …………………………………… 233
4　公益社団法人日本社会福祉士会連絡先一覧 ……………………… 239
5　公益社団法人成年後見センター・リーガルサポート連絡先一覧 ………… 242
6　家庭裁判所一覧 ……………………………………………………… 244

あとがき ……………………………………………………………………… 246
監修・編者紹介・執筆者一覧 ……………………………………………… 248

第1章
成年後見制度と意思決定支援
──成年後見人の基本姿勢

第1節 判断能力が不十分な人の意思決定支援

1 福祉サービスと成年後見制度

　「意思決定支援」とは果たしてどういうことを指すのでしょうか。あらためてそう考えたきっかけは2016（平成28）年7月26日，神奈川県相模原市の障害者施設で起こった障害者殺傷事件でした。優性思想に影響を受けた20歳代の男性が，元の職場である障害者の入所施設に侵入しての犯行だったと報じられましたが，さらに，その男性が措置入院した経験があり，短期間で退院し約5か月後の犯行だったために，精神障害当事者，家族，精神保健医療福祉の領域に携わる人たちにも大きな衝撃を与えることとなりました。男性が「正確に意思疎通がとれない人間である重度・重複障害者は，幸せを奪い，不幸をばらまく存在で安楽死対象となる」というような主張を繰り返していたと報道されましたが，逆に私たち支援者は正確に意思疎通がとれない人たちを支援することを正当化する根拠をもたなければならないと感じました。その一番の根拠は，「正確に意思疎通がとれない」ということと，「意思がない」ということは必ずしも一致しないということなのではないかと思うからです。

　日本の障害者に関連する制度は長年，障害当事者の意思ではなく，行政による措置という仕組みで運用されてきました。それが大きく転換したのは，2000（平成12）年の介護保険法の施行で，措置からサービスの受け手との契約によって供給がなされることになりました。その背景には，経済の低成長，急激な少子高齢化などの社会の変化があり，サービスの受け手が契約し，相応の負担もしてもらうことでもありました（障害福祉サービスにおいては，受益者負担の問題は大きな反対運動や国を相手取った訴訟に広がり，いまは応能負担になっています）。福祉サービスにケアマネジメントが導入され，サービスの提供はサービスを受ける人の意思に基づいたサービス提供者との契約により行われるという仕組みが

できたことで「意思決定」が取り上げられるようになったのです。意思があるとされる人たちに対しては，人としての尊厳をもってその人らしい自立した生活を実現することが目標とされました。そして，意思決定ができない人たちのために禁治産・準禁治産制度が改正され，現在の成年後見制度が2000（平成12）年に制定されたのです。日本の成年後見制度は判断能力がない，不十分であるということを前提とし，代行決定を行う仕組みとして長年，役割を果たしてきました。特に後見人は被後見人のすべての契約について，代行できる大きな権限をもっています。後見人は被後見人の権利を守る立場で支援するわけですが，被後見人の意思を確認しないままに代理権を行使するということが可能な制度でもあります。成年後見制度ができた当初よりも，サービス契約や身上監護を目的として制度を利用する人も増えていますが，一般常識や客観的な利益を優先してしまうと，その結果として，被後見人の権利を制限するということにつながってしまう場合もあることに留意しなければなりません。

2 障害者領域における意思決定支援と成年後見制度

　障害者の権利に関する条約（障害者権利条約）の「第12条　法律の前にひとしく認められる権利」では，「障害者が生活のあらゆる側面において他の者との平等を基礎として法的能力を享有することを認める」ことが明示されています。具体的には，意思決定を行う能力がないという判断のためには「あらゆる実行可能な方法」が試されるべきであり，包括的に判断されるものではなく，必要に応じて行うもので，特定の事柄や時，内容やその効果などによって異なることを前提とすること，独立した機関によって審査が行われるべきであること等が明記されています。つまり，障害のある人も障害のない人と同じように法的能力があることを前提に平等に権利を保障しなければならないということです。英国の意思決定能力法の基本原則にも同様の内容が含まれており，2010（平成22）年に横浜で開催された成年後見法世界学会で採択された横浜宣言でも成年後見制度の基本原則として以下の5点が残されました[1]。

①人は能力を欠くと確定されない限り特定の意思決定を行う能力を有すると推定されなければならない。

②本人の意思決定を支援するあらゆる実行可能な方法が功を奏さなかったのでなければ，人は意思決定ができないとみなされてはならない。

③意思能力とは「特定の事柄」「特定の時」の両方に関連するものであり，行なおうとする意思決定の性質および効果によって異なること，また同じ人であっても一日の中

---

1) 横浜宣言は，2016年に改訂・修正されているが，ここでは2010年採択時のものを収載した。改訂・修正版は233頁参照。

で変動し得ることを立法にあたっては可能な限り認識すべきである。
　④保護の形態は，本人を守ろうとするあまり全面的に包み込み，結果としてあらゆる意思決定能力を奪うものであってはならず，かつ本人の意思決定能力への制約は本人または第三者の保護に必要とされる範囲に限定されるべきである。
　⑤保護の形態は適切な時期に独立した機関により定期的に見直されるべきである。
　障害者権利条約は2006（平成18）年に国連で採択され，2014（平成26）年に日本でも批准を迎えました。その第1条には「全ての障害者によるあらゆる人権及び基本的自由の完全かつ平等な享有を促進し，保護し及び確保すること，並びに障害者の固有の尊厳の尊重を促進することを目的とする」と記されています。この条約の示す理念の実現に際し，判断能力が不十分な人の意思決定を支援するということが大きな課題にもなっているわけですが，最終的には，支援を受ける立場にある人たちが一人の人間として尊重されていると感じられることが最も大事なことなのではないかと思います。

3　意思決定支援と成年後見制度の利用促進をめぐる行政の動き

　前述した権利条約の批准に関して，2011（平成23）年には「障害者基本法」の改正，障害者自立支援法の一部改正，「障害者虐待の防止，障害者の養護者に対する支援等に関する法律」（障害者虐待防止法）の制定が行われ，2012（平成24）年には「障害者の日常生活及び社会生活を総合的に支援するための法律」（障害者総合支援法）が成立しました。2013（平成25）年に「障害を理由とする差別の解消の推進に関する法律」（障害者差別解消法）の制定，「障害者の雇用の促進等に関する法律」（障害者雇用促進法），「精神保健及び精神障害者福祉に関する法律」（精神保健福祉法）の改正などが行われました。障害者基本法第23条では，「国及び地方公共団体は，障害者の意思決定の支援に配慮しつつ，障害者及びその家族その他の関係者に対する相談業務，成年後見制度その他の障害者の権利利益の保護等のための施策又は制度が，適切に行われ又は広く利用されるようにしなければならない」とされ，障害者総合支援法にも，指定事業者等および指定相談支援事業者が利用者の意思決定の支援に配慮する旨が規定されました（第42条，第51条）。同法2012（平成24）年改正附則第3条（検討規定）にも「障害者の意思決定支援の在り方」が含まれており，精神保健福祉法2013（平成25）年改正附則第8条（検討）においても施行後3年をめどとして「医療保護入院における移送及び入院の手続の在り方」「医療保護入院者の退院による地域における生活への移行を促進するための措置の在り方」「精神科病院に係る入院中の処遇，退院等に関する精神障害者の意思決定及び意思の表明についての支援の在り方」が見直し事項とされたのです。
　それを受けて，障害者総合支援法施行3年後の見直しに向け厚生労働省が設置した「障害福祉サービスの在り方等に関する論点整理のためのワーキンググループ」が2014（平

成26）年12月～2015（平成27）年4月に開催され，見直しの論点が整理されました。また，2015（平成27）年12月に出された「障害者総合支援法施行3年後の見直しについて～社会保障審議会障害者部会報告書～」では，「意思決定支援の定義や意義，標準的なプロセス（サービス等利用計画や個別支援計画の作成と一体的に実施等），留意点（意思決定の前提となる情報等の伝達等）等を取りまとめた『意思決定支援ガイドライン（仮称）』を作成し，事業者や成年後見の担い手を含めた関係者間で共有し，普及を図るべきである」と報告されました。公益社団法人日本発達障害連盟は，障害者総合福祉推進事業として，2014（平成26）年度に「意思決定支援の在り方並びに成年後見制度の利用促進の在り方に関する研究事業」を，2015（平成27）年度に「意思決定支援のガイドライン作成に関する研究」を実施し，ガイドラインをまとめました。また，成年後見制度の利用を促進することを目的とした「成年後見制度の利用の促進に関する法律」（成年後見制度利用促進法）も2016（平成28）年5月に施行され，これまで検討課題とされてきた制度の課題に取り組むことも盛り込まれたのです。

　精神科医療に関しても，精神保健福祉法改正において保護者制度の廃止の際に，アドボケーター（権利擁護者）の必要性が議論されましたが，法改正には盛り込まれず，具体化に向けた調査・研究を行っていくこととされました。調査研究は，障害者総合福祉推進事業において2014（平成26）年度から2年間にわたり「入院中の意思決定及び意思の表明に関するモデル事業」が実施され，公益社団法人日本精神科病院協会によって「入院に係る精神障害者の意思決定及び意思の表明に関するアドボケーターガイドライン」が作成されています。

　また，認知症高齢者に関しても延命にかかわる医療行為を中心に議論が進んでおり，社団法人日本老年医学会による「高齢者ケアの意思決定プロセスに関するガイドライン～人工的水分・栄養補給の導入を中心として～」，厚生労働省による「人生の最終段階における医療の決定プロセスに関するガイドライン」などいくつかのガイドラインが提案されてきました。2016（平成28）年に制定された成年後見制度利用促進法による成年後見制度利用促進委員会（以下，委員会）において，「障害者や認知症の人の特性に応じた適切な配慮を行うことができるよう，意思決定の支援の在り方についての指針の策定に向けた検討等が進められるべき」の指摘がなされました。それを契機に委員会での議論を経て，老人保健健康増進等事業として，2015（平成27）年度に「認知症の行動・心理症状（BPSD）等に対し認知症の人の意思決定能力や責任能力を踏まえた対応のあり方に関する調査研究事業」と，2016（平成28）年度に「認知症の人の意思決定能力を踏まえた支援のあり方に関する研究事業による研究」がなされ，2017（平成29）年度の老人保健健康増進等事業のなかで作成されたガイドライン案をもとに，2018（平成30）年4月に「認知症の人の日常生活・社会生活における意思決定支援ガイドライン（案）」が公表されています（http://search.e-gov.go.jp/servlet/PcmFileDownload?seqNo=0000175277）。

4 意思決定支援とそのプロセス

　精神保健福祉領域では，その活動の歴史のなかで，「自己決定」という言葉が使用されてきました。よくいわれるのが，「自己決定」と「意思決定」はどう違うのかということです。先に紹介した「意思決定支援の在り方並びに成年後見制度の利用促進の在り方に関する研究事業」報告書では，意思決定支援を「知的障害や精神障害（発達障害を含む）等で意思決定に困難を抱える障害者が，日常生活や社会生活等に関して自分自身がしたい（と思う）意思が反映された生活を送ることが可能となるように，障害者を支援する者（以下「支援者」という。）が行う支援の行為及び仕組みをいう」と定義しています。その報告書の但書きには「意思決定」と「自己決定」をほぼ同義ととらえると記されています。「意思決定支援」を支援の行為にとどまらず，仕組みを含んで定義していますが，それはとても重要な示唆だと思います。

　知的障害の領域で活躍されている柴田洋弥氏はその著作[2]のなかで，意思決定をするのは知的障害者自身であるが，支援者や環境との相互作用のなかで本人の意思が確立していくことから「意思決定支援」と表現してきたとその経過を述べています。成年後見制度における代行決定を正当化する根拠として意思能力の有無が問われるという議論や，英国の意思決定能力法の影響など，様々な場面で「意思」という言葉が使用されつつあります。自分の明確な意思をもっている人に対して，それを実現することを支援するだけでなく，柴田氏が言うように，自分の考えや希望が十分に形づくられていない状況のなかで，意思が形成されるプロセスを含むものとして構造的にとらえるならば，「自己決定支援」よりも「意思決定支援」と表現するほうがしっくりくるのかもしれません。「自己決定」を自分が決めるのか，他者が決めるのかという切り口で考えるのであれば，他者ではなく自分が決めるということですし，「意思決定」とした場合は，自分が決めることが前提であり，その人が直面している状況に対する意思の決定ともとらえることができます。つまり，意思決定は一つひとつの事柄に対する決定であり，自己決定のほうが大きな概念であるとみることもできるわけです。

　自己の決定であることを前提に，何事かに対して意思を決定する場合，そこにはプロセスが存在します。障害の状態やこれまで自分で物事を決定した経験の少ない人に関しては，意思を醸成するというところからかかわりが始まる場合もあります。そのためには，いろいろな情報をその人に理解しやすい方法で提供することを継続して行う必要があります。残念なことですが，情報へのアクセス方法を知らなかったり，制限されてきたという人たちもいます。そうして，本人のなかに「こうしたい」と思えることが明確になったとしても，それを表現するところにもハードルがあります。相手に自分の意思を伝えるため

2）柴田洋弥：知的障害者等の意思決定支援について．発達障害研究 2012；34（3）：261-272.

のスキルが必要なのです。意思を表明するということができて初めて，意思の実現に向けて動き出すことになります。

＊

　待ったなしの福祉現場において「今，ここで」起こっていることに関して意思決定を支援することが自然にできれば何も言うことはありません。しかし，成年後見人に限らず，支援者でも本人の意思よりも客観的な利益を優先してしまうことや，時間がないことを言い訳にその人に情報を伝える方策を尽くさないまま選択を迫ったりしてしまうことがあります。判断能力が低下している人の意思決定が尊重されるものであるということを，かかわる人たちの意識に定着させるような仕組みづくりが必要だと思います。

　また，前述した「認知症の人の日常生活・社会生活における意思決定支援ガイドライン（案）」では，「認知症の人であっても，その能力を最大限活かして，日常生活や社会生活に関して自らの意思に基づいた生活を送ることができるようにするために行う，意思決定支援者による本人支援をいう。」「本ガイドラインでいう意思決定支援とは，認知症の人の意思決定をプロセスとして支援するもので，通常，そのプロセスは，本人が意思を形成することの支援と，本人が意思を表明することの支援を中心とし，本人が意思を実現するための支援を含む」とされています。また，この定義の但書きとして，「本ガイドラインは，認知症の人の意思決定支援をすることの重要性にかんがみ，その際の基本的考え方等を示すもので，本人の意思決定能力が欠けている場合の，いわゆる「代理代行決定」のルールを示すものではない。今後，本ガイドラインによって認知症の人の意思決定を支援してもなお生ずる問題については，別途検討されるべきで，この点は本ガイドラインの限界と位置付けられる。本ガイドラインは，本人の意思決定支援のプロセスは，代理代行決定のプロセスとは異なるということを中心的な考えとして採用している。」「本人が意思を形成することの支援を意思形成支援，本人が意思を表明することの支援を意思表明支援，本人が意思を実現するための支援を意思実現支援と呼ぶこともできる」と記されてもいます。

　意思決定を支援するプロセスと代理代行決定プロセスを明確に分けてとらえており，支援にかかわる成年後見人もその点に関する留意が必要だと思います。

5　成年後見制度における意思決定支援

　かつて，禁治産・準禁治産制度の時代には，そのことが戸籍に記載されていましたが，成年後見制度となってからは戸籍に記載されないようになりました。それは制度活用が進む要因とも考えられており，よいことだと思う反面，制度を利用していることがスティグマになると考えられているがゆえの対応だと感じます。後見人がついている人は判断能力がない人という烙印を押されているように感じてしまう現実は今でもあると思います。

　障害者権利条約に示されている社会モデルの考え方では，多様な人がいることが当たり

前であり，判断能力が不十分な人を支援することもまた，当たり前のことです。人は誰もが判断能力があるという，ほかの人と同じ立ち位置から足りないところを支援するということになります。しかし，日本では後見人のついている人は「判断能力がない」というところが出発点になってしまい，健康な人たちと初めから立ち位置が違う人だと位置づけられてしまっているように思います。確かに意思を把握することが難しい人がいることも事実です。しかし，すべての事柄に対して意思をもっていない人としてとらえるのではなく，どういうことが好きな人なのか，何をしたいと考えている人なのかと思いをめぐらせながら向き合ってもらいたいと思います。

第2節 意思決定を支援する仕組みと意思決定の尊重

1 成年後見人と被後見人の関係性

　成年後見制度における「意思決定」の尊重ということを考えるときに，いつも被後見人が望んだ制度利用だったのかどうかが気になります。特に後見類型の場合には，成年後見人がつくことを知らないまま手続きが進められてしまうこともあります。また，手続きをすることは聞かされても第三者後見人を選ぶプロセスに被後見人の多くはかかわることができません。家庭裁判所の審判が下り，正式に後見人が決定してから，被後見人として初めて顔を合わせることになります。そうした出会いでもうまく関係性を取り結ぶことができる場合も多くありますが，突然現れた後見人が自分の重大な決定に影響を与えることについて納得できなかったり，拒否反応を示す人がいることも事実です。

　成年後見制度は，自己決定の尊重と残存能力の活用およびノーマライゼーションの理念を掲げ，新たな制度としてつくられましたが，成年後見人には包括的な代理権があります。本人の意思決定については，「成年被後見人の意思を尊重し，かつ，その心身の状態及び生活の状況に配慮しなければならない」（民法第858条）と定めるのみで，具体的な方法は示されておらず，後見人の裁量（力量）に任されています。成年後見人が大きな権限をもっており，その権限行使に関して，成年後見人の価値観や倫理観に頼るしかないというのが日本の現状です。前節で少し述べたように，意思決定能力法を定めている英国では，従前から本人の意思を代弁する意思代理人（IMCA：Independent mental capacity advocate）が活動していますし，新たな意思決定支援の仕組みとして南オーストラリア州で始められた意思決定支援（SDM：Supported decision-making）モデルも日本で紹介されています。日本でも制度そのものの見直しと同時に意思決定が尊重される仕組みづくりが望まれますが，「障害福祉サービス等の提供に係る意思決定支援ガイドライン」と「入院に係る精神障害者の意思決定及び意思の表明に関するアドボケーターガイドライン」を例に挙げつつ，意思決定支援について考えてみたいと思います。

2 障害福祉サービス等の提供に係る意思決定支援ガイドライン

　2017（平成29）年3月に，「障害福祉サービス等の提供に係る意思決定支援ガイドライン」が厚生労働省から公表されました。ガイドラインは，事業者がサービスを提供する際に行う障害者の意思決定支援枠組みを提示しており「本人，事業者，家族や成年後見人等（保佐人及び補助人並びに任意後見人を含む。以下同じ。）の他に，必要に応じて教育関係者や医療関係者，福祉事務所，市区町村の虐待対応窓口や保健所等の行政関係機関，障害者

就業・生活支援センター等の就労関係機関，ピアサポーター等の障害当事者による支援者，本人の知人等の関係者，関係機関等（以下「関係者等」という。），障害者に関わる多くの人々にも意思決定支援への参加を促すものである。」とされています。また，意思決定支援の原則として，①本人への支援は，自己決定の尊重に基づき行うことが原則であり，本人の自己決定にとって必要な情報の説明は，本人が理解できるよう工夫して行うことが重要であること，②職員等の価値観においては不合理と思われる決定でも，他者への権利を侵害しないのであれば，その選択を尊重するよう努める姿勢が求められること，③本人の自己決定や意思確認がどうしても困難な場合は，本人をよく知る関係者が集まって，本人の日常生活の場面や事業者のサービス提供場面における表情や感情，行動に関する記録などの情報に加え，これまでの生活史，人間関係等様々な情報を把握し，根拠を明確にしながら障害者の意思および選好を推定することなどが示されています。また，意思決定支援の枠組みが，意思決定支援責任者の配置，意思決定支援会議の開催，意思決定の結果を反映したサービス等利用計画・個別支援計画（意思決定支援計画）の作成とサービスの提供，モニタリングと評価・見直しの4つの要素から構成され，「日頃から本人の生活に関わる事業者の職員が，全ての生活場面の中で意思決定に配慮しながらサービス提供を行うこと」とされています（図1-1）。意思決定支援責任者には相談支援専門員，サービス管理責任者などが想定されており，意思決定支援会議には成年後見人等も参加し，本人の最善の利益について検討することとなります。

3 入院に係る精神障害者の意思決定および意思の表明に関するアドボケーターガイドライン

　精神保健福祉法改正により保護者制度が廃止されることを受け，精神障害者が入院において自らの意思決定および意思の表明を支援するアドボケーター（権利養護者）を患者自身が選択できる仕組みの導入が検討されましたが，十分なコンセンサスが得られず，法律には盛り込まれませんでした。附則第8条の検討規定において「精神科病院に係る入院中の処遇，退院等に関する精神障害者の意思決定及び意思の表明についての支援の在り方」について検討を加えることとされました。

　そして，前述したように2015（平成27）年度障害者総合福祉推進事業において，「入院に係る精神障害者の意思決定及び意思の表明に関するモデル事業」（公益社団法人日本精神科病院協会）の研究結果として，「入院に係る精神障害者の意思決定及び意思の表明に関するアドボケーターガイドライン」が作成されています。

　ガイドラインでは，アドボケーターを「精神科病院に入院している者にとって，入院生活での困り事に対して信頼できる相談相手で，入院中の「説明が得られない」「聞いてもらえない」ことに対しても，本人の立場で気持ちや状況を理解し，必要に応じて代弁する

図 1-1　意思決定支援の流れ

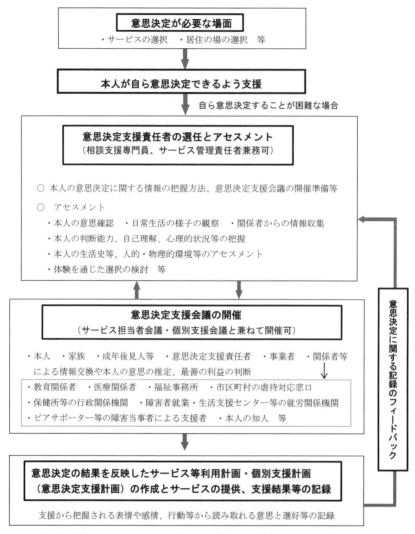

(出典:「障害福祉サービス等の提供に係る意思決定支援ガイドライン」厚生労働省社会・援護局障害保健福祉部長．障発 0331 第 15 号．平成 29 年 3 月 31 日)

ことで，本人が自分の気持ちに正直に生き，主体的に精神科医療を受けられるように側面的に支援する者である。アドボケーターは，本人の話を先入観なく理解し，利害関係のない人がその任を担う」としています。また，ガイドラインのなかでは，意思の表明の支援と意思決定支援を整理し，意思の表明の支援とは，本人がどんな状態であろうとも，意思の表明をする場合に，本人に寄り添って，その気持ちを代弁できるような支援をさすものとし，意思決定支援とは，精神障害者が意思を表明して，入院している医療機関や地域援

助事業者と協働でできることが可能な支援としました。アドボケーターとしては，相談支援専門員，保健師，看護師，精神保健福祉士，社会福祉士，女性相談員，弁護士，行政書士，社会保険労務士，ピアサポーター等が想定されており，研修の受講を要するとされています。精神科病院に入院しているすべての患者は，自らが希望すればアドボケーター制度を利用することが可能（非自発的入院時を除く）で，アドボケーターは専門職とピアサポーター2名が一組みとなり，その頻度は，1，2週に1回程度，回数は5回程度，アドボカシーの期間は2，3か月間と示されています。

このガイドラインに関しては，アドボケーターの定義やアドボケートする仕組みに対する意見や，単なる相談ではなく，アドボケーターとして本来担うべき代弁や権利行使を支援するという機能を明記すべきであること，権利侵害が疑われる場合には都道府県知事等に申告する権限等が与えられるべきであることなど，関係団体から意見が表明されています。運用をめぐって，今後も様々な議論が展開されていくことが予想されます。

4 意思決定支援の課題──社会モデルの浸透と相互性

障害者権利条約の批准を契機に制度改革が行われ，以前よりも障害者の人権に対する関心は高まっていると思います。しかし，精神障害者の場合，精神科医療や福祉サービスへの入り口では，実際にサービスを受ける本人の意思よりも家族や関係者の要請に基づいたかかわりが多くなりがちで，それは成年後見制度についても同様の状況にあります。そこには自らが疾患や障害に対する認識をもつことが難しい障害特性の問題ももちろんあります。

もうひとつ原因があるとするならば，精神疾患や精神障害に対する社会の偏見や差別です。権利条約が示すように，障害が個人にあるのではなく，社会との関係性のなかで生まれるものという理解が国民に広く理解されていればいいのですが，いまだにそれを個人の問題として障害当事者や家族が背負っているという現状があります。その結果，病気や障害がある自分が社会から受け入れられていないと本人自身が感じてしまっている（セルフスティグマ）のではないかと思います。多様な人がいる社会が当たり前の社会であるはずですが，病気や障害があることで，社会からはじき出されてしまうという思いが，治療やサービスへのつながりを遅らせてしまうこともあります。

現行の成年後見制度も本人にとっては，自分の権利が奪われてしまう制度だと映ってしまう可能性があります。成年後見人としてかかわるうえで，成年被後見人に寄り添い，その人を尊重する支援を展開することはもちろんですが，冒頭でも述べたように申立てを行うところと，成年後見人が選任され，支援が始まるところが手続きとしては分断されていて，本人の意思が十分に汲み取れていないのではないかと感じます。精神障害者への社会の側の理解不足が本人や家族に与えている影響の大きさと，サービスにつながるときの意思尊重の難しさが成年後見制度の利用という点では大きな課題だと思います。

「障害福祉サービス等の提供に係る意思決定支援ガイドライン」および「入院に係る精神障害者の意思決定及び意思の表明に関するアドボケーターガイドライン」に関しても，まだ実際の運用が広がっているわけではありません。患者や利用者の人権を守るためのガイドラインであってほしいと願いますが，示されている定義やその仕組みなどに関しても議論[3]はいろいろとあると思います。これらも成年後見制度と同様で，実際にその仕組みを運用する人たちが，利用する人たちの意思尊重をどのように実現しようとするのかということが重要だと思います。ガイドラインには，私たちの目の前にいる一人ひとりに対するかかわりは記されていないからです。

　意思決定を支援するにはプロセスがあるということを前節で取り上げました。では，そのプロセスを一緒に歩むということはどういうことを指すのでしょうか。支援する側とされる側という立ち位置に立つことで，一方的に支援する側がされる側に何かを提供していると考えるのではなく，支援する側も同じように経験を積んでいるのであり，かかわることでお互いが磨かれていく…そう感じられるようなかかわりができればと思います。

---

[3] 公益社団法人日本精神保健福祉士協会では，このことに関連して「精神医療アドボケーター制度（仮称）の創設に関する意見書」を厚生労働省に提出しています（2018年3月2日）。
http://www.japsw.or.jp/ugoki/yobo/opinion20180302.pdf（最終閲覧2018年8月31日）

第3節 成年後見人としての倫理

1 はじめに

　成年後見制度が成立した背景には福祉サービスの提供が，行政による措置から介護保険による契約へと移行したことが挙げられます。契約ですから選択や確認は自己責任ということになります。

　しかし認知症，知的障害者，精神障害者のなかには，判断能力が不十分で必要なサービスを選択できない人や，適切にサービスを提供されているが確認ができない人もいます。そのような人たちの権利を擁護するために成年後見制度は介護保険とセットで制度化されました。

　当初は財産管理やサービス契約を代理するという側面が注目されましたが，近年では生活全般にわたる身上保護の側面も重視されるようになりました。特に近年では，障害者支援の領域から「意思決定支援」という概念が注目されています。

　前節でも取り上げた「障害福祉サービス等の提供に係る意思決定支援ガイドライン」(2017年（平成29）3月）では，意思決定支援とは「自ら意思を決定することに困難を抱える障害者が，日常生活や社会生活に関して自らの意思が反映された生活を送ることができるように，可能な限り本人が自ら意思決定できるよう支援し，本人の意思の確認や意思及び選好を推定し，支援を尽くしても本人の意思及び選好の推定が困難な場合には，最後の手段として本人の最善の利益を検討するために事業者の職員が行う支援の行為及び仕組み」と定義しています。本節では，前述した定義にも示されている「本人の最善の利益」を「仮に被後見人が十分な意思能力をもっている場合，おそらく『選択した』（選択しない）と思われる行為」として話を進めます。

　「本人の最善の利益」の実現のためには事業者の職員のみならず成年後見人も意思決定支援の考え方に沿って支援すべきであり，それが倫理的であると考えます。

2 意思決定支援の重要性と困難性

　専門職，特にソーシャルワーカーにとって，自己決定は大きな価値です。しかし，本人の決定を常にそのまま最終決定とするなら，そもそも成年後見人は不要です。代理する必要があるからこそ成年後見人が選任されるわけです。

　ただし，その権限行使については条件が必要です。先の意思決定支援の定義によれば，①可能な限り本人が自ら意思決定できるよう「支援」し，②本人の意思の確認や意思および選好を「推定」し，③「最後の手段」として「本人の最善の利益」を検討するとしてい

ます。

　問題なのは，どの程度支援等を行えばよいのかが現実的に明確化が困難であることでしょう。一方，単に財産の管理・保全を行う場合は業務が明確です。身上保護に関する業務の難しさはこの点にあると考えます。

　被後見人の財産を成年後見人が着服した場合，法によって裁かれます。では，十分な意思決定支援を行わなかった場合はどうでしょう。現在の日本では罰したり，規制したりする法的根拠はないのが現状です。では何によって規制するのでしょうか。そこで必要とされるのが倫理であると考えます。

3　法，道徳，倫理の違い

　法，道徳，倫理それぞれの違いについて考えてみたいと思います。古くからの法諺（ほうげん：法にかかわることわざ）に「法は道徳・倫理の最小限のものである」とありますが，法は社会を円滑に運営するために「最低限守る」事柄を提示し，守らなかった場合は国家権力により罰則を与えるものです。

　一方，道徳・倫理は守らなくても国家権力からの罰則はありません。したがって，法では守るべき基準が明確に定められています。しかし道徳や倫理は基準が曖昧です。

　道徳と倫理の違いは必ずしも明確に定義されているわけでありませんが，「公衆道徳」というような言葉があるように「社会」との関連が深く，破った場合に社会的な指弾があるのが道徳で，倫理は「個人」の問題であり，破った場合は個人の心に痛みがあるものといえましょう（表1-1）。

　ただし，専門職が独自に「倫理綱領」や「倫理基準」を定めるなど，その基準を明確にして何らかの規制を行う場合もあります。法律に抵触しない事柄であっても，「上乗せ」の基準を設けることで，専門職としてより望ましい行動や態度を促進させるという意義があります。

　先に述べたとおり，法律は基準が明確です。法諺にも「法律なければ刑罰なし」（罪刑法定主義：日本国憲法第31条）とあるとおり，どのような場合が罪になるのかを，あらかじめ決定・公示されています。さらに，判例の積み重ねによっても深く検討されています。

表1-1　法，道徳，倫理の違い

	基準の設定	規制	基準の特徴
法律	立法者	法律による罰則	法：明確
道徳	社会通念	社会の指弾	社会的合意：曖昧
倫理	自分自身	自己規制	自己基準：曖昧

しかし，倫理の場合は曖昧です。たとえ専門職の倫理綱領や倫理基準が定められていたとしても，法律ほど具体的に明確化されていません。いわゆる「グレーゾーン」（物事の中間領域）があることが倫理の特徴です。つまり，法律のように国家権力という他者からの規制がある場合は事前に基準を明確にしておく必要がありますが，倫理のような「自分自身を規制する」場合はその必要性が薄いためと考えられます。

これは決して「倫理を軽視してもよい」ということではありません。法律はあくまでも「最低限」の基準を示すものです。特に専門職が成年後見人を受任する場合，各職種の倫理綱領等に加えて成年後見人としての倫理がプラスされ，より高い倫理性が求められます。

4 「倫理」創造のための目安

倫理の特徴は前述したように，「自分自身で基準を定め，自分自身で規制する」ということです。つまり，他者が「これが倫理である」と明確に提示できません。したがって，何らかの目安を提示することで，自分自身が倫理を「創造する」ことになります。

ここでは「法律を拡大したものが倫理である」としたうえで，その目安として立法の趣旨である「制度の基本理念」と，いくつかの「法的な制限」「義務」を提示します。

成年後見制度が制定されたときに「立法の趣旨」として，以下のような制度の基本理念が提示されました。

1 制度の基本理念

成年後見制度の制定に際し，「高齢社会への対応及び知的障害者・精神障害者等の福祉の充実の観点から，①自己決定の尊重，②残存能力の活用，③ノーマライゼーション等の新しい理念」が提示されました。

①の自己決定の尊重は，「自己決定」（自律）を「望ましいもの」，価値としてとらえ，成年後見人はそれを実現するためにこそ，役割があるということです。成年後見人には可能な限り被後見人の意思を尊重すること（意思尊重義務）が法に定められています。

②の残存能力の活用とは，「自己決定」（自律）する能力が減退・縮小している場合であっても，その残存能力を生かした後見活動を行うことが求められます。

③のノーマライゼーションは，地域で当たり前の生活を送れるように，必要な支援や代理を行うということです。

2 法的な制限

成年後見人の権限には，やや基準が曖昧ではありますが，法的な制限があります。特に重要なのは利益相反行為の禁止です。利益相反行為とは「ある行為により，一方の利益になると同時に，他方への不利益になる行為」とされています。民法では成年後見人が被後

見人との間で行う売買契約等の行為を禁止しています（民法第860条）。

そのほかにも，職務権限外として，①日用品の購入や日常生活に関する行為への介入，②代理権の付与がない場合の同意，③医的侵襲行為の同意，④無益な延命策の同意・拒否，尊厳死への同意・拒否，⑤施設等への入所の身元保証や同意，⑥住居の指定などが禁止されています。

③ 本人意思尊重義務と身上配慮義務

本人意思尊重義務に関しては近年，被後見人の「客観的にみれば無駄な買い物や愚かな行為」をすることを「愚行権」として保証すべきであるという法学者間の議論があります。確かに，一般の成人も常に合理的な行為をすべてにわたって行っているわけではありません。被後見人だからといってすべての「無駄な行為」を禁止されたのでは，息が詰まってしまいます。一定の「無駄な行為」も権利として認められるべきだという考え方もあります。

反面，成年後見人が無制限に「愚行」を認めてしまっては，「自己決定と保護のバランス」という法の趣旨から外れてしまうという指摘もあります。貴重な財産や心身に重大な影響を与えるような行為を見逃せば，身上配慮義務を果たしていないことにつながる場合もあります。

しかし，その基準は「推定意思」といって，「成年被後見人の周知の見解や価値観に照らして，もしその成年被後見人に能力があったならば選択したであろうと予想される意思決定」に沿って成年後見人が代行します。ここで被後見人の趣味や志向性を重視した代行が求められます。つまり，後見人等が本人の「愚かな行為」をすべて禁止し，「客観的に合理的」な行為を代行してよいということではないということです。愚行権を認めながら，回復不可能な失敗を防御することが後見人等には求められています。

前述したように介入の順番は，①可能な限り本人が自ら意思決定できるよう「支援」し，②本人の意思の確認や意思および選好を「推定」し，③「最後の手段」として「本人の最善の利益」を検討し介入します。順番を間違えた場合は「倫理的でない」といえるでしょう。

5 成年後見業務における倫理上の「迷い」にどのように対応するか？

以下のような場合，実務上迷うことも多いと思います。
① 被後見人が，「日用品の購入」として家計を圧迫するようなサプリメントを購入した場合，見過ごしてよいかどうかの判断
② 被後見人が，医師から禁煙を促されているのにたばこの購入を希望した場合の対応

③被後見人が，不潔な住居に住み続けることを希望している場合の対応

上記に関しては倫理の問題であり，介入しても介入しなくとも違法とはなりません。

倫理は本来「自分自身で基準を定め，自分自身で規制する」ものですから，「これが確実に正しい」というものではありません。多くは成年後見人が自分自身で「創造する」ものです。

しかし，すべて個人に任せるのも負担が重すぎます。「このような場合どのように行動したらよいだろうか？」と迷うようなときに，家庭裁判所に相談することはもちろんですが，他の支援者とチームを組んで相談や指摘し合うことが重要です。一人で抱えたまま結果的に不適切な対応を行ってしまうことは非倫理的であり，望ましいものではありません。

さらに「これでよいと思い込んでしまう」ことは，もっと大きな問題です。関係者と相談しながら業務を行うこと。他者からの指摘を真摯に受け止めること。これが成年後見人に求められる姿勢です。

6 まとめ

成年後見人が財産を着服したとの不祥事が発覚し，メディアに取り上げられることがあります。一部の人の行為であっても成年後見制度自体が疑われる等の大きな影響があります。法に直接触れない倫理的なレベルの問題であっても，関係者から疑問をもたれるような行動は厳に慎まなくてはなりません。そのためにも自身の業務を常に見直すことが重要です。

家裁の監督や指導を受けることはもちろんですが，個人受任の場合はさらに各専門職団体で行っている監査等を受けることが自身の業務を見直すことになり重要と思います。

二重にチェックを受けるのは負担が大きいと思われる人が多いと思いますが，自らの意思で他者のチェックを受けることで「自分自身を規制する」という態度こそが倫理的です。

なお公益社団法人日本精神保健福祉士協会認定成年後見人ネットワーク「クローバー」でも受任者への監査業務を行っています。そこでは「倫理・意思決定支援チェックシート」を用いて成年後見人がセルフチェックし，倫理を考える機会を提供しています（図1-2）。

図1-2 倫理・意思決定支援チェックシート

様式5（第4条第2項関係）　認定成年後見人ネットワーク「クローバー」監査補助資料

　　　　　　　　　　　　　　　　　　　　　　　　　　　　　　記入日　　　年　　　月　　　日

クローバー管理番号　　　　　　構成員番号　　　　　　氏名

倫理・意思決定支援チェックシート

目的　　　後見事務における倫理観と，意思決定支援を前提とした後見事務の視点を定期的に点検するため，本シートを活用する。

利用方法　クローバーへの定期報告では「不適切」または「判断がつかない」に☑した項目の状況と対応について報告を求める（1-2，2-6は下線部分に該当した場合を含む）。報告は「課題抽出報告書」へ記載し，必要に応じ事務局から問い合わせを行い対応を協議する。

1. 財産管理				
1	後見人の財産と混同させず，善管注意義務に基づいて被後見人の財産を管理している。	□適切	□不適切	□判断がつかない
2	前項について，後見人は立替金や未収，未払金を発生させないように注意している（＊）。やむを得ず発生した場合には，その理由を明確に説明できる。 ＊クローバーでは，後見人が立替金や未収，未払金を発生させないことを倫理的観点から推奨しています。 →この項目については「不適切」「判断がつかない」に☑をした方だけでなく，下線部分に該当した場合にも，その理由と状況を必ず課題抽出報告書（4）に記入してください。	□適切	□不適切	□判断がつかない
3	家庭裁判所およびクローバーへは，事実を報告している。	□適切	□不適切	□判断がつかない
4	財産を守るためだけでなく，被後見人の意思決定を尊重し，生活を豊かにする視点と工夫をもって財産管理している。	□適切	□不適切	□判断がつかない
5	保有財産が尽きる可能性が高い場合，以降の生活について被後見人と相談している。	□適切	□不適切	□判断がつかない
6	1000万円以上の財産を同じ金融機関には預けていない（ペイオフ対策）。	□適切	□不適切	□判断がつかない
2. 身上監護				
1	毎年度登録時に送付される，「認定成年後見人ネットワーク『クローバー』ハンドブック」の理解に努めている。	□適切	□不適切	□判断がつかない
2	成年後見制度等について，法改正や周辺制度の最新情報を把握するように努めている。	□適切	□不適切	□判断がつかない
3	意思決定支援の視点で関わり，被後見人にとって，自由の制限がより少ない方法を選択し，後見人による代理権行使を必要最小限にしている。	□適切	□不適切	□判断がつかない
4	前項の結果，被後見人の自己責任だけが注視され，後見人の身上配慮義務が回避されることがないように意識している。	□適切	□不適切	□判断がつかない
5	代理権行使の際，決定過程において被後見人へ説明している。	□適切	□不適切	□判断がつかない

6	1ヶ月に1回程度，被後見人に会い，被後見人の意向の確認や生活状況の把握に努めている。 ただし，それに馴染まないケースの場合には，行わない理由を明確に説明できる。	□適切	□不適切	□判断がつかない
	→この項目については「不適切」「判断がつかない」に☑をした方だけでなく，下線部分に該当した場合にも，その理由と状況を必ず課題抽出報告書（4）に記入してください。			
7	被後見人とのかかわりを前提とし，信頼関係の構築に努めている。	□適切	□不適切	□判断がつかない
8	福祉サービスや介護保険サービス利用時，サービス等利用計画，個別支援計画，ケアプラン等の作成過程で，事業者が被後見人の意思決定支援を行うことの確認に努めている。	□適切	□不適切	□判断がつかない
9	福祉サービスや介護保険サービス利用時，計画，実行，評価，改善の各段階において，被後見人の生活状況を把握し，必要に応じて代弁している。	□適切	□不適切	□判断がつかない
10	居所を中心とする社会生活の選択が，被後見人への意思決定支援を前提とし，関係者間でも実現に向け検討されるよう確認，または働きかけている。	□適切	□不適切	□判断がつかない
11	ベストインタレスト（最善の利益）を目的に推定意思を考慮せざるをえない場合，関係者とも協議した上で決定している。	□適切	□不適切	□判断がつかない
12	医療サービスしか利用していない場合，被後見人の生活の安定や広がりを被後見人と話し合い，意思決定支援を図りながら福祉サービスの利用を検討している。	□適切	□不適切	□判断がつかない
	※「医療サービスしか利用していない」に該当しない場合は☑不要			
13	医療・福祉サービスのいずれも利用しておらず，心身の安定や安全が図れない場合，被後見人へかかわり，意思決定支援を図りながら，被後見人の最善の利益を鑑み，後見人の立場から関係機関とも協議している。	□適切	□不適切	□判断がつかない
	※「医療・福祉サービスのいずれも利用していない」に該当しない場合は☑不要			
14	後見制度の適否や類型変更の必要性，サービス利用の適否など，全体を見直している。	□適切	□不適切	□判断がつかない
15	サービス提供者と後見人は利益相反関係にない。	□適切	□不適切	□判断がつかない
16	虐待を含む権利侵害がないか生活状況の把握に努めている。	□適切	□不適切	□判断がつかない

※記入上の留意点
- 複数後見による職務分掌などで，事実上財産管理に関わっていない場合でも，記入すること。
- 後見人には，成年後見人・保佐人・補助人・任意後見人，被後見人には，成年被後見人，被保佐人，被補助人，被任意後見人を含む。

(2018年3月10日)

(出典：公益社団法人日本精神保健福祉士協会クローバー登録者受任細則細則第6号（2013年9月7日施行，2018年3月10日最終改正））

第2章
判断能力が不十分な人への生活の支援

第1節 生活にかかわる法制度

1 はじめに――今後の方向性としての「地域包括ケアシステム」による支援

　従来、高齢者に対する医療・介護・福祉サービスは制度上「縦割り」で運営されてきました。しかし、介護保険法改正（2017（平成29）年）によって地域包括ケアシステムという概念が提示され、総合化されたサービスを行うことになりました。例示すれば、2018（平成30）年4月以降「介護医療院」という医療と介護施設を一体化した施設が制度化されました。

　障害者の領域においても高齢者と同様の流れとなっています。一例を挙げれば、精神障害者の場合、2017（平成29）年度から「精神障害にも対応した地域包括ケアシステムの構築推進事業」が予算化されました。

　さらに高齢者と障害者の枠組みも変えるとの動きがあります。現状でもホームヘルプサービスにおける現場のサービス提供では、高齢者と障害者は制度上別であっても同じ事業所が担っている実態もありますから、当たり前のことかもしれません。

　ここでは認知症高齢者と各障害者の制度を別に概観しますが、「地域包括ケアシステム」という前提で今後は統廃合されることになるでしょう。成年後見制度は現在の「縦割り」に「横串を入れる」という特徴がある制度であると考えます。本節では主に法制度の概要に関して記述し、具体的なサービスに関しては他稿に譲ります。

2 介護保険制度

1 介護保険の概要

　介護保険は 2000（平成 12）年に「介護の社会化」を合言葉にして導入されました。これは介護サービスを保険によって自由に選択し契約できる制度です。従来の措置制度の不備を改善する制度として注目されました。一方，契約である建前上，契約できる意思能力のない認知症高齢者が使いにくい制度であるという欠点もありました。そこで，介護保険と同時に現在の成年後見制度が導入されるきっかけにもなりました。

　介護保険は強制加入であり，65 歳以上の人（1 号被保険者）および 40〜64 歳（2 号被保険者）の医療保険加入者が保険料を支払います。介護が必要な場合は居宅サービスや施設サービスを原則 1 割の自己負担で利用できることになります（2015（平成 27）年度 8 月から一定以上の所得がある場合は自己負担額が増える制度になりました）。

2 被保険者・保険料・支払方法

　1 号被保険者および 2 号被保険者の保険料・支払方法等をまとめると表 2-1 のようになります。

　介護保険料は市町村ごとに異なり，3 年ごとに給付額を予測して見直されます。

表 2-1　1 号被保険者および 2 号被保険者の保険料・支払方法

	1 号被保険者（65 歳以上）	2 号被保険者（40〜64 歳）
介護サービスの対象者	市町村に申請し認定を受けた人	厚生労働大臣が認めた特定疾患が原因で介護が必要になった人
保険料の金額	地域のサービスと所得で異なる	・国民健康保険に加入：国民健康保険の算定法と同様に世帯ごとに決定 ・職場の健康保険に加入：給与・賞与額に応じて算出・決定保険料率は医療保険の保険者別に定められる。 保険料は労使折半
保険料の支払い方法	・特別徴収（年金から天引き） これが原則であり国民・厚生・共済などの老齢・退職を支給事由とする年金および遺族年金・障害年金を年間 18 万円以上支給している人 ・普通徴収（市町村の直接納付）年金受給額が 18 万円以下の人および転入が一定期間外	・国民健康保険に加入：国民健康保険と介護保険料を合わせて国民健康保険料として世帯主が納付 ・職場の健康保険に加入：健康保険料の同様に給与・賞与から徴収される。

3 要介護認定

介護保険では保険者(市町村)の要介護認定が必要です。市区町村に申請し，その後調査による要介護認定を受けます。そして発給された介護保険証には要介護度と有効期限が記載され介護保険サービスが受給できます。

要介護度には7区分(要支援2区分・要介護5区分)あり，それぞれ支給限度額が定められています。また施設に入所した場合などは施設の種類別に1日に介護保険から支払われる額が定められており，原則1割(所得額により2～3割)の自己負担があります。

なお要介護認定の手順は図2-1のとおりです。

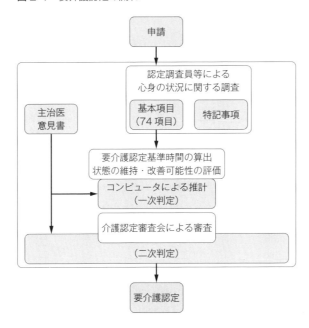

図2-1　要介護認定の流れ

4 介護保険サービスの自己負担の軽減措置

前述したように，介護保険サービスは原則1割(所得額により2～3割)の自己負担がありますが，以下のような自己負担の軽減措置があります。

- 高額介護サービス費：毎月の1割負担額が一定額を超えると支払った額が戻ります。
- 負担限度額認定証：施設やショートステイを利用する場合に非課税世帯の人を対象に自己負担を軽減するものです。
- 高額医療・高額介護合算療養費制度：同じ世帯で医療と介護の両方を利用した場合，年単位でさらに自己負担の軽減を図る制度です。

なお上記については加えて，詳細な規定や条件があることや，さらに自治体ごとに上記

以外の軽減措置等がありますので，具体的な案件については市町村や地域包括支援センター，居宅介護支援事業所などでの確認が必要です。

3 障害者（知的・精神等の障害）の福祉に関する法制度

1 障害者総合支援法とは

　障害者に関する福祉に関する法は従来，障害種別ごとに定められていました。また長く「措置制度」であった点も介護保険制度導入前の高齢者福祉制度と同様でした。

　2005（平成17）年に「障害者自立支援法」（現・「障害者の日常生活及び社会生活を総合的に支援するための法律」（障害者総合支援法））が成立したことで，サービス事業所との「契約」であることが明確になり，サービスが制度上一元的に提供されることになりました。

　なおサービスは大きく分けて自立支援給付（介護給付，訓練等給付，自立支援医療，補装具）と地域生活支援事業に分かれており，サービス利用にあたっては個々に「サービス等利用計画」を指定相談支援事業所が作成します。

　前述したように，障害種別によりサービスは縦割りに行われてきました。障害者総合支援法はそれを一体化してサービス提供するものです。対象者は身体障害者・知的障害者・精神障害者，さらに2016（平成28）年から一部の難病も対象となり，2017（平成29）年度からは358疾病が対象となりました。なお発達障害は知的な障害が伴う場合は知的障害者，知的な障害を伴わない場合は精神障害者のサービスの対象となります。高次脳機能障害では，身体面での機能障害があれば身体障害者，精神的な機能障害があれば精神障害者のサービスが利用可能となります。

2 利用の手続き

　障害福祉サービスの利用に関しては，明確な基準が定められていないため「不公平である」との批判がありました。そこで利用の手続きや基準を明確化するために，その人の生活実態や特性を調査し「障害支援区分」を明確にして認定するという新たな仕組みをつくりました。介護保険と同様に，その区分によって利用できる時間数やサービスが決定されます。

　「障害支援区分」の認定は，調査項目に関してコンピュータによる一次判定，その後審査会で二次判定が行われます。この仕組みは介護保険ですでに行われていたものとほぼ同様です。

　なおサービスによって例外規定等がありますので，具体的な案件については市町村等への確認が必要です。

　介護給付と訓練等給付を例に申請から利用までの大まかな流れは図2-2のとおりです。

　なおホームヘルプ（居宅介護）などの介護給付と訓練等給付と呼ばれる通所サービス

図 2-2 介護給付と訓練等給付の申請から利用までの流れ

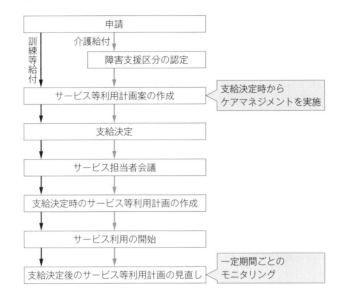

(就労移行訓練など)では,前者は障害支援区分認定が必須なのに対して,後者は不要である点に注意が必要です。

3 所得に応じた利用者負担

利用者の負担はその人の収入によって決められています。収入のある人には自己負担がありますが,上限額が設定されています。

- 障害福祉サービスの定率負担は,所得に応じて負担上限月額が設定され,ひと月に利用したサービス量にかかわらず,それ以上の負担は生じません。
- 療養介護を利用する人は,従前の福祉部分負担相当額と医療費,食事療養費を合算した上限額の設定があります。
- 食費等実費負担についての減免措置があります。
- 世帯での合算額が基準額を上回る場合,高額障害福祉サービス等給付費が支給されます。

なお上記については加えて,詳細な規定や条件があることや,さらに自治体ごとに上記以外の軽減措置等がありますので,具体的な案件については市町村での確認が必要です。

4 虐待防止法

1 日本における虐待防止法の概要と成年後見人の役割

虐待防止に関する法制度として,日本では「高齢者虐待の防止,高齢者の養護者に対す

る支援等に関する法律」（高齢者虐待防止法），「障害者虐待の防止，障害者の養護者に対する支援等に関する法律」（障害者虐待防止法），「児童虐待の防止等に関する法律」（児童虐待防止法），関連する法として「配偶者からの暴力の防止及び被害者の保護等に関する法律」（配偶者暴力防止法）がありますが，本稿では成年後見制度に直接かかわる高齢者虐待防止法，障害者虐待防止法について記述します。

高齢者虐待防止法および障害者虐待防止法では，虐待を，①身体的虐待，②介護・世話の放棄・放任（ネグレクト），③心理的虐待，④性的虐待，⑤経済的虐待としています。児童虐待防止法では⑤経済的虐待についての規定がありません。これは児童の財産の管理は親権者が行うという前提であるためとされています。

成年後見制度と虐待防止法の関係ですが，高齢者虐待防止法では第28条（成年後見制度の利用促進）において，「国及び地方公共団体は，高齢者虐待の防止及び高齢者虐待を受けた高齢者の保護並びに財産上の不当取引による高齢者の被害の防止及び救済を図るため，成年後見制度の周知のための措置，成年後見制度の利用に係る経済的負担の軽減のための措置等を講ずることにより，成年後見制度が広く利用されるようにしなければならない」とされています。障害者虐待防止法（第44条）でも同様の規定があります。

また高齢者虐待防止法では虐待を行うものを，①養護者，②要介護施設従事者等となっています。一方，障害者虐待防止法は，①養護者，②障害者福祉事業者等，③使用者となっています。これは障害者への虐待行為が職場で出現する場合についての対応と考えられます。ただ，精神科医療機関が除外されている点は課題といえます。

成年後見制度は自身で心身の健康や財産等を守れない人に対して代理等を行う役割があります。本来，高齢者や障害者を守るべき存在である養護者や施設職員が虐待を行った場合，代わって権利を擁護するという重要な役割があります（事例13（158頁）参照）。

虐待防止法での通報を行う前に「入所施設において不適切な処遇や利用料の請求がされていた」とか「障害者の職場において適切な給与が支払われていなかった」ことを成年後見人が発見し，不正を糺すことで改善されたというケースが少なからず聞かれます。仮に成年後見人がいない場合であれば，虐待を見逃すことになったと思われます。このように虐待に至る行為を未然に発見し防止するという役割も含めて成年後見人の役割といえるでしょう。

また高齢者・障害者虐待防止法には虐待を行う養護者への支援が法に定められており，成年後見制度利用の有無にかかわらず，支援の対象者であることはいうまでもありません。

2 高齢者虐待防止法の仕組み

一般的な高齢者虐待対応の流れの概要は図2-3のとおりです。

市区町村および地域包括支援センターに通報や届出があった段階や，市区町村が老人福祉法による措置を行った段階で成年後見制度利用の判断を行うことになるでしょう。

図 2-3　高齢者虐待対応の流れ

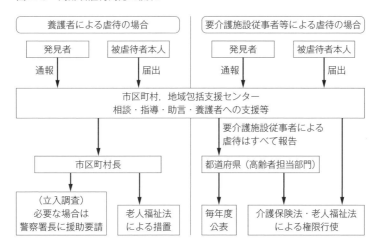

図 2-4　障害者虐待対応の流れ

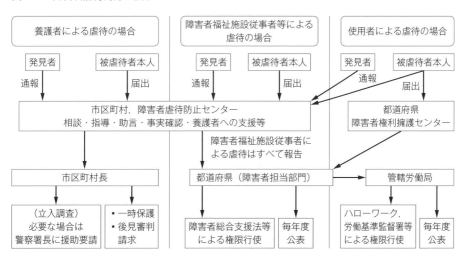

③ 障害者虐待防止法の仕組み

　厚生労働省は「市町村・都道府県における障害者虐待防止と対応の手引き」（2017（平成29）年3月）において，具体的なスキームを明示しています。そのなかで養護者による障害者虐待の場合，市町村は，①事実確認（立入調査等），②措置（一時保護，後見審判請求）を行うとの明示がなされました。また相談窓口として障害者虐待防止センター等を位置づけました。これは高齢虐待防止法における地域包括支援センターと同様の役割を担う機関と考えられます。

　一般的な障害者虐待対応の流れは図2-4のとおりです。

5 精神障害者の医療に関する法律

　精神障害者は意思能力に制限があり、さらに障害と同時に疾病をもつという特徴をもっています。したがって福祉と医療に関する法の対象者ということになります。ここでは精神障害者の医療に関する法と成年後見制度の関連を述べます。

1 精神保健福祉法
　「精神保健及び精神障害者福祉に関する法律」（精神保健福祉法）の入院形態には医療保護入院があり、以下のような規定があります。

■医療保護入院

> 精神科病院の管理者は、次に掲げる者について、その家族等のうちいずれかの者の同意があるときは、本人の同意がなくてもその者を入院させることができる。
> 　一　指定医による診察の結果、精神障害者であり、かつ、医療及び保護のため入院の必要がある者であって当該精神障害のために第二十条の規定による入院が行われる状態にないと判定されたもの（中略）
> 　2　前項の「家族等」とは、当該精神障害者の配偶者、親権を行う者、扶養義務者及び後見人又は保佐人をいう。（後略）
>
> （精神保健福祉法（医療保護入院）　第33条より抜粋）

　成年後見制度における「後見人又は保佐人」は、本人の同意なく強制的な入院医療を行う同意が可能ということです（事例1（71頁）参照）。必要な医療のためとはいえ、被後見人・被保佐人の自由の制限を行う判断をするわけですから、慎重な権限行使が求められます。また入院中には財産管理はもちろん、適切な医療や支援が行われているかなど権利を擁護する責務があります。

2 心神喪失者等医療観察法
　「心神喪失等の状態で重大な他害行為を行った者の医療及び観察等に関する法律」（心神喪失者等医療観察法）には「保護者」を以下のように規定しており、医療保護入院同様当事者の権利を擁護する責務があります。前述した精神保健福祉法では、長年にわたり「保護者」に様々な義務が課せられていました。主に保護者を担う家族がその負担の大きさなどから、保護者制度の撤廃を訴えてきたわけですが、2012（平成24）年の改正で制度は廃止されました。しかし、心神喪失者等医療観察法では、その仕組みが残ったままになっています。

■保護者とは

> 対象者の後見人若しくは保佐人，配偶者，親権を行う者又は扶養義務者は，次項に定めるところにより，保護者となる。
> (中略)
> 2 保護者となるべき者の順位は，次のとおりとし，先順位の者が保護者の権限を行うことができないときは，次順位の者が保護者となる。ただし，第一号に掲げる者がいない場合において，対象者の保護のため特に必要があると認めるときは，家庭裁判所は，利害関係人の申立てによりその順位を変更することができる。
> 　一　後見人又は保佐人
> 　二　配偶者
> 　三　親権を行う者
> 　四　前二号に掲げる者以外の扶養義務者のうちから家庭裁判所が選任した者
>
> (心神喪失者等医療観察法　第23条の二より抜粋)

6　日常生活自立支援事業

　日常生活自立支援事業（旧・福祉サービス利用援助事業，地域福祉権利擁護事業）とは，国が行う事業で実施主体は都道府県社会福祉協議会または指定都市社会福祉協議会であり，事業の一部を「市区町村社会福祉協議会等（基幹的社協等）に委託できる」とされています。認知症高齢者，知的障害者，精神障害者等のうち判断能力が不十分な人が地域において自立した生活が送れるよう，利用者との契約に基づき金銭管理や福祉サービスの利用援助等を行うものです。契約能力の有無を契約締結審査会で審査します。

　日常生活自立支援事業は，判断能力は不十分ではあるものの，契約が交わせる人が対象となります。利用契約が難しい人の場合，成年後見人・保佐人が遠距離等業務に支障がある等は代理して契約可能です。有料ですが所得等に応じて減免措置があります。自治体ごとに規定があります（事例13（158頁）参照）。

7　成年後見制度利用支援事業

　成年後見制度利用支援事業は，所得が低い人に対して成年後見制度の申立てに関する費用や後見報酬を助成する制度です。各自治体によって要綱が定められており，その基準は様々です。おおむね生活保護受給者や住民税非課税世帯が条件ですが，市区町村長申立ての場合に限るなどの条件を加える場合もあります（事例11（141頁），事例14（164頁）参照）。

8 成年後見制度利用促進法

　2016(平成28)年に「成年後見制度の利用の促進に関する法律」(成年後見制度利用促進法)が制定され、2017(平成29)年3月に成年後見制度利用促進基本計画が閣議決定されました。これは従来の成年後見制度が必ずしも使いやすい制度ではないという前提で、以下のような改善のポイントを明示しています。

(1) 利用者がメリットを実感できる制度・運用の改善
　　⇒財産管理のみならず、意思決定支援・身上保護も重視した適切な後見人の選任・交代
　　⇒本人の置かれた生活状況等を踏まえた診断内容について記載できる診断書の在り方の検討
(2) 権利擁護支援の地域連携ネットワークづくり
　　⇒①制度の広報、②制度利用の相談、③制度利用促進(マッチング)、④後見人支援等の機能を整備
　　⇒本人を見守る「チーム」、地域の専門職団体の協力体制(「協議会」)、コーディネートを行う「中核機関(センター)」の整備
(3) 不正防止の徹底と利用しやすさとの調和
　　⇒後見制度支援信託に並立・代替する新たな方策の検討
　　※預貯金の払戻しに後見監督人等が関与

9 おわりに

　これまで述べてきた社会福祉法・制度は必ずしも十分に成年後見制度を意識した制度設計になっていません。また成年後見制度を規定する民法にもいろいろ課題があります。成年後見制度利用促進法制定で運用による改善が行われていますが、その成果は今後となります。
　成年後見制度にかかわる支援者は、現在ある制度を利用する人が「メリットを実感できる制度」に改善する様々な生活の支援を行う役割があると考えます。

第2節　生活を支える社会資源

前節を受けて、ここでは生活の様々な場面で利用できる社会資源にはどのようなものがあるのかをみていきます。

1 精神科医療サービス提供機関の概要とその仕組み

> **事例**
> Aさんは、双極性障害のあるBさん（女性）の後見人になりました。
> Bさんは自宅に一人で暮らしています。古くからある精神科病院で治療を受けてきましたが、最近では、主治医が退職したため通院先を変えたいと言っています。最近のBさんは、体調も精神的にも不安定で、後見人のAさんもまた、Bさんの医療の継続をどのように支援したら良いか不安に感じています。

1 はじめに

精神科医療サービスにはいろいろな種類があり、それぞれの医療機関ごとに特徴があります。ここでは、主な精神科医療サービス提供機関を取り上げ、その特徴を記載します（図2-5）。

図2-5　精神科医療サービス提供機関の概要

```
        病院                          診療所
    ┌────┴────┐              ┌────────┴────────┐
  総合病院   精神科病院        メンタル        心療内科
                              クリニック
    ┌─────────────────┐    ┌─────────────────┐
    │精神科デイケア・ │    │  精神科訪問看護 │
    │  ナイトケアなど │    │                 │
    ├─────────────────┤    ├─────────────────┤
    │   医療相談室    │    │ 心理カウンセリング│
    └─────────────────┘    └─────────────────┘
```

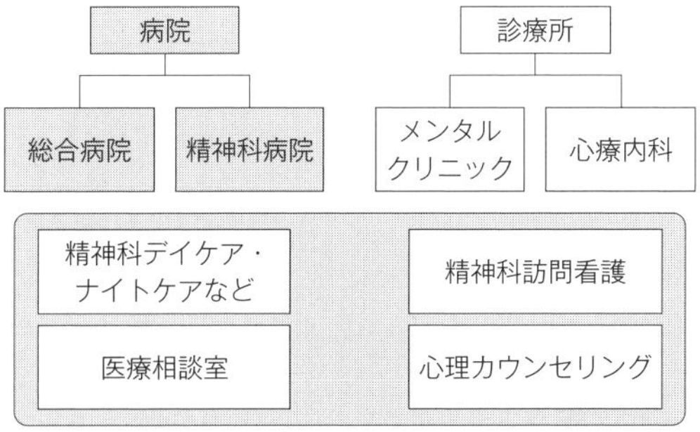

2 精神科医療サービス提供機関

1. 病院

大きく2つに分けられます。ひとつは大学病院や総合病院など、様々な診療科のある総合病院、もうひとつは精神科や神経科が専門の精神科病院です。

総合病院には、外来のみのところと入院設備を備えたところがあります。総合病院の長

所は，本人に精神疾患のほかにも病気がある，あるいは他の身体疾患から二次的に精神症状が出ている可能性があるなどの場合に，複数の診療科での治療を並行して受けられることです。

例えば，神経疾患や難病，甲状腺機能亢進症，がんなどの患者には，うつ病を併発している人がいます。こうした場合に，同じ病院内で精神科医の診察も受けられることはメリットといえます。

精神科や神経科だけを標榜している病院を"精神科病院"と呼びます。これまで日本の精神科医療は，主としてこの精神科病院によって支えられてきました。精神科病院の長所は，通院治療から入院治療，精神科リハビリテーション，その後の患者の社会生活を継続的にサポートする諸サービスを備えている点です。

昨今，精神科病院の構造改革がすすめられています。具体的にはひとつの病院のなかに，認知症病棟や思春期病棟，ストレスケア病棟といった様々な機能別の病棟を有する精神科病院が増えました。現在も，多くの人が長期入院されていますが，こうした人たちが安心して地域生活へ移行できるような取り組み（地域移行支援事業）なども積極的に行われています。

2．診療所

「寝つきがわるい」「食欲がわかない」などの変化が気になるときに気軽に通えたり，仕事で夜間や休日しか受診に行かれないときなどに利用しやすいのが診療所です。近年は，多くの精神科医が地域で開業しており，心の悩みを相談できる場，リハビリテーションの場が増えています。

診療所は，メンタルクリニックと心療内科に分けられます。心療内科は，心身の状態を精神科，内科の両面から治療します。診療所のなかには，入院設備を備えた有床診療所もあります。

③ 様々な精神科医療サービス

これらの総合病院や精神科病院，メンタルクリニックなどの医療機関には，次のような医療サービスを併設しているところがあります。併設がない場合も，他機関の精神科医療サービスと合わせて利用することで，治療効果の向上が期待できます。主な精神科医療サービスは以下の4つです。

1．精神科デイケア

外来治療を受けながら，精神科リハビリテーションを行う施設です。

精神疾患の回復過程においては，意欲や集中力の低下，対人交流場面での緊張など，様々な不安が伴います。また，療養中の体力回復と維持，生活リズムの維持など社会復帰への準備が大切です。

精神科デイケアでは，運動やレクリエーション活動，病気に関する知識の学習，調理な

どの生活スキル，社会生活技能訓練（SST：Social skills training）など多彩なプログラムが組まれています。それぞれの人が，自分の目的にあったプログラムを選択し，リハビリテーションを行います。精神科デイケアの長所は，多くの仲間と交流し，取り組めることです。利用時間は午前中から夕方までですが，医療機関によっては半日単位のショートケアや夜間に開いているナイトケアを行っているところもあります。これらは，主治医の指示により利用することができます。

精神科デイケアを併設していない医療機関に通院中でも，他の医療機関の精神科デイケアを利用できる場合（外部の患者を受入れている）があります。

2．精神科訪問看護

通院中の患者宅を，看護師や精神保健福祉士が訪問し，日常生活の支援を行っています。利用については，主治医の指示が必要です。

精神科訪問看護の長所は，外来診察時間内では，患者が落ち着いて話せなかったことを，自分の生活している場で安心してゆっくりと話すことができる，医療機関の職員が実際の暮らしぶりを確認しながら必要な支援を行えることなどがあります。また，医療機関の職員にとっても，患者の気持ちや生活の理解を深める有効な機会です。

3．心理カウンセリング

臨床心理技術者はカウンセリングをはじめ，各種の心理テストや集団療法などを行っています。医療機関の臨床心理技術者は，今後，国家資格である公認心理師の有資格者が増えることも考えられますが，2018（平成30）年現在は，財団法人日本臨床心理士資格認定協会が認定する臨床心理士が多く，医療機関で働く際に資格保有が義務づけられているわけではありません。患者や医療機関のスタッフにとって，心理学的な観点からの分析や助言は，治療に役立つ情報となります。主治医の治療方針との齟齬が生じないように，利用について主治医に相談することが望ましいです。

4．医療福祉相談室

入院・通院を問わず，精神科医療や療養生活上の相談ができます。主治医の指示は必要ありません。

例えば「家族の様子が心配なので受診のことで相談したい」といった受診相談や「退院後の生活について，何か利用できる施設や福祉サービスはあるのか」といったサービス利用の相談など多彩な相談を受けています。

精神科入院医療においては，精神保健福祉法の退院請求や処遇改善請求などの窓口にもなっています。

4 医療サービス利用のためのポイント

1．地域にどのような医療機関があるのか情報収集をする

病院の機能分化，医師の専門性を活かした診療が増えてきました。受診をする際には，

自分の暮らしている地域にどのような医療機関があるのかの情報を集めたいところです。

医療機関の情報は、一般的に地域の保健所や市町村（障害福祉担当課），地域包括支援センターなどの相談機関で把握されています。また，一人暮らしの人であれば，精神科デイケアや訪問看護などの生活支援機能の充実度も医療機関を選ぶポイントになります。

2. 費用負担を軽くするサービスを利用する

入院の場合：医療保険に基づく制度以外にも自治体によっては，障害者医療費助成制度や入院援護金制度が利用できる場合があります。

通院の場合：障害者総合支援法の自立支援医療を利用すると，通院医療費負担が，本人の所得に応じて軽減されます。

2 福祉サービス提供機関の概要とその仕組み

> **事例**
>
> 後見人のCさんは，精神科に長期入院していて退院を希望している被後見人のDさん（40歳代女性）と，退院後の生活について話し合っています。ただ，Dさんは一人暮らしが不安だとも言っています。
> 彼女の生活をサポートできる方法はありますか。

1 はじめに

生活をサポートする福祉サービスは，様々なものがあります。

現在，精神障害のある人が利用できる福祉サービスは「障害者総合支援法」に基づく仕組みで利用されています（障害者総合支援法の概要は，前節「3 障害者（知的・精神等の障害）の福祉に関する法制度　1 障害者総合支援法とは」，30頁参照）。

ここでは，多彩な福祉サービスのなかから，居住の場，働く場，気軽に行けるところ，生活のサポートの4つのカテゴリー（図2-6）に関連する社会資源，サービスの利用の仕方を取り上げます。

2 居住の場（訓練等給付）

Dさんのように長い間，精神科病院の入院生活を過ごしてきた人にとって，地域で暮らしたときの生活はなかなか想像しづらいものです。

例えば「ゴミ出し」ひとつにしても，病棟内では，燃えるごみ，燃えないごみ，ビン・カンなどのごみを分別する機会は乏しく，有料で指定のごみ袋があったり，指定された曜日に出すといった地域生活のルールには慣れていません。

こうした日常生活における様々なことが，地域生活を送るうえで課題となります。居住

図2-6 福祉サービスの4つのカテゴリー

図2-7 自立訓練の種類

の場の福祉サービスでは，本人の生活の経験値を豊かにし，安心して，自分らしい生活ができるよう相談援助や支援が行われています。

障害者総合支援法では，居住の場として「宿泊型自立訓練」と「共同生活援助（グループホーム）」という2つの福祉サービスが設けられています。

原則として，障害支援区分の認定は必要ありません。

1．宿泊型自立訓練

はじめに自立訓練について説明します。

自立訓練は知的障害者や精神障害者を対象としています。

■自立訓練とは

> 障害者につき，自立した日常生活又は社会生活を営むことができるよう，厚生労働省令で定める期間にわたり，身体機能又は生活機能の向上のために必要な訓練その他の厚生労働省令で定める便宜を供与することをいう。　　　　（障害者総合支援法　第5条第12項）

日中通所しながら利用するもの（機能訓練・生活訓練）と宿泊しながら利用するもの（宿泊型）があります。（図2-7）

宿泊型の自立訓練は，日中に一般就労や外部の障害福祉サービス並びに同じ敷地内の日中活動サービスを利用している人が対象です。

利用期間は原則2年間（長期入院者等の場合は3年間）です。サービスの利用開始から1年ごとに，市町村より利用継続の必要性の確認があり，サービス支給の決定後に利用の更新ができます。

例えば，このような支援が行われます。

- 食事や家事などの日常生活能力を高めるための相談・支援
- 通勤している人には，職場での対人関係の調整や相談・助言

障害者総合支援法以前に生活訓練施設と呼ばれていた施設などから移行している場合もあります。

2. 共同生活援助（グループホーム）

さらに家庭的な居住の場として，共同生活援助（以下グループホーム）があります。

■ 共同生活援助とは

> 障害者につき，主として夜間において，共同生活を営むべき住居において相談，入浴，排せつ又は食事の介護その他の日常生活上の援助を行うことをいう。
>
> （障害者総合支援法　第5条第17項）

グループホームは，法制度が整備される以前から，障害者の地域生活を支える共同住居として運営されてきました。宿泊型訓練施設と比べ，施設の入居定員は10名以下と小規模です。利用期間は施設ごとに決まっています。一軒の家をシェアする，アパートタイプなどグループホームによって住宅の形態は様々です。

2014（平成26）年の法改正で，介護を要する状態の人が利用できるケアホームが，グループホームに一元化されました。現在，グループホームで提供される支援の形態は図2-8のようになりました。

もし，Dさんが身体障害などで介護を要する場合，グループホームの職員（生活支援員）が食事等の介護を行う施設が「介護サービス包括型」，介護については外部の居宅介護事業者に委託する施設を「外部サービス利用型」と呼んでいます。

「集団生活を経て一人暮らしの準備をしたい」「なるべく集団ではなく一人で過ごしたい」という希望者には，おおむね20分以内で本体のグループホームに移動可能な距離にある民間アパートを利用した「サテライト型」のグループホームもあります。

図2-8　グループホームの支援形態

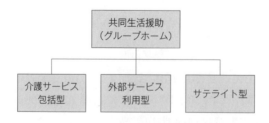

3 働く場（訓練等給付）

事例　（前出のつづき）

被後見人のDさん（40歳代女性）には「退院後は，働いてお給料をもらいたい」という夢がありました。後見人のCさんも，Dさんの夢を応援したいと思っています。しかし，長年の入院生活を経てきたDさんは，働いた経験の少ない自分を雇ってくれるところがあるのか心配しています。Dさんは，まずは働く準備から始めたいと考えています。
どのような準備が考えられるでしょうか。

事例のDさんのように就労経験の浅い人，就労経験はあるものの様々な課題を抱えている人，自分のペースで活動していきたい人など，その人の状況に合わせた支援が大切です。

障害者総合支援法では，障害のある人への就労支援として，「就労移行支援」「就労継続支援（A型・B型）」という福祉サービスが設けられています（図2-9）。

図2-9　就労支援のイメージ

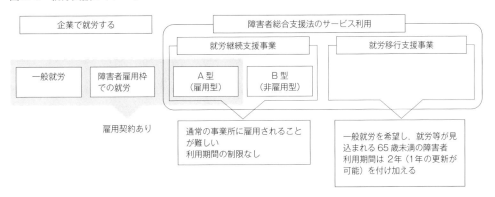

1. 就労移行支援
■就労移行支援とは

> 就労を希望する障害者につき，厚生労働省令に定める期間にわたり，生産活動その他の活動の機会の提供を通じて，就労に必要な知識及び能力の向上のために必要な訓練その他の厚生労働省令で定める便宜を供与することをいう。
>
> （障害者総合支援法　第5条第13項）

就労移行支援事業所では，一般企業等での就労に備えるための様々なプログラムが用意されています。例えば，履歴書の書き方や，ハローワークの利用の仕方，就職面接の練習などがあります。

また，所内の軽作業や施設外での就労体験を通じて，働くための体力づくりや社会人としてのマナーを習得していくことができます。

就労移行支援事業所に通いながら、ハローワーク等が行っている就労支援（トライアル雇用やジョブコーチ）を受け、さらに就労の準備を行うこともできます。

原則2年という利用期限がありますが、実際に企業等で働き始めた後も、職場になじみ、定着できるよう一定期間フォローアップの支援があります。離職した場合、再利用することができます。

2．就労継続支援（A型・B型）

■就労継続支援とは

> 通常の事業所に雇用されることが困難な障害者につき、就労の機会を提供するとともに、生産活動その他の活動の機会の提供を通じて、その知識及び能力の向上のために必要な訓練その他の厚生労働省令で定める便宜を供与することをいう。
>
> （障害者総合支援法　第5条第14項）

就労継続支援事業所の多くは、法制度化される前の小規模作業所を前身としています。事業所ごとに、地域性に合わせた多彩な活動をしています。例えば、宅配弁当屋や喫茶店を経営している事業所や、内職の軽作業や施設清掃などを行っている事業所などがあります。

地域にどのような事業所があるのかといった情報は、市町村の障害福祉課や地域生活支援センターで知ることができます。

A型事業所とB型事業所の違いは、作業内容だけでなく雇用保険の有無（週30時間以上の利用者）や利用対象者にもあります。

A型事業所は、利用者は雇用保険に入り最低賃金の保障があります（ただし、なかには最低賃金の除外を申し出て、認められている事業所もあります）。B型事業所の場合は、雇用保険はなく働いた作業工賃を収入として得られます。

厚生労働省の「障害者の就労支援対策の状況」によると、2016（平成28）年度の平均工賃（賃金）は、就労継続支援A型事業所では月額70,720円、就労継続支援B型事業所では月額15,295円と報告されています。

利用対象者については、表2-2のような例が挙げられます。

表2-2　A型事業所とB型事業所の利用対象者

A型事業所の対象者	B型事業所の対象者
就労移行支援事業を利用したが、企業等の雇用に結びつかなかった者	就労経験がある者であって、年齢や体力の面で一般企業に雇用されることが困難となった者
特別支援学校を卒業して就職活動を行ったが、企業等の雇用に結びつかなかった者	就労移行支援事業を利用（暫定支給決定での利用を含む）した結果、B型の利用が適当と判断された者
企業等を離職した者等就労経験のある者で、現に雇用関係がない者	上記に該当しない者であって、50歳に達している者または障害基礎年金1級受給者

（厚生労働省資料を一部改変）

4 気軽に行けるところ（市町村地域生活支援事業）

事例 （つづき）

被後見人のDさんは，仕事とは別に，相談したり，ゆっくりできる場所が欲しいと話しています。後見人のCさんも，Dさんにとって，仕事をすることと合わせて，よりどころになる場所を探すことも大事だと考えました。
そのような場所はあるのでしょうか。

居住の場や働く場とともに，人との交流のなかで有意義な時間を過ごすことはとても大切なことです。なかには，決まった場所に定期的に通うことは心身の負担が大きく難しいという人もいます。様々な人たちが利用しやすい場所として地域活動支援センターがあります。

■地域活動支援センターとは

> 障害者等につき，地域活動支援センターその他の厚生労働省令で定める施設に通わせ，創作的活動又は生産活動の機会の提供，社会との交流の促進その他の厚生労働省令で定める便宜を供与する事業　（障害者総合支援法（市町村の地域生活支援事業）第77条第1項第9号）

障害者総合支援法では，地域活動支援センターは，市町村が主体となって提供する「地域生活支援事業」のひとつです。センターの多くは，これまでの小規模作業所や地域生活支援センターが移行したものです。

例えば，このような活動が行われています。

- フリースペースの提供
- 食事（有料）サービスの提供
- 各種プログラムの提供
- 福祉サービス利用等の相談援助など

5 生活のサポート（介護給付・訓練等給付）

事例 （つづき）

被後見人のDさんは，一人暮らしをしたいそうです。後見人のCさんは，Dさんは気分の波が大きく，低迷してくると寝込んでしまうことを知っています。
調理や買い物，家の掃除，外出時など，Dさんの生活のサポートには，どんなものがありますか。

ここでは，生活をサポートする福祉サービスとして，「居宅介護」「行動援護」「移動支

援」「自立生活援助」「短期入所」を取り上げます。障害者総合支援法では，これらのサービスを自立支援給付と呼びます。自立支援給付のなかでも「居宅介護」「短期入所」「行動援護」を介護給付といい，「自立生活援助」は訓練等給付といいます。「移動支援」は，市町村が地域の実情に合わせて行う地域生活支援事業です（図2-10）。

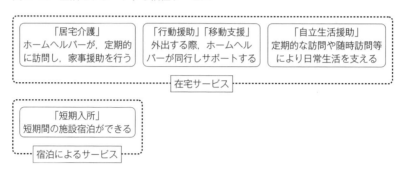

図2-10　生活をサポートする福祉サービス

1. ホームヘルプサービス（居宅介護）

「毎日の食事づくりや買い物が心配」「掃除の仕方がわからず，疲れてしまう」など，家事が大変な場合，ホームヘルパーが定期的に自宅を訪問し，決められた時間内で家事援助を行います。障害支援区分1以上の人が利用できます。

■居宅介護とは

> 障害者等につき，居宅において入浴，排せつ又は食事の介護その他の厚生労働省令に定める便宜を供与することをいう。
> （障害者総合支援法　第5条第2項）

2. 外出時の移動を支援するサービス（行動援護と移動支援事業）

「外出をしたいけど一人では難しい」「付き添う人がいないから外出を差し控えてしまう」といった場合に，障害者総合支援法では「行動援護」と「移動支援事業」という外出時の移動支援サービスが設けられています（表2-3）。

■行動援護とは

> 知的障害又は精神障害により行動上著しい困難を有する障害者等であって常時介護を要するものにつき，当該障害者等が行動する際に生じ得る危険を回避するために必要な援護，外出時における移動中の介護その他の厚生労働省令で定める便宜を供与することをいう。
> （障害者総合支援法　第5条第5項）

■移動支援事業とは

> 障害者等が円滑に外出することができるよう，障害者等の移動を支援する事業をいう。
> （障害者総合支援法　第5条第26項）

表2-3 外出時の移動を支援するサービス

	行動援護	移動支援事業
制度	自立支援給付	市町村地域生活支援事業
対象者	障害支援区分 3以上 障害支援区分の認定調査項目のうち行動関連項目等（12項目）の合同点数が10点以上である者	支援区分の規定はなし 障害者であって，市町村が外出時に移動の支援が必要と認めた者 自治体の判断により，障害種別等の対象者の指定あり
支援方法・特徴	・予防的対応 　行動の予定がわからない等のため，不安定になり，不適切な行動が出ないよう，あらかじめ行動の順番や，外出する場合の目的地での行動等を理解させる等 ・制御的対応 　行動障害を起こしてしまったときの問題行動を適切におさめること等 ・身体介護的対応 　便意の認識ができない者の介助等	・個別支援型 　個別的支援が必要な者に対するマンツーマンによる支援 ・グループ支援型 　(1) 複数の障害者等への同時支援 　(2) 屋外でのグループワーク，同一目的地 ・同一イベントへの複数人同時参加の際の支援 ・車両移送型 　(1) 福祉バス等車両の巡回による送迎支援 　(2) 公共施設，駅，福祉センター等障害者等の利便を考慮し，経路を定めた運行，各種行事の参加のための運行等，必要に応じて支援

　居宅介護などの他の福祉サービスと比べ，対象者の規定やサービス提供できる事業所数が少ないこと，医療機関などの関係者にサービス自体が知られていないなどの理由で利用者数が少ないのが実情です。

　2016（平成28）年6月には，厚生労働省より「入院中の医療機関からの外出・外泊時における同行援護等の取扱いについて」という通知が出ています。

> 同行援護等の対象となる障害者等が医療機関に入院するときには，入退院時に加え，入院中に医療機関から日帰りで外出する場合，1泊以上の外泊のため医療機関と外泊先を行き来する場合及び外泊先において移動の援護等を必要とする場合は，同行援護等を利用することができる。
> （厚生労働省社会・援護局障障発0628第1号平成28年6月28日通知）

　この通知に関するQ&Aでは，長期入院をしている者など，これまで障害福祉サービスを利用してこなかった人が，入院中の外出のみを目的として同行援護等を利用することも可能と示されています。

3. 日常生活の相談や，困ったときに相談できるサービス（自立生活援助）

　「精神科病院を退院したけれど，生活のことでいろいろと悩むことが多い」「親が亡くなり，一人暮らしに戸惑っている」といった場合に，障害者総合支援法には「自立生活援助」という相談支援サービスがあります。

　このサービスは，定期的な訪問やご本人からの相談や連絡に応じて随時訪問等を行うな

ど，一人暮らしの生活支援を行います。
　サービスの利用期間は原則1年とされています。

■自立生活援助とは

> 施設入所支援又は共同生活援助を受けていた障害者その他の厚生労働省令で定める障害者が居宅における自立した日常生活を営む上での各般の問題につき，厚生労働省令で定める期間にわたり，定期的な巡回訪問により，又は随時通報を受け，当該障害者からの相談に応じ，必要な情報の提供及び助言その他の厚生労働省令で定める援助を行うことをいう。
> 　　　　　　　　　　　　　　　　　　　　　　　　（障害者総合支援法　第5条16）

　自立生活援助の対象者は次のとおりです。
　ア　下記の施設等から地域での一人暮らしに移行した障害者等で，理解力や生活力等に不安がある人（障害者支援施設，のぞみの園，宿泊型自立訓練事業所，共同生活援助事業所（グループホーム），精神科病院，療養介護を行う病院，福祉ホーム，救護施設，更生施設，刑事施設（刑務所，少年刑務所，拘置所），少年院，更生保護施設，自立更生促進センター，就業支援センター，自立準備ホーム）
　イ　現に一人で暮らしており，自立生活援助による支援が必要な人
　ウ　障害，疾病等の家族と同居しており，家族による支援が見込めないため，実質的に一人暮らしと同様の状況であり，自立生活援助による支援が必要な人

4．短期間の施設利用ができるサービス
　「高齢の家族が入院している間，一人で生活することが難しい」「一人暮らしをしているが，少し休養したい」場合など，短期間の施設宿泊が利用できます。障害支援区分1以上の人が対象です。食費等の自己負担分もあります。

■短期入所とは

> 居宅においてその介護を行う者の疾病その他の理由により，障害者支援施設その他の厚生労働省令で定める施設への短期間の入所を必要とする障害者等につき，当該施設に短期間の入所をさせ，入浴，排せつ又は食事の介護その他の厚生労働省令で定める便宜を供与することをいう。
> 　　　　　　　　　　　　　　　　　　　　　　　　（障害者総合支援法　第5条第8項）

【利用の手続き】
（前節 3 障害者（知的・精神等の障害）の福祉に関する法制度）2 利用の手続き，30頁を参照）
　これらの障害福祉サービスはどのように利用するのでしょうか。
　サービス利用希望の申請を行うと，その人に必要とされる支援の度合い（障害支援区分）」を認定するとともに，どのような障害福祉サービスを，どのようなとき，頻度で利用するかなどをまとめた「サービス等利用計画案」をつくり，市町村へ提出します。

サービス等利用計画案の作成は，自ら作成するセルフプランと「計画相談支援」を行っている事業所に委託する方法があります。サービス等利用計画案の作成（ケアマネジメント）を行う事業所を指定相談支援事業所といい，計画を作成するケアマネジャーは相談支援専門員といいます。

障害者総合支援法では，相談支援を大きく3つ（基本相談支援・地域相談支援・計画相談支援）に規定しています。相談支援事業所は，障害者（利用者）や障害時の保護者，障害者等の介護を行う人からの相談を受け，必要な情報の提供及び助言を行う「基本相談支援」をベースにして，それぞれ指定された「計画相談支援」や「地域相談支援」を行います。これを図にすると次のようになります（図2-11）。

図2-11 相談支援の規定

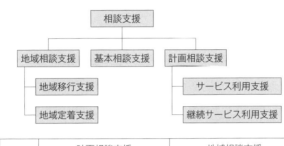

	計画相談支援	地域相談支援
対象者	障害福祉サービス利用の申請を行い，サービス等利用計画案の作成を依頼した障害者や障害児の保護者	①障害者支援施設，のぞみの園，児童福祉施設または療養介護を行う病院に入所している障害者 ②精神科病院に入院している長期精神障害者

【障害福祉サービス利用のためのポイント】
①本人の希望や意思を尊重した支援
　後見人として，被後見人の生活の安定は重要な問題だと思います。様々な生活支援のサービスを組み合わせて，地域生活を支えることは理想的なことです。
　ただ，その一方で，周囲がよかれと思うサービス利用を本人に強要したり，当てはめることがあってはなりません。これは，パターナリズムの考え方であり，後見制度の理念にもそぐわない対応となります。
　本人保護と本人の自己決定の尊重のバランスを意識しながら，障害福祉サービス利用について，被後見人とよく話し合うことが求められます。
②制度やサービスの可能性を模索する姿勢
　障害者総合支援法が施行され，利用できる障害福祉サービスのメニューは増えました。また相談支援専門員らによるケアマネジメントは，生活のニーズに応じ安心して利用でき

るものにしてくれています。

しかし，行動援護や移動支援のように，これから活用の展開が見込まれる福祉サービスがあるのも事実です。後見人等として，被後見人の生活の質の向上に向けて，制度やサービスの可能性を模索する（相談する，問題提起する）姿勢は大切です。

3 公的機関の概要とその仕組み

1 はじめに

公的機関には，都道府県や政令指定都市単位で設置されている機関と市町村単位で設置されている機関があります。ここでは一番身近な市町村単位で設置されている機関を中心に概観します。

公的機関の利用にあたって戸惑うのは，どこに相談したらよいのかということではないでしょうか。健康保険や年金といった制度のことであれば窓口は明確ですが，様々な生活課題は，様々な角度から利用できる制度，支援がありますので，相談できる窓口は複数になります。

表2-4は，各課・部署に寄せられる代表的な相談のうち関連する課・部署を表形式で表したものです。

表2-4 相談内容に応じた公的機関窓口の使い分けと連携（例示）

	保健所	障害福祉課	生活保護課	生活困窮者 自立支援担当
高齢者 福祉課	認知症や高齢者や家族へのメンタルヘルスに関する相談支援など	障害のある高齢者への生活支援など	高齢者の経済的支援など	生活困窮状態にある高齢者への生活支援など
介護 保険課	要介護状態にある人や家族へのメンタルヘルス相談支援など	要介護状態にある障害者への介護保険サービス利用など	生活保護受給者の介護サービス利用など	生活困窮状態にある要介護状態の人への支援など
児童 福祉課	児童や家族のメンタルヘルス相談支援など	障害のある児童への生活支援など	要保護世帯の児童への生活支援など	生活困窮世帯の児童への生活支援など
DV相談 婦人相談 担当	DV被害を受けている女性へのメンタルヘルス相談・支援など	DV被害を受けている障害のある女性への生活支援など	DV被害を受けている女性への経済的支援など	DV被害を受けている生活困窮状態にある女性への生活支援など

2 公的機関の利用のポイント

例えば，障害者虐待の疑いのある世帯では，その世帯内に障害のある子どもと高齢で要介護状態の親が住み，経済的にも困っているなど生活ニーズが複合していることがあります。このような場合，障害者虐待の窓口である障害福祉課が中心的役割を担うにしても，

実際は高齢福祉，介護保険，生活保護，場合によっては保健所や生活困窮者自立支援の担当部署が協力して支援を行う必要があります。

また，精神疾患と若年性認知症の両方がある人の生活支援では，介護保険の側面と障害福祉の側面からサービス利用を検討する必要があります。一人の人に対して様々な観点から考えていかなければ，本人の意思を尊重した支援はできません。

公的機関の利用においては，本人の生活ニーズに合わせ，柔軟に複数の部署が協力する場合もあれば，いわゆる「たらい回し」となることもあるのが実情です。法制度ごとに部署が編成されている公的機関で，各部署が提供しているサービスや根拠としている法律に，その人が当てはまるかどうかという基準で動くと，こうしたことが起こりがちです。

後見人として，法制度に本人を当てはめるのではなく，本人を中心に，制度やサービス，社会資源を組み合わせて活用することを意識して利用の可能性を模索し，本人に提案することが重要です。

3 社会福祉協議会の概要とその仕組み

社会福祉協議会には，国，都道府県や政令指定都市単位で設置されている社会福祉協議会と市町村単位で設置されている社会福祉協議会があります。ここでは一番身近な市町村単位で設置されている社会福祉協議会を概観します。

市町村社会福祉協議会は，社会福祉法に規定されている地域福祉の推進を図ることを目的とする非営利の民間団体です（図2-12）。

図2-12 社会福祉協議会の体系

■市町村社会福祉協議会の事業とは

一　社会福祉を目的とする事業の企画及び実施
二　社会福祉に関する活動への住民の参加のための援助
三　社会福祉を目的とする事業に関する調査，普及，宣伝，連絡，調整及び助成
四　前三号に掲げる事業のほか，社会福祉を目的とする事業の健全な発達を図るために必要な事業

（社会福祉法　第109条より抜粋）

各市町村の社会福祉協議会では，その地域の実情に合わせた様々な社会福祉事業が行われています。2017（平成29）年版の厚生労働白書によれば，市区町村社会福祉協議会の主な事業例（2015（平成27）年度実績）のうち，全体の8割近い社会福祉協議会で，総合相談事業，生活福祉資金の貸付，ボランティアセンター，ふれあい・いきいきサロン，日常生活自立支援事業，共同募金が行われており，成年後見に関連のあるものとして行われているのは日常生活自立支援事業（前節「6 日常生活自立支援事業」，35頁参照）と法人後見事業です。最近では市民後見人の養成を市町村から委託されて実施しているところもあります。

　しかし，全国的にみると，法人後見を行っている社会福祉協議会は，全体の2割弱と少ない状況ですが，成年後見制度利用促進法における中核機関として社会福祉協議会が果たす役割は大きく，今後の発展が期待されます。

参考文献
- 遠藤俊夫：こころの科学115 精神科受診．2004，日本評論社．
- 坂本洋一：図説　よくわかる障害者総合支援法．第2版，2017，中央法規出版．
- 厚生労働省：平成29年版厚生労働白書．

第 3 節　地域包括ケアシステムと多職種による支援ネットワーク

1　成年被後見人等の生活支援の仕組み

　成年被後見人等が，後見や保佐を必要とする理由の多くは，高齢や病気，障害といった福祉や医療の課題ともいえます。そこで，この人びとが地域社会で安心して生活するためには，医療や障害福祉，介護等の支援を必要としますが，これらが有効に機能するためには支援者による工夫が欠かせません。ここでは，事例をもとに成年被後見人等の地域生活を支援する仕組みをどのようにつくればよいのかを考えます。
　まず，下記の事例をみてみましょう。

事例

　Aさん（52歳）には精神障害があり，長年精神科病院に入院していました。48歳のとき，入院中に知り合った男性と結婚して2人で暮らしていましたが，夫が交通事故で死亡し，父親が1人で住んでいる実家に戻ってきました。その後，夫の生命保険金が入ったのを機に父親がケアマネジャーに相談した結果，Aさんの後見人の選任申立を行うことになり，司法書士が選任されました。
　2年ほどAさんは月1回通院する以外は実家で過ごし，80歳を過ぎて認知症の症状を呈するようになった父親はヘルパー派遣を受けながら，どうにか2人で支え合っていました。しかし，父親が脳梗塞で倒れて入院すると，ヘルパー派遣はなくなりました。父親は3週間後に死亡し，Aさんは情動も不安定となって，通院先に泣きついて任意で入院しました。父の遺産相続手続きが済み，精神面も落ち着いたAさんは家に帰りたいと希望するようになりましたが，単身生活の経験がないAさんの退院に後見人は不安を覚えています。

　この事例のように「高齢の親と精神障害・知的障害のある成人した子」という世帯は，現代の日本においてめずらしくありません。そして，介護保険制度の浸透により，親にはケアマネジャー（介護支援専門員）がついて何らかの生活介護を受けている場合でも，障害のある子への支援を併用している世帯は多くないかもしれません。
　事例に即して考えてみると，精神科病院に長年の入院歴のあるAさんに父親が成年後見人の選任申立てを行い，高齢の自分ではなく第三者後見人の選任を求めたことは将来を見据えた妥当な判断でした。そして，Aさんと父親との生活は主として，介護保険制度に基づく父親へのヘルパー派遣で支えられていたと考えられます。
　この時点で，Aさんの通院先医療機関における地域生活支援（例：訪問看護，デイケアやナイトケア等）や，障害福祉サービス（例：相談支援，自立訓練，生活介護等）も活用できていれば，Aさん父子の生活は重層的に支えられ，父親の死亡を契機にAさんが入

院したり，地域生活の継続や再開において後見人が不安を抱えることはなかったかもしれません。

こうした支援体制の構築について，地域包括ケアシステムや多職種による支援ネットワーク活用の観点から考えます。

2 地域包括ケアシステムの構築

近年，医療や福祉，介護の分野において「地域包括ケアシステム」という用語をよく耳にします。この概要を以下に記述します。

1 「地域包括ケアシステム」とは

日本が少子高齢社会になり，社会保障給付費が増大するなかで，社会保障制度のあり方に関しては税制度の見直しと一体的に検討されてきていました。地域包括ケアシステムは，この経過のなかで成立した2013（平成25）年12月の「持続可能な社会保障制度の確立を図るための改革の推進に関する法律」（社会保障改革プログラム法）で次のように規定されています。

■地域包括ケアシステムとは

> 地域の実情に応じて，高齢者が，可能な限り，住み慣れた地域でその有する能力に応じ自立した日常生活を営むことができるよう，医療，介護，介護予防（要介護状態若しくは要支援状態となることの予防又は要介護状態若しくは要支援状態の軽減若しくは悪化の防止をいう。次条において同じ。），住まい及び自立した日常生活の支援が包括的に確保される体制をいう。次項及び同条第二項において同じ。）　　　　　　　　（社会保障改革プログラム法　第4条第4項）

地域包括ケアシステムとは，社会保障費の観点からいえば特に医療や介護給付費の増大を抑制する目的をもち，他方，住み慣れた地域での支援を推進する目的で，主に高齢者を対象として必要な医療や介護を受けながら，あるいは介護を要しないように予防し，自立生活を続けることができるようにするための地域支援体制のことを指すといえます（図2-13）。

2 「精神障害にも対応した地域包括ケアシステム」の構築に向けて

日本における精神科病院の入院の超長期化や，受入れ条件が整えば退院可能な人が相当数に上り，10年以上にわたって精神科病院からの地域移行支援の取り組みを展開していることはすでによく知られています。並行して，精神科医療と精神障害者の地域生活支援のあり方に関しては，長年にわたり形を変えながらも国の検討会での議論が続けられ，直近では2017（平成29）年2月8日に報告書が出されています。その概要版[1]では，新たな地域精神保健医療体制のあり方に関して，精神障害にも対応した地域包括ケアシステ

図2-13 地域包括ケアシステム

○ 団塊の世代が75歳以上となる2025年を目途に、重度な要介護状態となっても住み慣れた地域で自分らしい暮らしを人生の最後まで続けることができるよう、住まい・医療・介護・予防・生活支援が一体的に提供される地域包括ケアシステムの構築を実現していきます。
○ 今後、認知症高齢者の増加が見込まれることから、認知症高齢者の地域での生活を支えるためにも、地域包括ケアシステムの構築が重要です。
○ 人口が横ばいで75歳以上人口が急増する大都市部、75歳以上人口の増加は緩やかだが人口は減少する町村部等、高齢化の進展状況には大きな地域差が生じています。
　地域包括ケアシステムは、保険者である市町村や都道府県が、地域の自主性や主体性に基づき、地域の特性に応じて作り上げていくことが必要です。

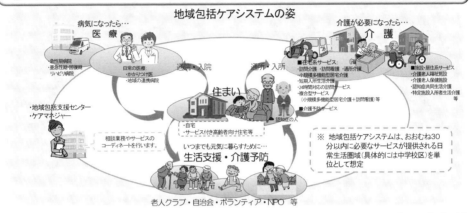

(出典：厚生労働省：地域包括ケアシステム．https://www.mhlw.go.jp/stf/seisakunitsuite/bunya/hukushi_kaigo/kaigo_koureisha/chiiki-houkatsu/（最終閲覧2018年8月31日）

ムの構築を掲げ，次のように記載し[1]イメージを図示しています（図2-14）。

　精神障害の有無や程度にかかわらず，誰もが安心して自分らしく暮らすことができるよう，障害福祉計画に基づき，障害保健福祉圏域ごとの保健・医療・福祉関係者による協議の場を通じて，精神科医療機関，その他の医療機関，地域援助事業者，市町村などとの重層的な連携による支援体制を構築することが適当。

　以上のように，「地域包括ケアシステム」という名称は，もともとは主に高齢者を対象として医療と介護を一体的に提供する仕組みのことを指していましたが，高齢者にとどまらず支援を要する誰をも対象とする考え方に広がり，他方で，精神科入院患者の地域移行の取り組みと併せて，精神障害者に対する包括的な支援が求められていることに対応する形でも用いられています。ここでは，医療や障害福祉，介護のみならず，住まい，社会参加（就労），地域の助け合い，教育が確保された包括的なケアシステムが想定されています。
　このような地域包括ケアシステムの構築においては，地域をどうとらえるかということ

---

1) 厚生労働省：これからの精神保健医療福祉のあり方に関する検討会報告書（概要）．2017．

図 2-14　精神障害にも対応した地域包括ケアシステムの構築（イメージ）

○精神障害者が，地域の一員として安心して自分らしい暮らしをすることができるよう，医療，障害福祉・介護，住まい，社会参加（就労），地域の助け合い，教育が包括的に確保された地域包括ケアシステムの構築を目指す必要がある。
○このような精神障害にも対応した地域包括ケアシステムの構築にあたっては，計画的に地域の基盤を整備するとともに，市町村や障害福祉・介護事業者が，精神障害の程度によらず地域生活に関する相談に対応できるように，圏域ごとの保健・医療・福祉関係者による協議の場を通じて，精神科医療機関，その他の医療機関，地域援助事業者，市町村などとの重層的な連携による支援体制を構築していくことが必要。

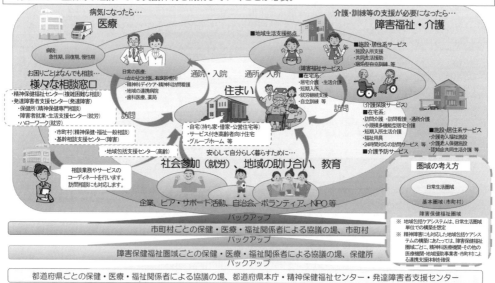

（出典：厚生労働省：参考資料，http://www.accreditation.jp/council/image/15_2.pdf（最終閲覧 2018 年 8 月 31 日））

も重要な視点です。例えば，日本は少子高齢化が加速していますが，地域によって高齢化率や高齢化のスピードは異なります。

　例えば，75 歳以上人口が全人口に占める割合は，2010～2025 年までの 15 年間で，東京都では 1.6 倍（9.4％ から 15.0％ へ），埼玉県では 2 倍（8.2％ から 16.8％ へ）と推計されています。一方，2010（平成 22）年時点の 75 歳以上人口が，山形県ではすでに 15.5％（2025 年には 20.6％），島根県では 16.6％（2025 年には 22.1％）と推計されており，全国的にみて地域格差が大きいことがわかります。つまり，全国一律の支援体制ではなく，その地域の実情に合わせた体制でなければ，医療や障害福祉，介護等に関する住民の課題にこたえることはできません。

　厚生労働省は，2015（平成 27）年 9 月に「誰もが支え合う地域の構築に向けた福祉サービスの実現―新たな時代に対応した福祉の提供ビジョン」を提唱し，高齢者に対象を限定せず「全世代・全対象型地域包括支援」を掲げ，福祉専門職のあり方にも言及しました。これまで以上に，福祉専門職が地域住民全体を視野に入れ地域の実態に基づき働きかけることが求められています。

3 地域生活を支援する成年後見人等の役割

　成年後見人等は，医療や障害福祉，介護に関する法制度について，最低限の知識を有することは当然求められますが，必ずしも直接この体制づくりを担う必要はありません。現在は，各都道府県や市町村，障害保健福祉圏域における協議の場などを活用して情報共有しながら連携体制を築き，各地域の実情に見合ったあり方の検討が始まっています。障害福祉分野では，市町村における相談支援事業に基づき，相談支援専門員がこうしたケアマネジメントの中心的な担い手として機能しています。

　制度を整備したり関係機関間の組織化をすることでシステムは作りあげることができますが，それを実際に運用するのは支援者の力であり，この支援者間の効果的な連携が重要です。また，利用者自身の意思が反映されることなくして，利用者にとっての有効な支援ネットワークはあり得ません。成年後見人等は，成年被後見人等の意思決定を支援したり，時に代弁したりする形で支援者ネットワークの一員となり，成年被後見人等がシステムを有効活用できるようにするための働きをしなければなりません。

第3章

成年後見制度の活用

第1節 成年後見制度の申立て

1 成年後見制度の種類と類型

　成年後見制度は，大きく分けると，法定後見制度と任意後見制度の2つがあります（図3-1）。さらに法定後見制度は，「後見」「保佐」「補助」の3つに分かれており，判断能力の程度など本人の状況に応じて変わります。

図3-1 成年後見制度の種類と類型

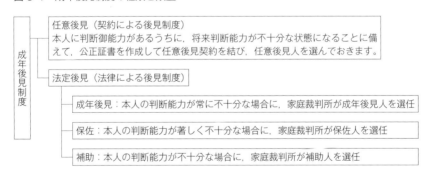

2 法定後見申立手続

1 申立窓口

　法定後見の申立ては，原則として本人の住所地（住民票がある場所）を管轄する家庭裁判所が窓口になります。本人の実際の居所が，住民票上の住所地と異なる場合は，管轄が変わる場合もありますので，家庭裁判所へ確認が必要です。

2 法定後見の対象者―判断基準の課題

　法定後見制度を利用できるのは，一般的に認知症高齢者や知的障害者，精神障害者等のうち判断能力に課題がある人とされています。

　申立て時の判断能力の程度に関しては，成年後見等の申立ての際に提出する「医師の診断書」がひとつの目安とされています。診断書の様式は家庭裁判所によって定められており，精神科医に限らず医師は作成が可能とされています。原則として後見や保佐申立ての場合は，申立て後に家庭裁判所によって精神鑑定が行われます。

　法定後見制度の利用件数全体に占める後見類型の割合の高さが指摘される一方で，本人の意思が尊重される補助類型の利用率の低さが課題とされてきました。そこで申立ての際に，医師の診断書とともに，実際に本人の介護や支援している福祉関係者が記載する「本人情報シート」の活用が検討されています。実際の日常生活や社会生活における身体機能・生活機能・認知機能を，家庭裁判所の判断に反映させるねらいがあります。さらに，日常的な意思決定における支援の必要性の有無や申立てに関しての本人の意向を確認する様式になっています。今後は，医師による医学的な診断，福祉関係者らによる生活場面での評価，本人の意思も含めたうえで，申立て時の類型の判断を行うことが期待されています。

　また，精神障害には環境整備やリハビリテーションにより病状が改善し，判断能力が回復するという障害特性があります。被後見人や被保佐人が精神障害者の場合は，後見や保佐開始時点の類型が，本人の判断の能力と合っているか定期的に検証すべきと考えます。

3 申立ての事由

　「預貯金の管理」「保険金の受領」や「不動産の処分」など重要な財産管理のみならず，「介護保険契約」や「身上監護」を申立ての動機とする成年後見の申立てが増加しています。最高裁判所の「成年後見関係事件の概況」によると，成年後見制度が施行された2000（平成12）年と2017（平成29）年を比較すると，「介護保険契約」と「身上監護」の合計が18％から29％へ上昇しています。

　精神障害者の場合は，「精神科病院から退院して施設入所する際の契約や金銭管理の必要性」「親なき後の不動産管理や保険受領，遺産相続など」のため，「在宅単身生活を継続するために必要な預貯金の管理」や「公的手続きの代理」などが申立て事由として挙げられます。また，触法障害者や心神喪失等の状態で重大な他害行為を行った者の医療及び観察等に関する法律（心神喪失者等医療観察法）の対象者を，地域で支援するためのネットワークの一員として成年後見人等の果たす役割が重要視されるようになってきており，後見等の申立てが行われています（図3-2）。

図 3-2 主な申立ての動機別件数

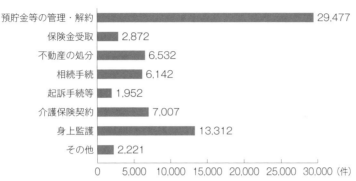

（出典：最高裁判所事務総局家庭局「成年後見関係事件の概況―平成29年1月～12月」）

4 申立てができる人

　法定後見の申立てができる人は，本人，配偶者，4親等内の親族，成年後見人，保佐人，補助人，任意後見人，成年後見監督人等，市区町村長，検察官です。

　親族とは，6親等内の血族と3親等内の姻族になりますので，法定後見の申立権が認められている4親等内の親族とは，4親等内の血族と3親等内の姻族となります（図3-3）。

　また，申立てや手続きを進めていくことに不安がある人は，弁護士と司法書士に委任することができます。弁護士は申立て代理人になれますが，司法書士は申立書類の作成のみになります。なお，委任を受けて，裁判所へ提出する申立書類作成等を行うことができるのは弁護士や司法書士に限られており，精神保健福祉士などの他の士業が報酬を得る目的で同様の行為を行うのは禁じられています。

■非弁護士行為に関する弁護士法の規定

> 弁護士又は弁護士法人でない者は，報酬を得る目的で訴訟事件，非訟事件及び審査請求，再調査の請求，再審査請求等行政庁に対する不服申立事件その他一般の法律事件に関して鑑定，代理，仲裁若しくは和解その他の法律事務を取り扱い，又はこれらの周旋をすることを業とすることができない。ただし，この法律又は他の法律に別段の定めがある場合は，この限りでない。　　　　　（弁護士法第72条（非弁護士の法律事務の取扱い等の禁止））

図 3-3　4 親等内の親族図

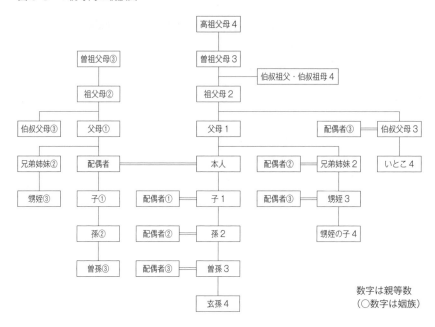

■非司法書士行為に関する司法書士法の規定

> 司法書士は，この法律の定めるところにより，他人の依頼を受けて，次に掲げる事務を行うことを業とする。
> （一～三　略）
> 四　裁判所若しくは検察庁に提出する書類又は筆界特定の手続（中略）において法務局若しくは地方法務局に提出し若しくは提供する書類若しくは電磁的記録を作成すること。
> 五　前各号の事務について相談に応ずること。
> （六　以下略）。
> 　　　　　　　　　　　　　　　（司法書士法第 73 条（非司法書士等の取締り）より抜粋）

> 司法書士会に入会している司法書士又は司法書士法人でない者（協会を除く。）は，第 3 条第 1 項第一号から第五号までに規定する業務を行ってはならない。ただし，他の法律に別段の定めがある場合は，この限りでない。（司法書士法第 73 条（非司法書士等の取締り）より抜粋）

5 申立てにおける本人の同意

　制度上，親族や行政の申立てが行われたら，家庭裁判所による後見・保佐開始の審判は本人の同意を必要としません（表 3-1）。このため，本人が申立てに同意していないまま制度利用につながることも多く，成年後見人等による管理に反発する成年被後見人等も少

表3-1 申立てにおける本人の同意

	成年後見申立	保佐申立	補助申立
開始の申立	本人同意は不要	本人同意は不要	本人同意が必要
代理権付与申立	対象外	本人同意が必要	
同意権付与申立	対象外	民法13条1項に掲げられている行為については本人の同意は不要。それ以外の行為まで同意権を拡張する場合は本人同意が必要	

なくありません。意思決定支援の観点では，成年後見制度の申立時から本人の意思を尊重する仕組みづくりが求められます。

6 法定後見申立ての流れ

まずは，申立人が，戸籍，登記されていないことの証明書，診断書等の申立必要書類を集めます。それらを，申立書とともに家庭裁判所に提出して，審理をしてもらうことになります。申立書類を受理した家庭裁判所は，申立人や本人と面談をするなどして，裁判官により後見等開始の審判が行われます（図3-4）。

家庭裁判所の後見等開始の審判に疑義があるときは，2週間以内に高等裁判所に対して不服の申立てをして再審理をしてもらうこともできます。不服申立てが行われず2週間が過ぎた場合や高等裁判所で不服申立てが認められなかった場合には，後見等開始の審判が確定します。通常，申立書類を提出してから審判がされるまでに，2か月ほどかかります。

図3-4 成年後見制度申立ての流れ

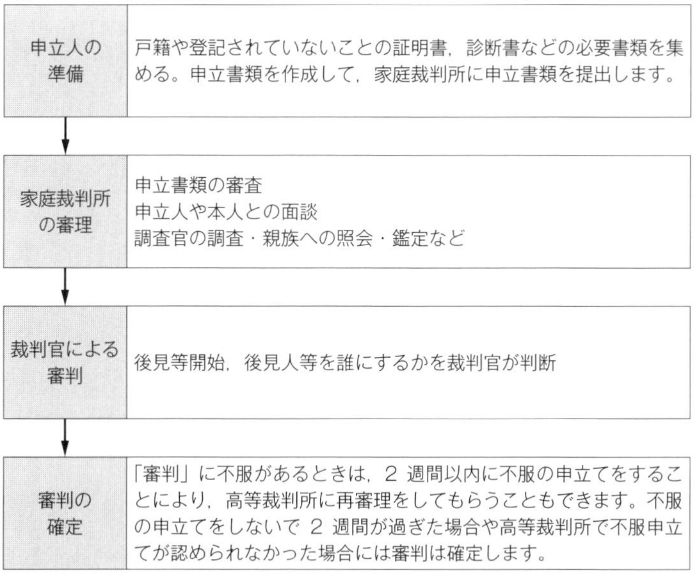

申立人の準備	戸籍や登記されていないことの証明書，診断書などの必要書類を集める。申立書類を作成して，家庭裁判所に申立書類を提出します。
家庭裁判所の審理	申立書類の審査 申立人や本人との面談 調査官の調査・親族への照会・鑑定など
裁判官による審判	後見等開始，後見人等を誰にするかを裁判官が判断
審判の確定	「審判」に不服があるときは，2週間以内に不服の申立てをすることにより，高等裁判所に再審理をしてもらうこともできます。不服の申立てをしないで2週間が過ぎた場合や高等裁判所で不服申立てが認められなかった場合には審判は確定します。

第2節 成年後見制度を活用する理由
―そのメリットとデメリット

1 成年後見制度を申立てる理由

　判断能力低下の要因には，認知症，強度行動障害，高次脳機能障害，精神障害，知的障害など様々な疾患や障害があります。同じ人でも時期によって病態が異なるので，成年後見制度の申立ても慎重にならなければいけません。

　精神障害のある人が成年後見制度を活用するきっかけは，幻聴，幻覚，妄想など精神的変調により，契約や財産管理など生活するうえで必要不可欠な行為や，相続，施設入所など重大な判断や手続きができなくなったときです。本人や家族，生活支援に携わる支援者などがこのような事態に直面し，困難を感じることから成年後見制度利用の検討が始まります。生活上の困難について，本人自身で認識している場合，認識しているが自身の疾病や障害を受け入れられない場合，本人に認識がなく本人よりも家族や支援者が困難を感じる場合があります。

　ここで，精神疾患による症状や障害が生活環境に影響する場面をいくつか例に挙げます。

　「あなたはこれから有名な役者になる」という幻聴から，高額な化粧品の購入やエステサロンのサービスに関する契約を複数締結するなど，生活上の優先順位が低くても，症状に左右されて契約を優先させてしまうことがあります。

　自身の生活に無関心で必要な医療・福祉サービスにつながらないことや，現実的な生活状況の見通しが立てられないこともあります。

　「自分は大企業の社長なので，いくらお金を使っても生活は成り立つ」という妄想から，収入と支出のバランスが認識できず，収入を上回る支出を繰り返し，食事にも困るような生活状況に陥る場合もありえます。また，家族が経済的問題を抱え，自分の生活に無関心な当事者の財産搾取や金銭目的の虐待行為に及ぶことも起こりえます。

　相続や財産管理などは，特に家族や周囲に影響を及ぼします。例えば，本人が相続行為の必要性や自身の生活に与える影響を理解できず，手続きが進まない場合，被相続人のもつ金融機関の口座から出金や不動産売却ができないなどの状況が起こり，本人と家族の生活に直接影響が出てしまいます。また，本人と家族の関係性がわるくなり，間接的な影響で本人が不利益を被ることもあります。

　成年後見制度は本人の利益を守るための制度なので，共同相続人など周囲の思惑だけが優先することがないように十分留意する必要がありますが，相続や財産管理は申立て理由の上位に入ります。

　精神疾患による症状や障害の状況は，時により非常に変化が大きいこともあり，申立てのタイミングで迷うことがあります。例えば，幻聴や妄想の影響で生活課題に直面して

も，治療や周囲の支援で対処行動を獲得し，生活課題が改善されることがあります。本人のストレングス（強さ）を考慮すると，このような場合，どのタイミングで成年後見制度申立てに踏み切るのかは難しいところです。

本人，家族，支援者それぞれの申立てのタイミングについて合意が得られる場面としては，施設入所や入院，受刑中から地域移行など，本人の生活状況が大きく変化するときや，生活課題が繰り返され，セルフネグレクトなど，本人が自身へのケアを放棄し，必要な治療契約や支援契約が結べない場合，病状の安定が図られても財産管理ができず，日常生活自立支援事業などの支援制度とも契約を結べない状況などが想定されます。

2 成年後見制度活用のメリット

成年後見制度に期待されることのひとつは，「親亡き後」の役割です。特に障害者の領域では，常に重要なテーマとして古くから議論されてきました。親の立場としては，自分たち亡き後のことを考え，「心配で死んでも死にきれない」と話される人が多くあります。本人にとっても，親に頼らざるを得ない生活が続いていた場合，親亡き後は大きな不安となります。成年後見制度は，親のすべてを肩代わりできるわけではありませんが，本人に寄り添いながら必要なサービスを利用し，そのための財産管理を担う立場が期待されます。

成年後見制度活用のメリットには以下の4つがあります。

1 財産管理

財産管理は成年後見人等に期待される重要な役割です。財産がある人はもちろん，財産がない人も，金銭管理の課題を本人と一緒に考え支援する役割があります。

昨今の振込詐欺への対応や，本人が病気や障害の勢いで散財してしまうことも，後見人等の対応の範囲です。本来は本人の財産なので，本人が自由に使うことを保障する必要がありますが，使途が本人の真意ではない場合は，見守るだけではうまくいきません。ここに後見人等への期待があります。

必要な支出を判断できなかったり，動くことができなかったりした場合は，代理権をもって対応し，詐欺や搾取への対応策として財産管理の方法を工夫し，本人が自らの行動を自分で止められずに散財した場合には，同意・取消権をもって対応するなどが後見人等の役割となります。

ただし，「日用品の購入その他日常生活に関する行為」は成年後見人等が取り消すことはできません。本人の生活上の不便を避け，本人にできることを保障し，取引の相手方にも過度な負担を強いないことで，本人が社会の一員として暮らすことを尊重しようとする意図です。

2 書類や手続きの代行

　書類処理や手続きの代行も後見実務に含まれます。判断能力の低下で，必要な事務処理やサービスの選択・利用手続きが難しい人について，成年後見人等は代行する役割があります。

　成年後見人等の役割は本来諸種の契約行為であり，契約以外の事実行為を行う立場にはありませんが，契約行為のための準備や下調べなど，契約行為に付随することは，状況によって成年後見人等が対応せざるを得ないこともあります。誰も契約行為に付随することをしないと適切な選択にならなかったり，契約行為に至らなかったりするため，結果的に本人の不利益になることがあるからです。

3 サービス利用に関する支援

　次にサービス利用に関する意思決定支援と利用・契約・見守り（モニタリング）に関することがあります。生活するなかで一つひとつの生活行為についての判断が難しい場合，本人の生活にとって支援が必要な生活行為の選択と，対処方法を決める必要があります。この過程で後見人等は関係機関とともに意思決定支援を行う必要性が出てきます。そして選択したサービスの契約行為が必要になります。

　サービス契約を結んだ場合，以降のサービスが適切に提供されているか，サービスの過不足があるか等を本人とサービス提供機関，またはモニタリング機関の間に立って確認し，見守ることも後見人等の役割です。

4 支援機関への橋渡し

　最後に支援機関への橋渡しに関することがあります。成年後見人等が選任されたとき，医療や福祉サービスにつながっていない，または必要な支援体制が整えられていないことなどがあります。後見人等だけでは，これらの課題に対処することはできません。また，後見人等は実際の介護や同伴などを行う立場でもありません。そこで，後見人等は，本人の意思決定支援を図りながら，関係機関や支援機関へ介入の働きかけをしていくことになります。このことがここでいう"橋渡し"です。

3　成年後見制度活用のデメリット

　次に成年後見制度のデメリットについて考えてみましょう。

1 類型変更の硬直性

　後見・保佐・補助間の類型変更の柔軟性がないことはデメリットといえます。類型の軽減も含めて類型変更の手続きは決まっていますが，ほぼ活用されていません。精神障害者のように病状や障害に変化がある場合は，むしろ柔軟な類型変更があってしかるべきです

が，一度審判が下ると現実的には変更，終了が硬直的であるといえます。もともとが認知症中心の制度設計であり，精神障害者にとっては使いづらい側面といえるでしょう。現状では，頻繁な類型変更よりも運用面で成年被後見人等の判断能力に沿った意思尊重を図る工夫がなされていると考えられます。

2 被後見人の尊厳への影響

対象者自身の尊厳への影響も挙げられます。禁治産・準禁治産制度の影響や成年後見制度の社会的理解の不足も影響していますが，「自分でできなくなった人がやむなく使う制度」という社会通念により，自己の尊厳が傷つき自己肯定感が低下してしまう側面があります。本来は補助や任意後見など，よりうまく生活するための主体的な活用が想定されていましたが，利用実績の低さから，周知不足や利用のしにくさがあったといわざるを得ません。

3 成年後見人等とのミスマッチ

成年後見人等と本人の事前のマッチングの仕組みがないことも重要な課題です。事前に本人に十分な説明がなされないままの受任ということも例外ではなく，受任者が自分の立ち位置を説明するところから関係が始まる場合もあります。状況把握と適性を考慮したとしても，家庭裁判所から一方的に決められた後見人等と信頼関係を築くことを求められるわけで，専門職後見人就任後に波長が合わずに辞任する案件が散見されます。

4 後見実務の格差

受任者によって行う後見実務に違いがあることも現実です。国の制度として実施されているので，本来は誰が担っても最低限の実務は共通のものである必要があります。しかし，専門職後見人でさえも専門性に立脚した相違だけでなく，後見人個々人の価値が特に身上監護面に影響を与えるという点で標準化されているとは言いがたい面があります。愚行権の保障についても，後見人等の裁量によって，大きく制限される現実があります。本人の意思尊重という点で，成年後見人等の考え方いかんで対応が変わってしまう可能性があるので，後見制度の利用を後悔することも起こりえます。最近は複数後見で，より適切な対応を図ろうとすることが多くなってきました。

5 費用負担の問題

費用の問題も重要です。家庭裁判所が決定し，費用負担について不服申立ての仕組みがないと社会問題化したことは記憶に新しいところです。成年被後見人等にとっては後見報酬が負担となり，成年後見人等にとっては，後見実務を続けていくためにも報酬の確保が必要である現実があります。市区町村の義務となっている成年後見制度利用支援事業によ

る後見制度申立て費用や後見報酬の確保等も，まだ利用条件が厳しい自治体も多く，今後の改善が求められるところです。

さらに複数後見人や監督人がつくことでその報酬の負担により財産の減少スピードが上がってしまい，将来設計が変わっていかざるを得ない点も指摘されています。

⑥ その他

意思決定支援については，他者による代理決定をもって対象者の利益を守る考えから，あらゆる手段や環境の工夫をもって意思決定支援を行うことを前提とする考えへ転換する必要があります。代理決定がやむを得ない状況となっても，代理決定は必要最低限とし，判断できる条件が整えばすぐに被後見人等の考えを尊重する姿勢と柔軟性が成年後見人等には求められます。

成年被後見人等に課せられる欠格条項も課題です。毎日新聞の2018（平成30）年2月22日の記事では，180にも上る資格制限があると伝えられています。障害者の権利に関する条約（障害者権利条約）への抵触もあり，現在見直し作業が進んでいます。

このほかにも，利用しにくさとしてあまり挙げられないことのひとつに家族だけで支えていきたいと考えても，家庭裁判所の判断で専門職後見人が就任する可能性から申立てを手控える場合が挙げられます。家族の財産を守るために代理権を取得したいという意向と第三者が家族の財産問題に介入してくるかもしれないということの狭間で，申立てに至らない場合も考えられます。

⑦ さいごに〜財産管理に関する不正

まずは後見人等による横領など，財産管理に関する不正問題に触れます。近年，親族後見人だけではなく，専門職後見人による不正も問題視されているところです。2015（平成27）年度最高裁判所の調査によると，成年後見人全体の不正は521件で被害総額は約29億7000万円となっています。このうち，専門職後見人の不祥事は37件，被害総額は約1億1000万円に上ります。親族後見人の不正も許されませんが，専門職後見人等による不正は言語道断です。徹底した不正防止対策を図らなければなりません。しかし，不正防止に備えた厳格な運用がかえって成年後見制度の利用のしにくさや被後見人の権利の制限につながってしまうのは残念です。不正防止策と利用しやすさの調整が求められています。

4 まとめ

判断能力の低下した場合でも成年後見制度を利用しない人は多くいます。その多くは家族が本人の状況を勘案して，最善と思われる選択を行うことでしょう。単身者の場合は，生活を支えている支援者の誰かが，暫定的に判断をせざるを得ないかもしれません。

しかし，ここで立ち止まる必要があります。ひとつは本人にとって必要な判断なのかという点です。相続や施設入所など，本人ではなく家族や周囲の都合が優先した結果として決断が行われている可能性はないでしょうか。

　もうひとつは判断自体が適切なのかという点です。本人の人生に直結する決断は，社会規範に反しない限り本人の望む形で行われます。本人以外の人や機関の価値観，行動規範によって決められることではありません。ここに意思決定支援の重要さがあります。

　成年後見制度を申立てる必要性やメリットについてはみてきたとおりです。実際の生活と連動する何らかの事態が起こり，判断や対応を先延ばしにできないにもかかわらず，本人の意向が確認できない状況において検討されます。また，「親亡き後対策」のひとつとして，常に本人の立場から考える後見人等の存在に，支援体制の番人としての期待もあるかと思われます。後見人等は，申立て理由にこたえるためにも，意思決定支援を図りながら判断が急がれることには迅速に対応し，時間をかけられることには丁寧に本人の意向を確認し尊重していく姿勢が求められます。そして，地域の支援機関とも連携し，個々の支援体制の充実とサービスの提供が本人主体になっているのかを常に点検しながら進めていくことが期待されると考えられます。

　成年後見実務においては，成年後見人等の資質と姿勢に委ねられることが多くあります。専門職後見人においては，後見人養成機関による，より質の高い成年後見人等の育成が求められます。親族後見についても，養成機関を含めた支援体制を充実させていくことが検討され始めています。

　後見人等の実務における身上監護について，親族・専門職・職種を問わず，どのような立場の後見人等がついても，一定の対応が期待できる手続きの標準化が必要です。そのうえで，個別性に沿った後見実務が求められるのではないでしょうか。

　身上監護面における監督は，個別性が高く監督になじまない側面があるので，監督は財産管理と身上監護のチェックポイントや手続きを適切に行っているかを確認し，後見人の相談役になることでよいと考えます。ただし，身上監護面の相談は，監督人に相当の専門性が求められ，監督人に対する高度な研修が必要となります。成年後見人等のかかわりを尊重し，支援する必要があるからです。

　デメリットの多くは，「成年後見制度の利用の促進に関する法律」（成年後見制度利用促進法）を受けて，2017（平成29）年度から5年間，成年後見制度利用促進基本計画のなかで，検討されることになっています。成年後見制度利用促進基本計画における検討項目のなかに，「不正防止の徹底と利用しやすさの調和」「成年被後見人等の医療・介護等に係る意思決定が困難な人への支援等の検討」「成年被後見人等の権利制限に係る措置の見直し」などがあり，今後の進展に期待したいところです。

　成年後見制度の改正は，単に民法改正ということだけではなく，日本が批准している国際連合の「障害者権利条約」への抵触を避けることもあります。判断できないため周囲が

保護して守る対象としてとらえるのではなく，意思を有し意思決定支援を図るべき対象としてとらえる考え方への転換が必要です。さらにいえば，障害者権利条約の根幹にある障害のある人とない人の平等の実現に対する普遍性にもつながっていくと考えられるのではないでしょうか。

第4章

精神障害・認知症の人に対する成年後見人等の具体的対応

事例

1 統合失調症の再発
―精神科医療の仕組み

Aさん
年齢・性別：45歳・男性
疾患・症状名：統合失調症
類型：後見
キーワード：再発

1 はじめに

　精神疾患によって意思能力が減退し成年後見制度を利用する人がいます。精神疾患は「疾患と障害が併存する」といわれており，病気によって日常生活上の障害が生じて，判断能力が低下してしまう場合や，入院治療が必要となる場合もあります。

　精神科への入院に関しては「精神保健及び精神障害者福祉に関する法律」（精神保健福祉法）により入院形態や手続きが詳細に定められていますが，一般の人にはあまり知られておらず，成年後見人が専門職であっても戸惑う場合も少なくないと思います。

　本事例は統合失調症のAさんの治療・支援経過とともに，精神医療の仕組みや後見人のかかわりについて記述します。

2 事例概要

1 Aさんの発病前後の状況

　Aさんは身体を動かすことが大好きな少年で，そう多くはありませんが，友人との交流

もありました。ところが大学進学後，友人との付き合いもあまりしなくなり，自宅で過ごすことが多く，大学も休みがちになりました。

「何か声が聞こえてきて，自分に命令をする」と話すようになり，両親が心配して病院に相談した結果，受診を促され，Ａさんに説明のうえ，受診しました。

大学を5年かかって卒業した後，症状も改善され，Ａさんは自分の病気はもう治ったと考え，受診や服薬を止めてしまいました。しばらくは幻聴もなく，日常生活にも支障がありませんでした。

仕事にも就いていましたが，ある時期から仕事でミスをすることが目立ち，心配した同僚が声をかけたところ，最近あまり眠れないということでした。上司や同僚から受診を促されましたが，「もう少し頑張る」と言い，受診に至りませんでした。その後，再び上司や同僚の声で「ばか野郎」「死んでしまえ」というような声が聞こえ始め，その声を無視することができなくなり，職場で怒鳴ってしまうことがありました。

心配した上司が両親に相談しましたがＡさんは受診に同意しませんでした。しかし，幻聴に振り回され，仕事が手につかなくなり出勤できないことも増えていったことから退職を促され，受け入れざるを得ませんでした。

退職後はほとんどの時間を自宅で過ごし，たばこを吸ったり，テレビを見たりと，閉じこもりの生活が続きました。しだいに両親の声が幻聴として聞こえてくることが多くなり，元来温厚だったＡさんが両親に対して，荒い口調できつくあたったり，興奮して暴れることが何度かありました。困り果てた両親は保健所に相談した結果，精神科病院への入院を視野に入れた受診を勧められました。ところがＡさんは両親や保健所の相談員の説得にも応じませんでした。数日後，自宅で暴れたことをきっかけに，両親が必死になって病院に連れて行き，精神科病院に医療保護入院となりました。

入院後，服薬により症状は改善し，退院に向けた活動を提案されましたが，また，同じことの繰り返しになるのではないかと両親は退院には消極的でした。そこで，日中，精神科デイケアに通い，変化があったら，医療スタッフが相談に乗るということで自宅へ退院しました。

②退院後のＡさんの生活

退院後，日中は精神科デイケアを利用し，生活リズムを整えるとともに，他の利用者とかかわるなかで対人関係の練習も行いました。週5日の利用を続けていましたが，一部の利用者とのトラブルが原因で少しずつ利用回数が減りました。

その後，就職活動をするといって精神科デイケアの利用を中断し，ハローワークなどで就職活動を始めました。障害を明かした求人では自分の希望に合った就職先は見つからなかったため，障害を隠して就職先を探し始めました。その結果，自分の希望に合った就職先は見つかりましたが，就職をきっかけに受診や服薬が不規則になっていきました。すると，以前と同じように幻聴が聞こえ始め，徐々に仕事に影響が出るようになりました。

前回同様，職場でも独り言が出始め，同僚からばかにされたと思ったAさんが暴力沙汰を起こし，退職することになりました。
　その後，自宅でひきこもる生活に戻ってしまい，受診や服薬を促しても拒否が続きました。また，自宅で大きな声を出したり，時には両親に暴力を振るうことがあり，数か月後，精神科病院へ再入院となりました。
　入院後は服薬することで症状は改善されましたが，両親が自宅への退院や今後のかかわりについて難色を示しました。何度か話し合いをしましたが，両親の理解を得ることができず，Aさんは両親の受け入れが難しいことから，「自宅がだめなら，一人暮らしがしたい」と希望しました。
　両親もAさんが希望するならばと不動産物件の保証人になり，病院から徒歩約15分の賃貸住宅を借りて，退院後は一人暮らしをすることが決まりました。必要な物品は病院の精神保健福祉士が外出に同伴し購入しました。
　退院後，精神科デイケアを週5回と訪問看護を週2回利用しながら，一人暮らしが始まりました。初めての一人暮らしでしたが，食事や買い物など身の回りのことや生活リズムを意識して生活していました。受診や服薬について，以前のように嫌がることはなく，規則的に受診や服薬するようになり，声が聞こえることも少なくなりました。金銭は退院後，生活保護の申請を行い，生活保護を受給しながら自身で管理して生活していました。
　数年間，特に病状が悪化することなく，一人暮らしの生活は続きましたが，精神科デイケアで利用者同士の行き違いから，通う回数が減り，少しずつ生活リズムが崩れ始め，薬も飲み忘れることが多くなりました。再び幻聴に左右される行動が出始めました。
　特に金銭の使い方がこれまでとはまったく変わり，天の声から「○○を食べろ」と指示されたとおりに行動し，大量の食材を購入することがありました。また，高級な食材を買っても腐らせることが多く，一方で光熱費などの滞納が続き，月末までに金銭をすべて使い切ってしまうようになりました。
　さらに聞こえてくる声の主から「女性を紹介する」と言われ，特定の場所へ外出することが多くなりました。食生活で金銭を使っているにもかかわらず，遠方まで公共交通機関を利用して外出し，自宅へ戻る金銭の計算ができず，駅で一夜を過ごし，時には警察へ通報され，保護されることもありました。

③ 成年後見制度の利用へ

　この間に両親共に他界し，かかわってくれるのは弟だけとなりました。その弟に対し，「自分の遺産を使い込んでいる」という妄想が出始め，Aさんが「ある」と信じている遺産を請求するために弟宅へ何度か押しかける行動が始まりました。結局，弟は執拗に遺産をくれと訪ねてくるAさんへのかかわりを一切，拒否するようになってしまいました。
　このような生活状況から，支援者間で医療や福祉サービスの利用および金銭管理につい

て，成年後見制度の利用の必要性が検討されるようになりました。特に精神的な病状が悪化した際，精神科病院への医療保護入院の同意者について，弟に依頼することが難しい状況でもあります。

病院の精神保健福祉士や看護師，生活保護のワーカー，地域の保健師などの関係者が協議を重ねた結果，行政担当者が市町村長申立てを行うこととなりました。数か月後，Aさんに後見人（精神保健福祉士）が選任されました。

Aさんに会う前に支援者から後見人にこれまでの経過を説明しました。その後，関係者が集まる会議の場で，Aさんとの話し合いがもたれました。その場では，通院や服薬など治療の必要性を意識し支援者の促しに応じてほしいこと，そうでないと生活に困窮したり入院になってしまう可能性が高いこと，経済的に破綻しないよう金銭の管理は後見人が行うことが，Aさんに提案されました。

当初，Aさんは関係者の意見を聞き入れようとしませんでした。ただ，毎月後見人がアパートに来て，親身になって自分のことを考えてくれる様子をみると徐々に「信用しても大丈夫」という思いをもつようになりました。また，通院や服薬など治療の必要性について訪問看護師等の助言を聞くことで少しずつ理解が深まり，時折薬を飲み忘れることはあっても，自分から意図的に飲まなくなることはなくなりました。金銭の管理について，自分で管理したい思いも表明していましたが，幻聴のために散財して苦労した経験を思い出し，管理してもらうことに同意しました。

現在，Aさんは，日中は生活介護事業所を利用しながら自分なりにできること見つけることもできています。また，通院や服薬は訪問者の促しにより，自分で意識することで症状の多少の浮き沈みはありますが，入院が必要な状況になることはありません。

3 精神科医療の仕組み

精神科の治療は大きく，外来治療と入院治療に分かれます（図4-1-1）。外来での治療は医師の診察と投薬が中心です。通院や服薬が不規則になったり，中断してしまう可能性がある人には，精神科デイケアも外来治療の一環として提供されています。

入院治療では，本人の意思で入院する場合と，本人の意思決定なしに入院となる場合があります。任意で入院した場合，原則として行動制限はありませんが，それ以外の入院の場合は行動の制限が加わることがあります。

ここでは入院医療を中心にみてみます。

1 精神科入院形態

精神科医療は本人に病気であるという認識が乏しい，またはそれがない場合もあり身体科疾患では想定されていない，本人の意思に反して治療行為を行う場面があります。よっ

て，精神保健福祉法では入院を決定する際に5つの入院形態を規定しています（表4-1-1）。

どの入院形態でも，入院時点での治療の必要性を本人にも理解できるよう丁寧に説明する必要があります。

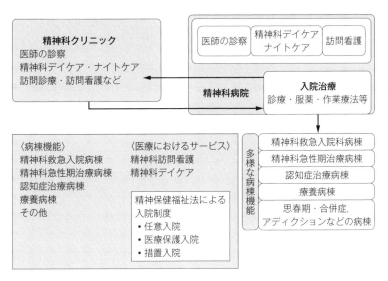

図4-1-1 精神科医療の仕組み

表4-1-1 5つの入院形態

入院形態	内容・留意点
任意入院	1）本人の同意で入院 2）入院の同意書が必要 3）72時間の退院制限可能 4）原則開放処遇
医療保護入院	1）家族等の同意により本人の意思にかかわらず入院可能 2）1名の精神保健指定医の診察で判断 3）1年ごとに定期病状報告の提出が必要 ＊非自発的入院が長期間に及ばないよう，病院内に退院後生活環境相談員が置かれ，退院支援委員会において検討が行われます。
応急入院	1）1名の精神保健指定医の診察で判断 2）本人や家族の同意がなくても入院可能 3）72時間以内に他の入院形態へ変更が必要 4）応急入院指定病院に入院
措置入院	1）自傷他害のおそれがある人が対象 2）都道府県知事・政令市長の権限による入院 3）2名の精神保健指定医の判断が必要 4）指定病院に入院
緊急措置入院	1）自傷他害のおそれがある人が対象 2）都道府県・政令市長の権限による入院 3）1名の精神保健指定医の判断で入院可能 4）72時間以内に他の入院形態へ変更が必要

2 精神保健福祉領域における多職種連携と精神保健福祉士の役割

　精神保健福祉領域の関係機関には医師・看護師・作業療法士など医療の専門職や精神保健福祉士・相談支援専門員など福祉の専門職を含む様々な職種がそれぞれの役割を担い，連携しながら支援を展開しています。

　そのなかで精神保健福祉士の役割は多岐にわたります。まず，医療機関に所属する精神保健福祉士は入院を含む治療の場面にかかわります。精神的な症状の悪化により治療の導入から入院に至る過程及び入院治療を受け，症状が安定し退院のめどが立った段階で退院後の生活を円滑に行うための調整を行う役割を担います。

　地域で生活支援にかかわる機関に所属する精神保健福祉士は，治療を継続しながら地域でその人らしい生活を実現する場面にかかわります。その際，日中の活動の場所として地域活動支援センターや就労支援の事業所などで活動を通じ，生活するなかで体験する様々な不安や困難など生活全般の相談に対応する役割を担います。また，障害福祉サービスを利用する場合，サービスの利用調整を含めた様々な相談について相談支援専門員という立場で対応する役割を担う場合もあります。

3 受診・受療援助と精神科での治療

　精神疾患の特徴として本人が病気であるという認識をもちづらい場合があります。その際，家族を含む本人の周りにいる人が治療の必要性を感じて，本人にそのことを伝え説得するのですが，本人に認識がないため，治療に結びつくまでに時間がかかることが多く，周囲の人が疲弊してしまうこともあります。

　受診に関する相談窓口としては本人の住所地の保健所があり，精神保健福祉相談員等が配置されています。本人の病気の症状や生活歴，本人の治療に関する意向などを相談の段階で把握し，適切な治療を受けることが可能な医療機関の情報を紹介します。状況によっては相談を重ねても医療機関への受診が難しい場合は本人の状況を把握するため訪問を行うこともあります。

　また，精神科医療機関でも相談窓口を設置しています。医療機関にも精神保健福祉士が配置されており，受診相談を担っています。

4 病状増悪時の具体的な対応

　幻聴や幻覚，妄想などの精神症状が活発となるなど病状が悪化したときの対応として，まず，主治医に診察してもらうことが挙げられます。ただ，本人が病気の認識が乏しい，または認識がない場合，医療機関への受診を拒否する場合もあります。その際，本人との関係性を踏まえ，本人と関係のとれている人から促してもらうなどの試みも重要です。同時に保健所やかかりつけの医療機関に相談することも重要です。

　診察後，薬の内容を変更して様子をみるという判断で病状が改善することもあります。

その場合は状況を主治医に報告し，経過をみながら対応を考えることとなります。また，入院して治療する必要があると判断された場合はかかりつけ医療機関や保健所などと相談しながら，どのタイミングで入院に結びつけるのかを相談します。

4 精神科への入院における成年後見人・保佐人の役割と連携の留意点

1 精神科への入院における成年後見人の立ち位置

成年被後見人・保佐人が同意しない状況で医師に入院が必要と判断された場合，成年後見人・保佐人は精神保健福祉法の医療保護入院の同意者としての役割を求められます。本来，成年後見人・保佐人は本人の権利を守る役割を担う立場ですから，本人が治療に同意しない場合，入院の同意を行うことにジレンマを感じる場合もあります。

しかし，本人の病状がわるいまま生活を続けることで近隣の人たちとの関係性が崩れたりし，生活の継続が難しくなることも予想され，後見人として本人の生活を守るための総合的な判断が求められることから，本人の変調に早めに気づき，治療に結びつけることが重要です。

2 成年後見人等が関係諸機関と連携するうえでの留意点

成年後見人等は契約などの一定の法律行為について，本人が不利益を受けないように支援するという役割があります。よって，後見人とはいってもすべて担えるわけではありません。関係諸機関によっては，成年後見人等には本人に関するすべての行為を依頼できると考えている場面もまだ見受けられます。連携するうえで成年後見人等の役割と限界をきちんと説明する必要があります。まずは医療行為の同意に関する事柄です。精神保健福祉法の医療保護入院に関する同意以外の医療に関する同意は成年後見人・保佐人の権限として認められていません。医療同意の問題は長年課題として検討されていますが，現状では身体疾患やそれにまつわる検査などの同意はできません。関係諸機関の認識によっては成年後見人・保佐人に同意を求めることもあり，医療機関等に対して，成年後見人等の役割をきちんと説明する必要があります。

5 まとめ

前述したように，精神科医療機関への非自発的入院にあたっては「家族等」の同意が求められる場合があります。成年後見人および保佐人は「家族等」となります。ご自身が望まない入院を同意することになることを理解し，成年被後見人・被保佐人との信頼関係を損なわないような工夫が必要です。一人で抱え込むのではなく，医師・看護師等の治療スタッフに加え，事例のように医療機関等の精神保健福祉士が成年後見人等と協働して退

院・退院後の生活への支援を行います。

　一方，精神科医療では治療の必要性から行動等の制限が行われるため成年後見人等は真に必要な医療が適切に行われているか，不必要な制限が行われていないかなどを見守る役割もあります。

　現在，精神科医療・支援では多職種・多機関連携が行われていますが，十分な連携を取りつつも，成年被後見人等の権利を守ることが成年後見人等の役割であることを忘れてはなりません。

事例

関係性の構築を難しくする幻聴・妄想
―長期入院者へのかかわりとチームによる支援

Bさん

年齢・性別：35歳・女性
疾患・症状名：統合失調症（幻聴・妄想）
類型：後見
キーワード：関係性の構築（元夫と子ども（小学生），Aさん（45歳成年後見人））

1 はじめに

妄想や幻聴と付き合いながら，精神科に長期入院をしている人に後見人としてかかわるときに，どのようなことに注意すればよいのでしょうか。本事例は，重い精神障害のある被後見人と初めてかかわる成年後見人の対応を通して，身上監護のポイントを説明します。

2 事例概要

Bさんは10歳代後半に結婚して，夫と小学生の子どもと3人で暮らしていました。20歳代後半になったころから，やさしかった夫がBさんの悪口を隣近所に言いふらし，そのせいで子どもが小学校でいじめられているという男性の声が聞こえてくるようになりました。

この声の主は，Bさんには聞き覚えのない声でしたが，とても大きな声で，毎日耳に響いてきました。また，声の主は，Bさんに「身の回りの人物に注意せよ」と話しかけてきます。Bさんにとって，声の主は自分の身を案じてくれる存在となっていきました。

いつしかBさんは，外に出るのが怖くなり，子どもにも通学や外出も禁じるようになりました。様子を見かねた夫や夫の両親は，Bさんに声をかけました。しかし，夫と夫の両親がBさんに話しかけているときと同時に，男性の声が聞こえてきます。その内容は，夫と夫の両親は結託して，自分と子どもを家から追い出そうとしているというものでした。初めは信じていなかったBさんも，だんだん声の内容を信じるようになりました。

その声が聞こえる時間が増えてくると，Bさんは眠ることも難しくなってきました。朝から家事ができなくなり，帰宅した夫に，毎晩大声で怒鳴るようになりました。Bさんの影響で，すっかり生活リズムが変わってしまった夫と子どもは疲れ果ててしまいました。

困った夫がBさんの両親に事情を話し，Bさんは両親に付き添われて精神科を受診しました。医師からは，「Bさんには男性の声が昼夜を問わず聞こえており，この声の"幻聴"が激しいために，夫や近隣住民への"被害妄想"が確固たるものになっている」との説明がありました。

精神科の治療が始まってから，Bさんは，数回の入院を経験しましたが，幻聴や妄想は消えることがありませんでした。Bさんの夫は，ずっと献身的にかかわってきました。しかし，Bさんが30歳代半ばになったとき，夫から離婚の申し出がありました。離婚は成立し，Bさんが精神的な病気で入退院を繰り返している状況から，子どもの親権は夫がもつこととなりました。

離婚の際，Bさんは2年近く入院をしていました。その後，Bさんの両親が病気で相次いで亡くなりました。Bさんはひとり娘で，親戚付き合いもまったくありません。葬儀は前夫が代わりにやってくれましたが，それ以上のことにはかかわれないと言われてしまいました。

3 精神科の入院治療について

日本は，約29万床（2014（平成26）年患者調査より）と，先進諸国のなかでも飛び抜けた数の精神病床を有する国です。2004（平成16）年に示された「精神保健医療福祉の改革ビジョン」以降，長期入院患者の地域移行のための施策が進められていますが，それでもなお大勢の人が入院しています。

2014（平成26）年には，長期入院精神障害者の地域移行に向けた具体的方策に係る検討会より，「長期入院精神障害者の地域移行に向けた具体的方策の今後の方向性」が出されています。そのなかでは，本人に対する支援として「退院に向けた意欲の喚起（退院支援意欲の喚起を含む）」「本人の意向に沿った移行支援」「地域生活の支援」を徹底して実施していくことが示されています。

入院医療を行う精神科病院のスタッフには，こうした支援に取り組んでいく役割があります。

精神科病院には，急性期病棟や療養病棟といったいろいろな機能をもった病棟があります。どの病棟でも図4-2-1のようなスタッフが働いています。ほかにも，栄養管理や栄養指導を行う栄養士や，心理テストや心理カウンセリングを行う臨床心理技術者などのスタッフが働いています。これら多くのスタッフが連携しながら，本人を支えています。

4 カンファレンスの実施

Bさんが，これからの人生を生きていくためにどうしていけばよいか，病棟内でカン

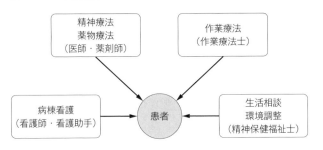

図 4-2-1　入院治療にかかわるスタッフと役割

ファレンスが行われました。

1回目のカンファレンスには主治医，担当看護師，病棟看護師長，担当の精神保健福祉士，担当の作業療法士が集まりました。

主治医からは，Bさんの病状に波があるので退院するにはもう少し時間がかかることが述べられました。

担当の看護師からは，Bさんと面接をするなかで，Bさん自身もこれからの生活を一人で考えていくことへの不安がうかがえると報告がありました。

担当の精神保健福祉士からは，Bさんには両親の遺産相続などの法的手続きが必要になるので，成年後見制度の利用を視野に入れたいとの提案がありました。

この提案には，参加したすべてのスタッフが賛成しました。同時にすべてのスタッフが「妄想や幻聴が残るBさんは，他者に対する不安や緊張感が強く，知らない人と人間関係を築いていくことが難しい。成年後見人になる人には，精神障害に理解のある人でないと難しいのではないか」という意見で一致しました。そして，今後の方向性として，Bさんにこれから必要となる法的手続きや成年後見制度の紹介などを説明し，本人が納得して制度を利用できるよう支援していくことになりました。

Bさんを交えて何度かのカンファレンスを繰り返し，少しずつBさんの希望が固まってきました。Bさんはまだ幻聴がよくあるようですが，それが幻聴であるという理解も深まってきていました。とはいえ，自分は知らない男性と話すのは怖く「できれば女性，それも年上の女性に相談したい」という希望が出てきました。

5　申立てまでの道のり

担当の精神保健福祉士は，地域の社会福祉協議会の権利擁護センターに相談しました。成年後見制度申立てのための本人への説明，必要書類の取り寄せ，書類の作成などを権利擁護センターの職員は市の障害福祉担当と協力し，Bさんを手伝ってくれることになりました。

いろいろな手続きはBさんを疲れさせ，不安定にもなりましたが，担当看護師や担当作業療法士が不安を受け止めていきました。Bさんのペースを尊重しながら，担当の精神保健福祉士は関係機関の職員と申立ての準備を進めました。

Bさんにとって嬉しかったのは，Bさんの希望に沿って，権利擁護センターの職員が，司法書士のAさんという女性を紹介してくれたことです。

Aさんは，認知症高齢者の成年後見人を数件担当していましたが，自分より若い精神障害のある人にかかわることが初めてでした。Bさんと何度も会って，Aさんは成年後見人等の候補者になることを承諾しましたが，実はBさんにどのように接したらよいのか迷っていました。

6 障害の重い被後見人とのかかわり（精神障害の特性）

ここで，障害の重い被後見人とのかかわりについて，精神障害の特性の理解から考えてみます。

精神障害の特徴は，病気と障害が併存していることだといわれています。例えば，Bさんの場合，昼夜を問わず聞こえてくる声（幻聴）は，統合失調症の症状ですが，絶え間なく聞こえてくる幻聴のために，怖くて外に出られなくなる，家事や育児に支障をきたすことは，症状によって生じた生活上の障害です。

幻聴のために，相手の視線や言動に敏感になり，緊張してしまう，話し方が一方的になったり，ぎこちなく，うまくいかなくなってしまう，その結果，人付き合いについて苦手意識を深めてしまう人もいます（図4-2-2）。

統合失調症の人のなかには，幻聴や妄想などの活発な症状（陽性症状）が主体の人もいれば，自室でこもりがちに過ごしたり，意欲や感情表現が乏しくなったり，集中力が持続しない，疲れやすいなどの症状（陰性症状）が目立つ人もいます。これらの症状は，同じ病名であっても一律にみられるわけではありません。また，それぞれの症状が日常生活に及ぼす影響は，本人を取り巻く環境も大きく関係しますので，やはり一律ではありません。

成年後見人としてかかわっていくうえで，本人の症状，取り巻く環境，生活にどのように影響しているか，本人の苦手なこと，困ること，「生きづらさ」を整理しておくことは大切です。

7 身上監護を円滑に行うための工夫

さらに，身上監護に活かすかかわりの3ポイントについて説明します。続いて，身上監護を円滑に行うポイントを説明します（図4-2-3）。

図 4-2-2　精神症状と生活への影響（例示）

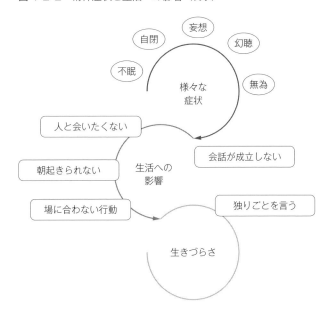

図 4-2-3　身上監護を円滑に行うポイント

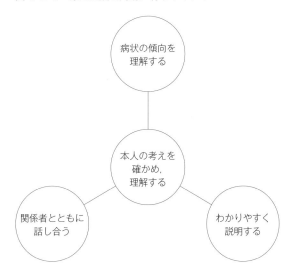

1 病気や病状の傾向を理解する

　Bさんのもとに面会に行くと病棟ではカラオケ大会が開かれていました。Aさんは，いつも無表情なBさんが，主治医や看護師と楽しそうに話している姿を見て驚きました。
　「Bさんの幻聴はいつもひどいわけではないんですよ」と，担当看護師が説明してくれました。Aさんは，1か月の間にも，Bさんにはよい時期とわるい時期があって，生理などの体調変化や季節や気候の変化でずいぶん変わることを知りました。

症状や生活上の生きづらさは，同じ病名だからといって一律ではないと先に述べました。さらにいえば，それぞれの症状や生きづらさには，様々な傾向があります。人や社会の動きが活発な春先が苦手な人もいれば，何かに集中した反動で調子を崩す人もいます。

こうした，その人の病気や症状の傾向を，精神科医療のスタッフは治療経過や予後をみていくなかで理解していきます。

新たに成年後見人等となった段階で，その人の病気や症状の傾向をつかむことは難しいですが，身上監護を行ううえでは知っておくべきことと考えます。本人のことをよく知っている関係者に，助言を求めていくことが大切です。

2 わかりやすく説明する

あるとき，Bさんから「Aさんの話は難しすぎる。私はばかにされている」と苦情が出ました。

Aさんとしては，知的障害のないBさんに対して，配慮して説明したつもりでした。しかしBさんは怒って，もう会いたくないと言われてしまいました。AさんはBさんの不安定さに驚き，もう続けられないと考えました。

統合失調症を発病する要素をもった人（原典では分裂病質者）の特性として，次のことがいわれています。

「外見上，他の人と異なることのない分裂病質者は，その内的体験において他者との共感的な世界に住むことが少なく，その異質性のため超えにくい溝に囲まれて，自己を襲う空無感に苦悩するのです。」[1]

専門的には，この特性は自我境界の脆弱さといわれます。本人は一生懸命に現実の状況に適応しようとして努力しますが，かえって，その努力のために，本人は様々な葛藤を感じ，混乱と恐怖を覚えています。こうした局面はたびたび起こりえます。この局面を本人とともに乗り超えていくことは，安心感の形成プロセスでもあります。

例えば，成年後見人等がどのような役割なのかを説明することや，本人の置かれている現状やこれから取り組む事柄については，話し言葉だけでなく図や文面などの目に見える形で残し，繰り返し確認していくことなども工夫のひとつです。

3 後見人だけで抱え込まず，関係者とともに話し合いの場をもつ

AさんはBさんにかかわる自信をなくしていましたが，「いったん家庭裁判所の審判が下りた以上，交代は容易ではない」とBさんに伝えると，さらにBさんの怒りをかってしまいました。

そこでAさんは，担当の精神保健福祉士に相談し，病棟スタッフも交えてBさんと話

---

1) 飯田真・風祭元編：分裂病—引き裂かれた自己の克服．1979，114頁，有斐閣より．

し合うこととしました。

　普段のBさんを知る主治医や担当看護師は，Bさんの感じている不安をAさんにもわかる内容に解説してくれました。また，担当の精神保健福祉士は，Bさんに対し，Aさんの伝えたかったことをもう一度Bさんに丁寧に説明しました。すると，いくつかの事柄においてBさんが誤解していたり，早合点していることが確認でき，Bさんの気持ちも収まりました。

　身上監護を行ううえで，成年被後見人と成年後見人等がどのような関係を築いていくかは大変重要です。本人にとって，他人である成年後見人等が，なぜ自分の財産を管理するのか，自分の知らないところで成年後見人等が何を考え，どう動いているのか，たとえ本人から聞かれることはなくても疑問を抱いているかもしれません。

　「家庭裁判所の審判で決められたから」等の制度的な説明では納得を得られないでしょう。本人との関係が膠着してしまう前に，関係者に協力を求めることで軌道修正できるかもしれません。

　また，本人だけでなく，医療スタッフのなかで疑問がわくこともあります。成年後見人等の役割は「財産管理だけ」と自身で決めつけず，本人，関係者との風通しをよくすることがポイントです。

8　まとめ─本人の考えを確かめる

　精神障害のある人への後見業務には，本人意思の尊重という成年後見制度の理念を活かすことが重要です。本人意思の尊重は，言い換えれば本人の考えを確かめていく作業ともいえます。本人の考えを確かめていくためには，身上監護を重視し，本人の病状，生活のしづらさ，病状の傾向を理解すること，柔軟で多彩な方法を取り入れて，わかりやすい説明を目指すこと，成年後見人等と本人だけの二者関係にせず，関係者とも協力して風通しのよい人間関係を目指していくことが大切です。

事例

放火などの重大な他害行為
―心神喪失者等医療観察法対象者の地域生活支援

Cさん

年齢・性別：50歳・男性
疾患・症状名：他害行為，統合失調症
類型：保佐
キーワード：地域生活，一人暮らし

1 はじめに

「心神喪失等の状態で重大な他害行為を行った者の医療及び観察等に関する法律」（心神喪失者等医療観察法）は，精神疾患等により重大な他害行為を行った人を処遇するための法律で，2003（平成15）年に成立し，2005（平成17）年から施行されました。

この法の対象となる人びとも成年後見制度を利用するケースが近年増えています。支援には司法関係者との綿密な連携が不可欠であるため，成年後見人等には関連法制度への十分な理解が求められます。

2 事例概要

1 Cさんの発病前後の状況

Cさんは元来，おとなしい性格で小・中学校共にほかの生徒と比べ変わった様子はみられませんでした。高校入学後，些細な音を気にするようになり，音が自分に向けられているような感覚を覚え始めました。少しずつ高校も休みがちで自宅へひきこもる生活となり，友人との交流もなくなり，高校を中退しました。

ひきこもりの生活はしばらく続きました。その間に気になっていた音だけでなく，「○○をしろ」「○○はするな」など自分に命令するような内容の声が聞こえてくるようになりました。そのことを家族に話すと，心配した家族は地域の保健所へ相談しました。保健所の相談員からは精神科への受診を勧められ，家族と一緒に受診しました。統合失調症という診断で治療を続けることを提案され，Cさんも理解したうえで受診を続けました。

その後，服薬すると身体が重く感じるなどの副作用を感じるようになったことから，治療を勧める家族に対して不信感をもつようになり，以前は素直に受け入れることができて

いた家族からのアドバイスも聞くことができなくなりました。その後，聞こえてくる声と家族関係の煩わしさから，些細な事柄であるにもかかわらず自宅で暴れてしまい，精神科病院に医療保護入院となりました。

2 治療の開始と退院後の生活

入院後，服薬することと規則的な生活を送ることで症状は改善しました。

2か月後，主治医から退院の話を提案され，退院後は日中活動できる場所を利用する目的で自宅近くの地域活動支援センターの利用を勧められました。退院後は地域活動支援センターに通い，パソコンで様々な情報を検索したり，利用者と一緒にゲームをしたり，他者との交流も含め，意欲的に利用するようになっていきました。

その後，女性の利用者と仲良くなり，活動時間中はもちろん，活動終了後も一緒に喫茶店に行くなど行動を共にすることが多くなりました。ただ，仲のよい関係は長くは続かず，しだいに顔を合わせることが気まずくなり，センターは休みがちになりました。

少しずつ生活リズムが乱れ始め，朝の薬を飲み忘れることが増えました。家族も当初は様子をみていましたが，改善される様子がみられないため，生活リズムについて注意する回数が増えました。Ｃさんは注意されることで家族に対する不信感を募らせ，薬を捨ててしまうようになりました。

その結果，徐々に幻聴がひどくなり，聞こえてくる声を無視できない状況となりました。命令はエスカレートし，「家に火をつけろ」と繰り返し聞こえるようになり，その声に耐え切れず，自分の部屋のベッドに火をつけてしまいました。家族が異変に気づき，通報しましたが，火の回りが早く，自宅は半焼の状態で隣接している住居にも被害が出て，消火にあたった住民もけがするという状況となってしまいました。

3 心神喪失者等医療観察法による入院

前記の行為でＣさんは放火の現行犯で逮捕され，勾留されました。取り調べの際に犯行動機を尋ねられると「火をつけろと命令された」と供述しました。検察官は統合失調症で治療していた経過や今回の犯行に関して「火をつけろ」という幻聴に支配されて行動に及んだと判断し，責任能力を問うことが難しいと結論づけ，Ｃさんを不起訴処分としました。そのうえで心神喪失者等医療観察法の審判の申立てを行い，今後の処遇を検討するため鑑定入院医療機関にて鑑定入院を行いました。2か月の入院期間を経て，裁判官と精神保健審判員（精神科医）の合議体による審判の結果，入院が決定となり，指定入院医療機関への入院となりました。

入院後，診察や投薬とともに，放火という他害行為の問題を認識し，自ら防止できる力を高めるための治療プログラムへの参加など再犯防止と社会復帰を目標にした治療が計画的に行われました。診察と定期的な服薬によりＣさんの幻聴などの精神的な症状は早い

段階で軽減されました。また，自分の他害行為である放火について，事件の重大さを認識するとともに，今後再犯しないために病気の治療を継続する必要性があることや，病気が悪化したときの対処方法など治療プログラムを通じて学びました。加えて，退院後の生活を想定し，服薬管理や金銭管理など社会生活能力の獲得の必要性についても学び，理解できるようになりました。

　6か月後，病状が安定していることや服薬管理，金銭管理などの社会生活能力も得られたと判断されたことから，地域移行先も含め，今後の生活に関する方向性を確認するためのケア会議を行うことになりました。退院するためには退院許可の申立てを行う必要があり，その際，退院後，安定した治療を継続できるための環境整備，支援体制が確立していることが求められます。また，緊急時の介入方法についても地域における支援体制が確立していることも求められます。

　Cさんの支援体制を検討するにあたり，関係者が集まりケア会議を行いました。Cさんは両親との同居を希望しましたが，両親はこれまでの経過から退院や同居は認められないという意向を伝えました。今回の事件で，両親はこれまでの場所に住むことができなくなり，転居を余儀なくされました。わが子の起こした事件なので，自分たちは仕方ないとあきらめても，近隣の人たちに迷惑をかけたことで，また，同じことが起こってしまったら，償いきれないと考えているようでした。現在，両親は父の実家のある地方都市で生活しており，遠方であることも含め，かかわることができないということでした。

　集団生活を好まないCさんはグループホームなどの施設入所には拒否的で，同居が無理なら病院の近くで一人暮らしをしたいと希望しました。

　一人暮らしの生活を進めるにあたり，両親からは「これ以上，自分たちがかかわることはできないので，近くにいる人で誰か生活の面倒をみてくれる人を見つけてほしい」との希望が出されました。Cさんは当初，乗り気ではありませんでしたが，初めての一人暮らしであることや両親がかかわることが難しいとはっきりといわれたことから退院後の生活に不安を感じ，関係者が勧める成年後見制度を利用することに同意しました。

4 成年後見制度の利用

　父親の申立てにより，保佐人（精神保健福祉士）が選任されました。保佐人はケア会議に参加し，Cさんと顔合わせをするとともに，これからの生活を一緒に考えることをCさんに伝えました。その際，これまでの経過を踏まえ，日中の活動の場所への参加と，体調や服薬管理の相談，助言のため，訪問系サービスの利用を提案されました。Cさんは提案されたサービスについて，必要性を理解したうえで同意し，契約については保佐人に任せると意思表示しました。

　指定入院医療機関の精神保健福祉士と保護観察所の社会復帰調整官が退院後の方向性を確認できたと同時に不動産物件の見学を行い，Cさんが希望するワンルームマンションが

見つかり，保佐人とともに契約を行いました。また，調理器具や家電製品など生活用品の買い物も行い，外泊できる準備が整いました。

　外泊中に退院後に利用する精神科デイケアを見学し，利用頻度や時間の過ごし方を担当スタッフと相談しました。訪問系サービスは外泊時に訪問看護スタッフと顔合わせを行い，訪問の希望日時や煩わしくなったときの対処方法について事前に相談しました。また，調理や掃除など身の回りのことに不安があるため，当面週1回程度，居宅介護を利用することとなりました。訪問系サービスの契約も保佐人が行いました。

　数回外泊した後，入院治療の終了に向けた退院許可申立てを行うことを目的にケア会議が開催されました。保護観察所の社会復帰調整官の招集により，Cさんの治療および生活支援にかかわるスタッフが参加し，治療の進捗状況や入院中および外泊時の様子，サービスの調整に関する進捗状況などの報告を行いました。この会議で地域における支援体制が確立していることが確認できたことから，退院許可の申立てが行われ，審判の結果，退院が決定しました。

　退院後は指定通院医療機関への通院と日中活動や訪問系サービスの利用が始まりました。また，保佐人も月1回の面接を通じて，金銭管理を含む生活状況を確認しました。Cさんは様々なサービスを利用することにより，通院や服薬も中断することなく，自分らしい生活を送ることができています。

　1年後，保護観察所の社会復帰調整官はCさんの精神保健観察を継続するなかで，少し波はあるものの精神的な症状が悪化することなく，医療，福祉サービスを受けながら生活を継続できていることから，処遇終了の審判の申立てを行いました。申立ての結果，一般医療を継続することにより病状の再発の可能性が低いと判断され，処遇終了の決定がなされました。

　Cさんはその後も精神保健福祉法により一般医療のなかで必要な医療を受けながら，同時に福祉サービスを利用し，地域での生活を継続しています。

3　心神喪失者等医療観察法の制定の背景および概要と医療の仕組み

　刑法第39条（心神喪失及び心神耗弱）において，「心神喪失者の行為は，罰しない」「心神耗弱者の行為は，その刑を減軽する」とされています。よって，行為に対して，善悪の判断ができない状況では，罪を問うことはできないとして，刑罰を科すことができません。この事柄について，様々な議論があり検討がなされてきましたが，1999（平成11）年の精神保健福祉法改正において，保護者の自傷他害防止監督義務規定の削除が行われたことや2001（平成13）年の大阪池田小学校児童殺傷事件を契機に心神喪失者等医療観察法が制定されました。

　心神喪失者等医療観察法の目的は他害行為を行った者に対し，必要な医療を確保して病

図4-3-1 心神喪失者等医療観察法における治療の仕組み

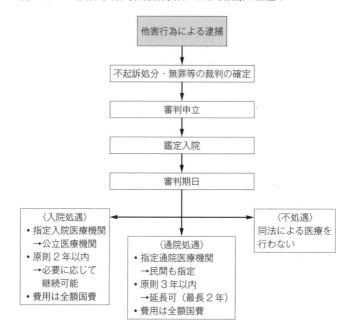

状の改善を図り，再び不幸な事態が繰り返されないよう社会復帰を促進することです。そのために，裁判所が適切な処遇を決定すること，手厚い専門的な治療を行うこと，地域での継続的な医療を確保するための仕組みをつくることが定められています（図4-3-1）。

心神喪失者等医療観察法の対象者は心神喪失又は心神耗弱の状態で重大な他害行為を行った人が対象となります。罪を犯したすべての精神障害者が対象になるわけではありません。対象となる他害行為は，殺人・放火・強盗・レイプ・強制わいせつ・傷害（軽微なものを除く）の6罪で，これ以外の罪は対象となりません。

よって，上記の6罪に該当する重大な他害行為を行った人で，心神喪失または心神耗弱者と認められて不起訴処分となった人，心神喪失を理由に無罪の裁判が確定した人，心神耗弱を理由として刑を減軽する旨の裁判が確定した人が実際の対象者となります。

4 心神喪失者等医療観察法における支援

1 心神喪失者等医療観察法における社会復帰調整官の役割

社会復帰調整官は保護観察所に所属し，対象行為を行った精神障害者の社会復帰支援等に従事しています。業務内容は退院する場所の選定や確保に関する調整，退院する場所で実施する処遇体制の整備，処遇計画の作成，精神保健観察の実施，ケア会議の実施などを

担っています。

　入院中は処遇実施計画を作成し，生活環境の調整を行うために指定入院医療機関にて対象者と面接を実施します。退院後は精神障害者の地域ケアのコーディネーターの役割を担い，生活状況の見守りを行う精神保健観察と各関係機関による処遇の実施状況を確認し，情報共有を図るケア会議を開催します。また，通院医療を受けている人の処遇の終了，通院期間の延長や再入院の申立ても担っています。

　なお，社会復帰調整官は，心神喪失者等医療観察法第20条で，精神保健福祉士その他政令で定められたものと規定されています。

2 病状悪化時の具体的な対応および入院と成年後見人の役割

　被後見人が心神喪失者等医療観察法の対象者である場合，次の2つの場面が想定されます。

　まずは入院処遇の場面です。入院処遇は心神喪失者等医療観察法上，対象行為について，地方裁判所で裁判官と精神保健審判員（精神科医）の合議体で「医療を受けさせるために入院させる旨の決定」として行われます。よって，成年後見人としてはその決定を踏まえ，財産管理や身上監護を行うことになります。

　次に通院処遇の場面です。通院処遇は心神喪失者等医療観察法上，対象行為について，地方裁判所で裁判官と精神保健審判員（精神科医）の合議体で「入院によらない医療を受けさせる旨の決定」として行われます。よって，通院を中断している場合や精神的な症状が悪化している場合は社会復帰調整官と連携し，被後見人に必要な医療を受けてもらう必要があります。通院処遇となった人の病状が悪化し，入院が必要だという判断が医師によってなされた場合，心神喪失者等医療観察法の再入院となる場合もありますし，精神保健福祉法の入院となる場合もあります。通院処遇の場合，精神保健福祉法の規定も適用されるため，病状悪化時は精神保健福祉法による入院治療を受けることが可能となるからです。その場合，成年後見人・保佐人として医療保護入院の同意者となることもあります。しかし，最も重要なのは，成年被後見人等との信頼関係を構築し，地域で暮らし続けるために成年被後見人等が担っている責任を本人と日頃から共有しておくことだと思います。

5　まとめ

　本事例をみてわかるとおり，心神喪失者等医療観察法の対象者への支援においては司法関係者との連携や対象者に対して種々の法的な規制がある点が特徴的ですが，ほかの部分は他の利用者への支援と同様です。特にCさんのような主に症状に起因する触法行為は，適切な治療・支援によって対応が可能な場合が多いです。疾患のために「触法行為を起こさざるを得なかった人」であるとの認識をもって支援を行うことが重要と考えます。

事例

4 ごみ屋敷で生活する認知症の親と知的障害の子
―高齢領域と障害領域の支援者の連携

Dさん

年齢・性別：78歳・女性
疾患・症状名：認知症
類型：後見
キーワード：セルフネグレクト，知的障害の息子

1 はじめに

　成年後見制度の利用が開始されるケースでは，無駄使いや他者から多額の金銭をだまし取られる場合が多いように見受けられます。一方本事例は適切な支出やサービス利用をしないことによる問題点（セルフネグレクト）から成年後見制度を利用したケースです。

　セルフネグレクトでは，問題が表面化しにくく支援が遅れがちになるケースも時折見受けられますが，身上保護という観点からは適切ではありません。この事例の場合，障害をもつ息子の扶養が不十分になっているという問題点が重なり，成年後見制度の利用が開始されました。

2 事例概要

　Dさん（78歳・女性）は，自宅で知的障害をもつ息子（38歳）と2人暮らしです。

　ここ数年Dさんは気力・体力の低下があり，さらに認知症のため家の掃除や整頓ができなくなっていました。自宅の室内外はごみ袋が積んであり「ごみ屋敷」になっています。

　Dさんは夫が20年前に亡くなって以来，生活のすべてを担ってきました。当時は特に問題なく，むしろきちんと家事や息子の扶養を行っていました。息子は現在知的障害者施設に通所できています。しかし，ここ数年Dさんは買い物や料理など家事全般が難しくなっており，母子共に痩せてきています。息子は施設職員に「家で食べさせてもらえないので，いつもお腹がすいている」と訴えています。また施設レクリエーション代も負担しないことや，水道代がかさむのをおそれ洗濯もあまりしないためか夏場などはひどく臭う状態であることが問題視されています。

　経済的には自身の老齢厚生年金と息子の障害年金で賄っています。持ち家でもあり，年

金収入だけであっても適切に使用できれば、さほど厳しい経済状態ではないはずですが、Dさんは「無駄」なものには金銭を一切使わない主義です。そのため生活上のケアが必要であるにもかかわらず、ヘルパー等の利用を勧めても「もったいない」と強く拒否するなど、支援者は限界を感じています。

特にごみが自宅敷地内に広がっているため、近隣からの苦情が断続的にあり、民生委員や市役所職員も困り果てています。いわゆる「セルフネグレクト」の状態です。

3 セルフネグレクト（自己放任）とは

セルフネグレクトについては、種々の定義がありますが、「東京都高齢者虐待対応マニュアル」[1]では「一人暮らしなどの高齢者の中には、認知症やうつなどのために生活に関する能力や意欲が低下し、自分で身の回りのことができないなどのために、客観的にみると本人の人権が侵害されている事例があり、これをセルフネグレクト（自己放任）といいます」とあり、以下のようなサインがあった場合、セルフネグレクトであるとしています。

- 脱水症状、栄養不良、未治療又は不適切な治療状況、不衛生状況
- 危機的、非安全な生活水準（例：不適切な配線状況、室内トイレなし、暖房なし、配水設備の不備等）
- 不衛生又はきたない住居（例：害虫の出没、トイレの故障、尿のにおい、悪臭等）
- 不適切又は不十分な着衣状況
- 必要な医療補助具の欠如（例：眼鏡、補聴器、義歯等）
- 不衛生な住居又は人間として住むに値しない劣悪な住環境
- 金銭管理できず、不適切な金銭の蓄え

いわゆる「ごみ屋敷」の事例のなかには、自身の嗜好や趣味によって他者からみてごみと思われる物であっても大切な「宝物」ととらえる人もいます。そのような人の物を勝手に処分してしまうのは「私的自治の侵害」となります。ただし、自由な行為は他者に危害を与えない限りにおいてのみ許されると解されています。これを他者危害原理（自由論：J・Sミル）[2]といいます。その結果、他者に迷惑をかけることで、「罰せられる」ことがあれば、一般的には「自己責任である」とされます。近年自治体が「ごみ屋敷」対策のための強制的な措置に関する条例を作成し、行政代執行して撤去した市の例などがありますが、撤去費用を当事者に請求できる旨の規定があるなど、当事者は自己責任を問われるわけです。

---

1) 東京都福祉保健局高齢社会対策部在宅支援課編：東京都高齢者虐待対応マニュアル．高齢者虐待防止に向けた体制構築のために 2006．
 http://www.fukushihoken.metro.tokyo.jp/kourei/ninchi/taio_manual.html （最終閲覧 2018 年 8 月 31 日）
2) ミル, J.S.（塩尻公明・木村健康訳）：自由論．2002, p24, 岩波書店．

問題は対象者の範囲はどこまでかということです。ミルは前述の自由論において，この理論が適用されるのは，成熟した諸能力をもつ人間に対してだけであること，子どもたちや，法が定める男女の成人年齢以下の若い人びとをここでは念頭に置いていないこと，さらに他人の保護を必要とする状態にある者たちも除外されるといっています。

Dさんの事例に照らせば，Dさんは本来きちんとした人であり，現在の状況はごみがひどいことを除けば，最低限の暮らしを送られているとの見方もできるかもしれません。しかしDさん自身のことだけならまだしも，息子の生活も必要以上に切り詰めさせているのは大きな問題です。

このような状態になったのは最近のことであり，認知症の進行が強く疑われます。客観的にみてDさん宅の生活状態はDさんの真意ではなく，認知症による認知の歪みがもたらしたものであり，他者からの「保護が必要な状態」であるといえましょう。

4 ケア会議の実施

息子に対する支援に悩んだ知的障害者施設の職員は，まず市障害者基幹相談センターに相談しました。同センター職員の呼びかけによって知的障害者施設，地域包括支援センター，高齢福祉課，障害福祉課の各職員が集合し，ケア会議が開催されました。

そこでDさん宅に必要なのは生活援助・家事援助であるが，介護保険サービスの利用をDさんは了解しないだろうと高齢福祉課担当者は言いました。理由は数年前ごみの苦情をきっかけに当該高齢福祉課の職員が訪問した際，Dさんから「体が弱って自分では掃除ができない」との訴えがあったので，「ヘルパーさんに来てもらってはどうか」と誘ったところ，最初は乗り気であったが，要介護認定が必要である旨の説明をすると，「私は認知症ではない！」と怒ってしまったとのことでした。Dさんは要介護認定＝認知症というイメージを強くもっておられたようです。

また知的障害者施設の職員から，Dさんは「私が認知症になったら誰が息子の面倒をみるのか…」と心配されていたので，そのような反応をしたのではないかとの発言がありました。そのとき，障害福祉課職員から「一番困っている息子のためのヘルパー利用を提案するのはどうだろう」という提案がありました。さらに知的障害者施設職員から「Dさんは息子のことは心配されていて，『十分なことができず息子に申し訳ない』と言っていた」との発言もあり，まず息子ためのヘルパー利用を糸口に介入することになりました。

そこで障害福祉課，知的障害者施設職員がDさん宅を訪問しヘルパー利用について説明しました。Dさんは「息子のためなら」ということで同意されました。また自身がもっと弱った後や自身の死後のことについて心配を述べられました。そこで障害福祉課から成年後見制度のことを説明したところ，息子に成年後見人を選任することを希望されました。

5　成年後見制度の利用

　障害福祉課からの依頼を受け，市社会福祉協議会の成年後見センター職員がDさん宅を訪問し，Dさんの意向を聞きました。また申立てに関する支援のなかで，申立て費用や後見報酬は成年後見制度利用支援事業で対応することが確認されました。さらに申立て前に市内に個人事務所をもつ成年後見の経験豊富な精神保健福祉士（社会福祉士資格ももつ）と顔合わせを行いました。

　Dさんも息子もその精神保健福祉士の人柄を気に入り，「この人なら…」ということで，同精神保健福祉士を候補者として家裁に申立てを行い，後見類型での選任となりました。

　後見人は息子の生活費の管理やヘルパー利用について，息子はもちろんDさんとのコミュニケーションを十分に取りつつ行いました。当初は成年後見人との信頼関係が希薄だったためDさんとの関係の深い知的障害者施設職員が同伴し，Dさんの理解を助ける役割を担ってもらいました。

　当初Dさんはヘルパーが家に来ることに関して不承不承でしたが，掃除等は息子の部屋とキッチンだけという約束で始めました。その後Dさんは徐々にきれいになっていく部屋や息子が食べる温かい食事を見て，「私もヘルパーさん来てくれないのかな？」と言い出しました。後見人はそれを聞いて，地域包括支援センターに連絡を取りました。あれだけ嫌がっていた要介護認定が行われ，Dさんに介護保険サービス利用が開始されることになりました。後でDさんに聞くと「だって家がきれいになったり，おいしい食事が食べられるほうがいいじゃない！」とのことでした。

　特に後見人が就いたことで，Dさんがよかったと感じるのは息子の社会保険等に関する書類や福祉に関する手続・支払に関して心配がいらなくなったことだそうです。またヘルパー利用を渋っていたのは，いくら自己負担がかかるかわからなかったのが主な理由のようです。

　後見人は活動当初に息子の年金額と貯蓄額を勘案して，福祉サービスの利用が十分可能であることを，Dさんが納得できるように丁寧に繰り返し説明しました。また1か月経ったところで収支を確認してもらいました。このような支援は，Dさんと後見人との信頼関係が徐々に深まって行く契機になったと思われます。

6　セルフネグレクトの人を支えるために

1　セルフネグレクトは支援の対象であること

　現実にセルフネグレクトは地域で多く出現していますが，自身の意思で行われていると他者から認識され，支援の遅れやそのまま見過ごされる場合が少なからずあります。

　しかし前述したように，認知症や精神疾患の影響による意思能力の減退から，自身を守

ることができなくなっているのであり，自己責任として見過ごすことはできないのです。本事例は同居の息子に知的障害があったため，その後見をきっかけに介入することができました。成年後見制度はセルフネグレクトに陥ってしまっている人に必要かつ有効な支援といえるでしょう。

2 成年後見制度利用「ありき」ではないこと

本事例の介入が成功した要因のひとつは，Ｄさんが一番困っていることに焦点化して支援したことです。ケア会議では当初「いっそＤさん自身に後見人を就けた人が，支援がやりやすいのではないか？」という意見が出されました。確かにごみ出しがうまくできないことや，必要以上に息子に対して強い倹約を強いる態度は問題です。しかし，その点だけで成年後見制度を利用する根拠にはならないのではないかと支援者側は考えました。

このように判断される理由を例示すると，横浜宣言の基本原則である「(1) すべての成年者は，ある特定の行為または決定に関して支援と保護が必要であると確定されない限り，支援なしに法的能力を行使する能力を有すると推定されなければならない」「(2) 支援と保護は，成年者がその法的能力を行使することを可能にするあらゆる実際的な手段を取ることを含んでいる」が考えられます。

そこで，支援者側はＤさん自身が困っている息子の扶養に関して支援を行うという提案をすることとして，了解をいただけない場合には次の対応を考えることとなりました。一見回りくどいようですが，この手順を踏んでいるのは単に支援者の「支援のしやすさ」ではなく，当事者の納得や意思決定を最優先し，真に成年後見制度でなくては当事者の健康や財産等が守れない場合のみに最終手段として行うということです。

3 地域の支援機関や関係者との連携で支援すること

一見すると孤立してみえる家庭であっても，長期的にみれば何らかの支援機関や関係者とつながりがあるものです。例示すれば，市町村保健センター，保健所，小・中学校，市役所（障害福祉課・高齢福祉課，生活保護課），民生委員，市社会福祉協議会などです。本事例では知的障害者施設と市高齢福祉課です。

本事例ではケア会議で関係者が集まり，どの機関・担当者がＤさんとのつながりが深いか，信頼関係があるかを考えました。その結果知的障害者施設の職員がＤさんに提案を行い，息子の成年後見人選任となりました。さらに知的障害者施設の職員は成年後見人とＤさんを結びつけるなど重要な役割を取ることになりました。またＤさん自身も後に介護保険サービスを利用することで地域包括支援センターなどともつながりました。

重要なのは，地域の支援機関や関係者が連携してＤさん宅を支援するということです。あくまでも成年後見制度利用はＤさん宅への支援ツールのひとつです。今後Ｄさん自身も成年後見制度を利用することになるかもしれません。その場合であっても地域の支援機

関や関係者が連携してDさん宅を支援するという姿勢は変わることがないと思います。
　「後見人が就けば安心」ということではなく，多くの人のかかわりのなかでDさん宅を見守る体制を維持して行きたいものです。

7　まとめ

　最後に本事例における後見人の役割について考えたいと思います。先に「あくまでもDさん宅への支援ツールのひとつ」と記しましたが，とはいえ重要なツールであることはいうまでもありません。多くのケースでは後見人等が就く時点ですでに支援関係者がかかわっています。後見人等は被後見人等とはほぼ初対面であり，どのような生活をされてきたかといった生活史や「思い」を十分には理解できていません。またご家族についても同様です。

　本事例のように家族と同居している場合は，特にご家族の「思い」を十分理解して後見活動を行うことが重要です。その場合，今までかかわってこられた関係者との十分な意思疎通や情報交換が不可欠です。本事例のように被後見人である息子やDさんとの信頼関係の構築が不十分な場合など，当初は同伴面接をしていただくことで信頼関係を構築するきっかけになると思われます。

　上記のような対応なしに被後見人だけしかみていない後見人も散見されます。その場合，「あの後見人は信頼できない」など関係者から不興を買い，成年後見センターや家裁などへの苦情が寄せられることもあります。特に本事例のように地域の関係者が連携し支援するなかで成年後見制度の利用となったケースでは，成年後見制度利用を選択した意味や経過を共有したうえで，チームの一員として支援する姿勢が不可欠です。

　本事例では，精神保健福祉士・社会福祉士資格をもつ専門職後見人が選任されました。その理由はソーシャルワーカーであること，「多職種連携のプロ」としての知識・経験を期待されたからにほかなりません。その期待にこたえるべく「多職種連携のプロ」であるとの強い自覚が必要です。

事例

5 統合失調症の人に対する身体疾患の治療拒否
―本人の意思と治療の必要性

Eさん
- 年齢・性別：60歳・女性
- 疾患・症状名：統合失調症
- 類型：保佐
- キーワード：治療拒否と医療契約，家族の意向

1 はじめに

　成年後見人・保佐人は，精神科病院への医療保護入院の同意に関しては「家族等」として規定されています。また医療契約の同意も可能です。しかし，直接的な医療行為の同意は認められていません。本事例は，重大な手術や人生の最終段階を迎えた被保佐人に対し，保佐人が「いかにかかわるか」について問われた事例です。

2 事例概要

　Eさんは，市内にて出生し7歳離れた兄がいます。地元の小・中学校を卒業後，私立高校を卒業しました。その後2年浪人して県内の大学に進学し，一人暮らしをしていました。大学2年のころより休みがちとなり「大学を辞めたい」と言い出しましたが，両親の説得により退学せず，実家に戻りました。大学には5年在学したものの出席日数が足りないこともあり，結局中退しました。その後は司法試験を受けようとしたり，アルバイトを見つけてその日のうちに辞めたりするうちにひきこもりがちな生活となっていきました。やがて昼夜逆転の生活となり，夜中に大音量で音楽を聴く，大声を上げるなどしたため，近隣住民から苦情を受けるようになります。困った両親は，地区の民生委員からの助言により保健所に相談しました。その後，精神保健福祉相談員の介入があり，精神科へ受診することとなりました。

　初回受診時「お前はだめな奴だから死ね」などの命令口調の幻聴の症状があり，その声をかき消すために，音楽を聴き大声を上げていたことがわかりました。診察結果「統合失調症」との診断を受け，Eさんの同意もあり3か月の任意入院をしました。退院後は，外来受診を継続していました。

その後両親共に亡くなり、一軒家の自宅で単身生活するうちに、いつしか受診も途絶えてしまいました。近隣住民から役所に対し「Eさんが精神病のため粗暴な言動をしており、対応に困っている」との通報がありました。保健所の精神保健福祉相談員が自宅を訪問し、精神科受診や障害福祉サービスの利用を提案しますが、Eさんは拒否します。やがて、「台所の換気扇に近隣住民が毒ガスを流している」という被害妄想から、Eさんが保護を求めて警察署を訪れました。警察署からの通報を受けた精神保健福祉相談員がEさんと面会を行いました。相談員の促しで付き添われ、精神科病院に受診した結果、任意入院となりました。

　入院後、精神科病院のソーシャルワーカーがEさんと着替えの衣類を自宅に取りにいくと、公共料金の請求書と振込通知書が多量にありました。自宅内は、弁当やペットボトルのごみが山積みにされており、台所のシンクにはたばこの吸い殻が溜まっていました。また、洗濯機は壊れており、下着類は使い捨てにしていたということでした。さらに、様々な健康食品が未開封のまま置いてありました。本人に話を聞くと「電話で勧誘を受けた際に断ったのに、業者から健康食品が送りつけられてきた。商品にはすでに自分の名前と住所が書かれた現金書留封筒も同封されていた。業者は何度も電話をかけてきて、代金を郵送するように強い口調で支払いを迫ってきた。怖くなったので指示に従いお金を送った。一度支払ったら他の業者からも届くようになった」ということでした。病院から兄にも連絡をとったのですが、「仕事も忙しく自分の家族にも迷惑をかけたくない」から関与できないという意向でした。

　入院も1年を過ぎ、症状が落ち着いたので、Eさん、主治医、病棟看護師、ソーシャルワーカーで退院に向けて話し合いの場がもたれました。グループホームなどの入所も勧められましたが、Eさんは「入院中もそうだが、他人と生活していると、自分が迷惑をかけて、嫌われ、悪口や陰口を言われるのではないかと、気を使って疲れる。退院後は自宅で一人暮らしをしたい。でも、母親が死んでから、家事が思うようにできなかったし、公共料金の支払いがうまくできず、消費者被害にもあったので、今後の生活に不安もある」と述べました。関係者は、Eさんの思いを共通認識し、退院後の支援について協議をしました。
　①家事援助のため、ホームヘルプサービスの利用
　②生活リズムを整えるためにも病院デイケアの利用
　③生活費の管理・公共料金の支払いや消費者被害の予防のために保佐人を選任

　上記を退院後のプランとしてEさんと確認し、ソーシャルワーカーを中心として退院の準備をすることになりました。地域移行支援の利用のために相談支援事業所と契約し、相談支援専門員により、サービス等利用計画案が策定され地域生活への移行のための支援が開始されたのです。自宅に関しても、入院中に相談支援専門員やソーシャルワーカーと一緒に少しずつ片付けを始めました。さらに、相談支援専門員の援助やソーシャルワーカーの協力もあって、Eさんが家庭裁判所で保佐開始の申立てを行いました。

申立てから1か月後に，Eさんに対して保佐開始の審判が下り，A精神保健福祉士が保佐人に選任されました。保佐開始の審判の確定を待って，A精神保健福祉士はEさんと面会をし，Eさんの退院の意向を確認しました。その際，Eさんの了承のもと，病院で管理していた通帳の引継ぎを受けました。また，年金事務所に問い合わせたところ，障害年金2級は現況届が出されておらず支給が停止されていたことがわかりました。

　そのため保佐人であるA精神保健福祉士は，ソーシャルワーカーと連携して診断書と現況届，遡及請求を行い，未支給分の受取りと障害基礎年金2級の支給が再開されることとなりました。Eさんの収入は障害基礎年金2級のみで，不足分は約400万円の預貯金を切り崩しながらの生活となるため，A精神保健福祉士は，再度，Eさんに面会にいき一緒に在宅時の収支計画を立て，就任時の事務報告書，財産目録，収支予定を家庭裁判所に提出しました。そして，家庭裁判所から就任時報告点検終了の連絡を待って，滞納していた公共料金の支払いを行うとともに，口座引落の手続きを行いました。

　一方で，Eさんは，1か月分の生活費を受け取るとまとめて使ってしまうので，退院後は1週間ごとに生活費を受け取りたいと希望しました。A精神保健福祉士は，普段は精神科クリニックの職員として働いているため，毎週現金を届けることや，書留を送付するのは現実的でないと考えたのです。そこで，Eさんと話し合った結果，裁判所に対して，付与されていた代理権の「すべての金融機関との一切の取引」の一部の取消しを求め，代理権限の及ばないEさん管理の口座を設けて，毎週の生活費を送金することにしました。

　退院後の生活の準備が整い，相談支援専門員が，地域定着支援のサービス等利用計画案を作成し，サービス担当者会議が開催されたためA精神保健福祉士もEさんに同行し，以下を確認しました。

①ホームヘルプサービスによる掃除・洗濯の援助
②毎週現金自動預払機（ATM）で生活費1万4千円をおろして自己管理
③病院デイケアを週3回利用して生活リズムと体調管理を行う

　上記についてEさんの意向を確認したうえで，Eさん，A精神保健福祉士共にサービス等利用計画案に署名押印しました。さらに，ホームヘルプサービス導入に向けて，EさんとともにA精神保健福祉士が居宅介護事業者と利用契約を締結して，ホームヘルプサービスの利用の準備が整ったところで退院し，自宅に戻りました。

　退院後は精神症状も安定した生活を取り戻していたEさんでしたが，元来ヘビースモーカーで激しく咳きこむことがありました。あるときから，血の混じった痰が出るようになり，デイケアの看護師の勧めもあり，近くの総合病院に受診しました。検査の結果を聞くために，Eさんは再度総合病院に行くことになったのですが，A精神保健福祉士も同席するように依頼されました。

　一方，兄は多忙なので同席は頼みづらいということでした。検査の結果は肺がんの疑いで，このまま放置しておけばほかの臓器に転移する可能性があるということでした。ただ

し，手術をして肺の一部を切除する手術を行えば完治が見込めるとのことでした。しかしEさんは手術を拒否し，医師に勧められた半年に1回の検査を受けることも嫌がりました。Eさんによれば「入院して他人と一緒だと，幻聴が聞こえる」また「父親も肝臓がんで手術し，抗がん剤治療を受けたが治らずに亡くなってしまった。私は手術や抗がん剤治療，延命措置をすることなく自然のままがいい」という意向でした。保佐人であるA精神保健福祉士は，Eさんと何度か話し合ってもその意思が変わらないことから，完治のための手術を無理に勧めず見守ることにしました。

数年後，Eさんが意識を失い救急病院に搬送されました。A精神保健福祉士は，保佐人として保険証の提示のほか，入院手続きを行い，Eさんの意識が回復しないため，兄と一緒に医師による病状説明を聞くことになりました。医師によると，がんが転移しており，抗がん剤治療や手術もできる状態ではないとのことでした。血中酸素濃度も低く，嚥下機能も落ちてきているということでした。兄は「治療ができなくても，経鼻経管栄養や気管挿入による人工呼吸器を装着してほしい。できるだけの延命措置はしてほしい」という意向で，その旨同意書類にサインをしました。医療行為については保佐人には同意権限がないため，自然のままがいいといっていたEさんの意思を代理することはできませんでした。そして，延命措置をされたのち，Eさんは一般病院へ転院したのでした。

3 保佐人・補助人の代理権について

保佐・補助の場合は，「現有能力の活用」「自己決定の尊重」の後見制度の理念からも，法律上代理権はつきません。必要に応じて，範囲を特定して代理権付与の申立てをすることになります。

保佐人には，民法で定められた重要な財産上の行為についての同意権と取消権が与えられてはいますが，代理権をつけるためには裁判所の審判が必要です。そして，代理権をつける場合は，本人の自己決定を尊重する観点から，本人が申立てるか，代理権をつけることに本人が同意することが条件です。

補助の場合，補助の申立てと同時に，どのような行為の代理権を補助人に与えてほしいのかを選んで申立てることができます。補助の審判は，同意権，代理権のいずれか，もしくは両方をつけることができますが，いずれも本人が申立てるか，本人の同意が条件です。

本事例のように本人申立ての場合は，支援が必要な法律行為にのみ同意権や代理権を与えた保佐人や補助人を，本人が使うための仕組みともいえます。本人自身が強いストレスを感じる財産管理や公的手続きなどを，保佐人に任せることで，疾病の治療に専念すること，リハビリテーションを続けながら地域生活を維持すること，場合によっては働き続けることができる環境を維持することが可能になります。

一方で，親なき後の本人の生活を案ずる親族により，申立てが行われる場合もありま

す。例えば、本人の生活費を確保するために本人名義の不動産を売却するなど不動産取引等を速やかに行う必要がある場合、精神科病院などを退院して施設入所をする予定で入所契約を代理したほうがよい場合、相続が発生して相続人となり遺産分割協議などの交渉や相続手続きについて代理したほうがよい場合など、本人の利益を守るため、援助の必要性に合わせて代理権の範囲を特定して申立てを行います。代理権の範囲に法律上の制限はありませんが、申立ての書式には、代理行為一覧にチェックをする様式もあるので、それほど利用が難しいものではありません（東京家裁代理行為目録、図4-5-1）。

しかしながら、裁判所により付与される代理権は絶対であり、本人の権利を制限するものであることを忘れてはいけません。自己決定支援を最大限に尽くしながら、必要最小限の代理行為を行う姿勢が求められます。精神保健福祉士が成年後見人等に就任したら、その専門性をもって再アセスメントを行い、後見事務に反映すべきです。財産の管理・処分が申立ての動機になっていた場合であれば、「判断能力が不十分」とした家裁の判断を追認するだけでなく、その要因を探り回復の可能性を求めていく姿勢が求められます。

青年期に精神疾患を発症したため学ぶ機会を失っていた、もともとはできていたことが入院生活やひきこもりがちな生活のためにできなくなった、陰性症状による意欲の低下などの残遺障害に加えて、本人も家族も金銭管理はできないと思い込んでいることなどを考えなくてはなりません。そのうえで現有能力を評価しセルフケア能力を向上させる取り組みこそが権利擁護といえるのではないでしょうか。

精神障害者はリハビリテーションの分野との協働により能力が回復・向上し、金銭管理も他者管理から自己管理への移行が期待できます。保佐・補助の代理権や同意権は、本人だけでなく保佐人や補助人の申立てによりかなり細かく、拡張および縮小できる制度になっています。典型的な代理権の範囲としては、「預貯金に関する金融機関との一切の取引」がありますが、本事例のように、本人から、「通帳一冊は自己管理させてほしい」と要望されることがあります。その場合は、後見制度の理念からも、本人もしくは保佐人より代理権を取り消す必要があります。

4 成年後見人と医療行為について

成年後見人等（後見人・保佐人・補助人）がその職務の一環として本人（被後見人・被保佐人・被補助人）に対する医療行為にかかわる場合、病院や医師との「診療契約の締結に関する代理権」の問題と、個別具体的な「医療行為に関する同意権」の問題とを区別して考える必要があります。ちなみに、医療行為とは各種の検査、投薬や注射、手術などの治療行為、インフルエンザの予防接種なども含みます。さらに、「終末期医療」についても、本人の同意能力がない場合などの考え方について整理しておく必要があります。

診療契約に関する代理権は成年後見人等に認められています。医療行為は、患者と病院

図 4-5-1　申立ての書式

（別紙）【保佐・補助開始申立用】
代　理　行　為　目　録
作成者　　　　　　　　　　　　　　

必要な代理行為をチェック又は記入してください（包括的な代理権の付与は認められません。）。
どのような代理権を付与するかは，本人の意向（同意）を踏まえ，裁判所が判断します。

1　財産管理関係
　(1) 不動産関係
　　□[1] 本人の不動産に関する（□売却，□担保権設定，□賃貸，□警備，□　　　　　　）契約の締結，更新，変更及び解除
　　□[2] 他人の不動産に関する（□購入，□借地，□借家）契約の締結，更新，変更及び解除
　　□[3] 住居等の（□新築，□増改築，□修繕（樹木の伐採を含む。），□解体，□　　　　　　）に関する請負契約の締結，変更及び解除
　　□[4] 本人の不動産内に存する動産の処分
　　□[5] 本人又は他人の不動産に関する賃貸借契約から生じる債権の回収及び債務の弁済
　(2) 預貯金等金融関係
　　□[1]（□全ての，□別紙の口座に関する，□別紙の口座を除く全ての）預貯金及び出資金に関する金融機関等との一切の取引（解約（脱退）及び新規口座の開設を含む。）
　　□[2] 預貯金及び出資金以外の本人と金融機関との（□貸金庫取引，□証券取引（保護預かり取引を含む。），□為替取引，□信託取引，□　　　　　　）
　(3) 保険に関する事項
　　□[1] 保険契約の締結，変更及び解除
　　□[2] 保険金及び賠償金の請求及び受領
　(4) その他
　　□[1]（□年金，障害手当金その他の社会保障給付，□臨時給付金その他の公的給付，□配当金，□　　　　　　）の受領及びこれに関する諸手続
　　□[2]（□公共料金，□保険料，□ローンの返済金，□管理費等，□　　　　　　）の支払及びこれに関する諸手続
　　□[3] 情報通信（携帯電話，インターネット等）に関する契約の締結，変更，解除及び費用の支払
　　□[4] 本人の負担している債務に関する弁済合意及び債務の弁済（そのための交渉を含む。）
　　□[5] 本人が現に有する債権の回収（そのための交渉を含む。）
2　相続関係
　　□[1] 相続の承認又は放棄
　　□[2] 贈与又は遺贈の受諾
　　□[3] 遺産分割（協議，調停及び審判）又は単独相続に関する諸手続
　　□[4] 遺留分減殺請求（協議及び調停）に関する諸手続
3　身上監護関係
　　□[1] 介護契約その他の福祉サービス契約の締結，変更，解除及び費用の支払並びに還付金等の受領
　　□[2] 介護保険，要介護認定，健康保険等の各申請（各種給付金及び還付金の申請を含む。）及びこれらの認定に関する不服申立て
　　□[3] 福祉関係施設への入所に関する契約（有料老人ホームの入居契約等を含む。）の締結，変更，解除及び費用の支払並びに還付金等の受領
　　□[4] 医療契約及び病院への入院に関する契約の締結，変更，解除及び費用の支払並びに還付金等の受領
4　その他
　　□[1] 税金の申告，納付，更正，還付及びこれらに関する諸手続
　　□[2] 登記，登録の申請
　　□[3] マイナンバー関連書類の受領
　　□[4] 調停手続（2 [3]及び[4]を除く。）及び訴訟手続（民事訴訟法55条2項の特別授権事項を含む。）
　　　　※保佐人又は補助人が申立代理人又は訴訟代理人となる資格を有する者であるときのみ付与することができる。
　　□[5] 調停手続（2 [3]及び[4]を除く。）及び訴訟手続（民事訴訟法55条2項の特別授権事項を含む。）について，申立代理人又は訴訟代理人となる資格を有する者に対し授権をすること
　　□[6]　　　　　　　　　　　　　　　　　　　　　　　　
5　関連手続
　　□[1] 以上の各事務の処理に必要な費用等の支払
　　□[2] 以上の各事務に関連する一切の事項（公的な届出，手続等を含む。）　　　以　上

29.6版

（出典：東京家庭裁判所ホームページ）

(医師) との間の診療契約に基づいて行われます。患者が診察を申入れ（診療契約の申込み），それに対して診察を開始すれば，診療契約の承諾と同一視されます。成年後見人は本人を代理して，病院側と診療契約を結ぶことができますし，国民健康保険証などを提示したうえで，自己負担分の診療費などの支払いをする必要があります。入院期間が長期化し医療費が高額になる場合などは，高額療養費の申請などの手続きをして医療費の減額を図ることもあります。本人が民間の医療保険などに加入している場合は，入院給付金などの保険請求を代理して行うこともあります。

また，入院中の場合など，身上監護の一環として適切な医療が提供されているか，不必要な身体拘束が行われていないかなどモニタリングすることも大切です。

医療を受けることに関する決定権は，医療を受ける患者自身が有しています。医療法第1条の4第2項の規定で，「医療の担い手は，医療を提供するに当たり，適切な説明を行い，医療を受ける者の理解を得るよう努めなければならない」とされています。医師が医療行為を行うには，原則としてその具体的な医療行為について本人に説明したうえで同意を得る（インフォームド・コンセント）努力が求められています。本人が「同意能力を欠く状態にある」としても，成年後見人が本人に代わって医療行為に同意する法的権限は認められていません。しかしながら，本人が「同意能力を欠く状態にある」場合は，家族から同意を得るのが慣例とされており，同じように成年後見人に同意を求められることがあります。

成年後見人は医療の同意について法的権限をもたないこと，近しい親族がいないことを説明して，医療従事者の判断に委ねることになります。この場合，「医療行為を行う側」に，「医療行為を受ける本人の立場」で判断をさせるという矛盾を含んでおり，医師に対して過大な負担や責任を負わせかねません。院内に倫理委員会などを設けて，本人にとっての最善の治療方針を検討して医師に助言を行う医療機関も増えてきています。

医療を必要とする本人が，同意する者がないがゆえに医療行為を受けられないという事態は避けなければなりません。海外では，自分が判断できなくなった場合に，どのような治療を受けたいかを事前に書面にて意思表示を行う「事前指示書」や，同意能力が失われた際に本人に代わって判断する「医療代理人」を指定するなどの仕組みに法的根拠を与えている国もあります。日本でも，本人の意思決定支援のためにも，医療同意に関する同様の法的整備を求める声が上がっています。

いわゆる終末期医療についても，厚生労働省が，2018（平成30）年3月14日に発表した「人生の最終段階における医療の決定プロセスに関するガイドライン」で，患者の意思が確認できず，家族もいない等の場合の医療行為につき，医療・ケアチームがその判断で，患者にとって最善の治療方針をとることとされています。

> 本人の意思の確認ができない場合には，次のような手順により，医療・ケアチームの中で慎重な判断を行う必要がある。
> ①家族等が本人の意思を推定できる場合には，その推定意思を尊重し，本人にとっての最善の方針をとることを基本とする。
> ②家族等が本人の意思を推定できない場合には，本人にとって何が最善であるかについて，本人に代わる者として家族等と十分に話し合い，本人にとっての最善の方針をとることを基本とする。時間の経過，心身の状態の変化，医学的評価の変更等に応じて，このプロセスを繰り返し行う
> ③家族等がいない場合及び家族等が判断を医療・ケアチームに委ねる場合には，本人にとっての最善の方針をとることを基本とする。
> ④このプロセスにおいて話し合った内容は，その都度，文書にまとめておくものとする。
> (厚生労働省：人生の最終段階における医療の決定プロセスに関するガイドライン（2018年3月14日）より抜粋)

5 まとめ

　本事例では，財産管理や医療・福祉サービス等の契約を保佐人が代行・支援・モニタリングすることで，安定した生活が行うようになりました。一方，Eさんががんの手術を行わないとの意思を表明した際，手術などの身体侵襲的な医療行為は成年後見人等といえども現行法では権限外でもあり，かつEさんの意思を尊重したいとの思いを貫きました。一方，延命治療を拒否していたEさんの意思を覆したのは家族である兄でした。このように医療の同意に関しては，患者本人の意思を確認できない場合に，本人の意思を尊重し代理することを本務とする成年後見人等には権限がなく，家族の意思が本人の意思と異なるものであっても尊重されるという法制度上の矛盾があります。

　「人生の最終段階における医療の決定プロセスに関するガイドライン」では推定意思や患者にとって最善の利益を優先するとされており，先進国では常識となっています。今後は，同ガイドラインに沿った法改正等が必要であると考えられます。また，現状においても成年後見人・保佐人は，特に終末期医療に関しては同ガイドラインに沿った対応を可能な限り行えるように，家族や関係者と協議することが求められるでしょう。

事例

6 中途障害者（高次脳機能障害）の生活支援
―高次脳機能障害の人が利用できるサービス

> **Fさん**
> 年齢・性別：35歳・男性
> 疾患・症状名：高次脳機能障害
> 類型：後見
> キーワード：サービス利用

1 はじめに

　日本の障害者制度は近年大きな変化を迎えています。身体障害，知的障害，精神障害が3障害と呼ばれ，2006（平成18）年に成立した「障害者自立支援法」では，障害ごとに提供されていたサービスが一元化されました。障害者自立支援法は2012（平成24）年に「障害者の日常生活及び社会生活を総合的に支援するための法律」（障害者総合支援法）となり現在に至っています。高次脳機能障害のある人に関しても，福祉法はないものの，身体の障害や精神の障害に該当する場合，障害福祉サービスの対象となっています。

2 事例概要

　Fさんは35歳の男性です。幼いころから活発な子どもで，ずっとラグビーを続けてきました。地方都市から都内の大学に進学し，経済学を学ぶ傍ら，ラグビー部に所属し，フォワードとして活躍していました。
　大学卒業後は，ラグビー部の先輩の紹介もあり，食品会社に営業として就職しました。もともと社交的な性格で，取引先にも可愛がられ，営業課長に抜擢されたのは28歳のときでした。仕事はますます忙しくなりましたが，Fさんは仕事にやりがいを感じていました。30歳で大学時代から交際していた女性と結婚し，子どもにも恵まれました。その一方で，通常でも遅くまで残業があるのに仕事での付き合いも増え，健康診断のたびに，高血圧，脂質異常症などが指摘されるようになっていました。30歳代になり，代謝が衰え，頭痛や腰痛にも悩まされるようになっていました。しかし，もともと体力や健康には自信をもっており，がむしゃらに働く日々が続いていました。
　会社恒例の新人歓迎会で，新人を誘ってカラオケ店に入っていったところ，入り口の段

差があるところで転んでしまいました。部下たちが酔っているのでうまく立ち上がれないのだと思って「しっかりしてくださいよ」「あの程度でこんなに酔っちゃうなんて課長らしくないですね」などと声をかけるのですが，床に倒れこんだまま起き上がろうとしません。呼びかけてもはっきりした返事もなく，尋常な状況ではないことに気が付いたカラオケ店の店員が救急車を呼び，近くの救急病院に搬送されたのです。

3 高次脳機能障害の告知

　救急車で病院に搬送され，一命は取り留めましたが，脳出血で精神的な機能に障害を残すこととなりました。Fさんの家族は，入院当初は何がなんだかわからない混乱状態でしたが，手術も終わり，1週間が経過するころには，容態は落ち着いてきました。しかし，意識を回復しても以前の明るく活発なFさんではありませんでした。家族のことは覚えていましたが，まず，今の自分がどういう状態なのか認識がありません。記憶も曖昧な部分が多いようで，過去のことを話してもあまり反応がない状況です。また，言葉を話すのもまだつらそうで，手術後のリハビリテーションで様子をみていくことになったのです。高次脳機能障害が残った状態だという医師の説明を受け，会社も休職を余儀なくされました。

4 高次脳機能障害とは

　高次脳機能障害とは，交通事故や頭部のけが，脳出血・脳梗塞などで脳が部分的に損傷を受け，言語や記憶などの機能に障害が起きた状態を指します。損傷を受けた脳の部位にもよりますが，注意力や集中力の低下がみられたり，新しいことを覚えられなかったり，感情や行動の抑制がきかなくなるといった症状が現れます。物事を順序立てて考えることができなくなり，周囲の状況にあった言動をとることができず，日常生活に支障をきたすこともあります（代表的な障害は表4-6-1を参照）。高次脳機能障害の原因の60～70％はF

表4-6-1　高次脳機能障害における代表的な障害

記憶障害	古い記憶はある程度保たれている場合があるが，新しいことが覚えられないことが多い。 同じことを何度も質問したり，自分で物をどこに置いたのかもわからないといったことが起こる。
注意障害	集中力が長く続かないので，ひとつのことを長く続けることができない。 また，ひとつのことから違うことに注意を振り分けることがむずかしく，ふたつのことを並行して行うような状況に置かれると混乱をきたす。
遂行機能障害	見通しをもって物事を計画することや，実行することができない。 指示がないと動けない。また，融通がきかない。
社会的行動障害	イライラしたり，怒ったり，感情のコントロールがうまくできなくなる。 状況に応じた対応ができないために対人関係がうまくいかない場合がある。

さんのような脳梗塞，脳出血，くも膜下出血などが占めており，次いで脳外傷，脳腫瘍などとなっています。

5 急性期の治療を終えて

　急性期の治療が終了したFさんですが，あとは気長にリハビリテーションをしてくださいと言われたのみで，大きな後遺症を抱えることとなりました。脳の損傷により，新しいことを覚えにくくなり，集中力が続かなかったり，指示がないと次に何をしていいのかわからないといった状態です。Fさん自身がどこまで自分の状況を理解しているのかもわからないのが実情です。小さい子どもを抱えた妻が毎日病院に通ってきていますが，今の状態がいつまで続くのかわからないことに大きな不安を感じています。Fさんの父親は数年前に亡くなっており，遠方に住む母親も月に2回ほど訪ねてきていますが，高齢でもあり，息子の変貌ぶりにただ戸惑っているという状況です。

　集中的なリハビリテーションができる回復期リハビリテーション病院にいったん移ることになり，その間に今後のことを家族で話し合うことになりました。幸いにも体には大きな麻痺はなく，日常の動作は問題なくできるところまで回復しました。しかし，新しいことが覚えられなかったり，物事の段取りをすることなどができない状態は変わりませんでした。これまでスポーツマンで，如才なく人と対応してきたFさんでしたが言葉を口にすることにも苦痛が伴うようで，リハビリテーションは続けていましたが，寡黙になってしまいました。仕事もこのままでは復帰は難しく，休職期間の後には退職となる可能性が高いと上司からも告げられました。仕事，仕事に明け暮れていた夫が今回のような状態になるとは妻も予想しておらず，退職と聞かされたことのショックは大きなものがありました。

　転院して1か月後，妻と妻の両親，Fさんの母親で今後のことを話し合いましたが，妻は今のようなFさんを一生介護していく自信がないと泣き崩れ，子どもを連れてしばらく実家に帰らせてほしいと言い出したのです。Fさんの母親の力では去っていく妻をとどめることはできませんでした。Fさんの母親は慣れない土地で息子の面会に通うこととなり，回復期リハビリテーション病棟でのリハビリテーションが終了してからの生活をどうしていくのか，病院のソーシャルワーカーと相談しながら進めていくことになったのです。

　しかし，その1か月後，母親が持病の心臓病が悪化して倒れ，入院生活を余儀なくされてしまいました。Fさんには兄弟もおらず，家族の支援を受けることも難しい状況で，退院時期が迫るなか，困ったソーシャルワーカーはFさんの自宅のある自治体に相談しました。そこで，親族以外で，Fさんの今後について支援することができる成年後見人をつけることを提案されました。自治体の法律相談を担当していた弁護士は社会福祉協議会の権利擁護センターにもかかわっており，母親の申立てで専門職の後見人をつけてはどうかという助言をしてくれました。

6 Fさんのその後

　ソーシャルワーカーは入院中の母親とも連絡を取り，後見人の選任手続きをすすめていく了解をとりつけました。申立ては権利擁護センターの職員も手伝ってくれ，申立てから1か月後に第三者後見人として精神保健福祉士が選任されたのです。成年後見人となった精神保健福祉士はリハビリ病院を退院後，どこで，どのように生活していくかという大きな選択を支援することになりました。別居している妻とその家族は離婚を希望しており，妻の実家で新たな生活を始めているようです。母親は退院しましたが，無理のできない状態で，田舎で療養している状況です。Fさんは田舎に帰って母親と暮らすということも考えたようですが，母親の話では，Fさんの実家は過疎地にあり，利用できるサービスが少なく，何よりも母親自身の病気もあり，Fさんの面倒をみることができないと言っていることから難しいようです。さらに近所の人たちにあれこれ詮索されることが母親の負担になるようでした。Fさんにそうした状況を伝えましたが，困惑するばかりでした。ただ，自分一人で暮らしていかなければならない状況であることは理解してくれた様子で，そのためのリハビリテーションをしたいという気持ちはあるようでした。そこで，宿泊型の自立訓練施設に入所を申し込み，そこで自立生活のための訓練を行うことになったのです。

　目前のことに関しては，施設入所という形で決着がつきそうですが，Fさんの課題は山積しています。

　まず，妻と子どもの問題です。妻は離婚を考えていますが，今後子どもの親権，養育費の問題など話し合っていかなければならないことがたくさんあります。面会が途絶えているなかで，Fさんは多くは語りませんが，自分が回復することで何かが変わるのではないかとそこに希望を見出してリハビリテーションを続けているようにみえます。しかし，周囲の支援者は，現実はそう甘くはないと感じています。

　そのほかに会社の問題もあります。Fさんは会社についても回復すれば職場に戻れるのではないかと期待しているところがあり，本当に会社が何らかの形で受け入れてくれるのかどうか，そこも交渉していかなければなりません。障害者雇用もしている大きな企業ですが，今のFさんの状態では，一人暮らしができるようになることが優先だと考えられます。

　また，今回の脳出血の原因が過労によるものなのではないかと成年後見の申立てを支援した弁護士から助言を得ました。もともと高血圧だったこともあり，労災認定がすんなりと認められるかどうかはわかりませんが，残業が月100時間程度あったことはわかっており，Fさんが労災認定の申請をするのかどうかも今後の課題です。申立てをする際には，弁護士もサポートしてくれるといってくれています。

　障害福祉サービス利用に伴い，手帳の取得や障害支援区分の認定を受ける必要がありますし，今後，手帳，生命保険金，年金の申請など順次行っていく必要のある手続きもあり

ます。今は貯蓄と傷病手当金でやりくりしていますが，妻子には生活費を送金していることもあり，今後を考えると余裕はありません。ローンの支払いも重度障害の状態に該当すれば完済とみなされますが，そう判断されることは難しい可能性も高く，妻子と一緒に住むことがなければ，自宅を処分することも想定されます。Fさんの回復を支援しながら，周囲との調整を図りつつ，今後のことを決定していくことになり，息の長い支援になりそうです。

7 まとめ

Fさんのような比較的若い高次脳機能障害者の存在は以前から支援の課題になっていましたが，その歴史はまだ浅く，2001（平成13）年度から厚生労働省においてモデル事業が開始され，その定義が検討されました。「高次脳機能障害診断基準」が作成され，訓練プログラムの構築が進められました。国立障害者リハビリテーションセンターに高次脳機能障害情報・支援センターが置かれ，全国の支援拠点機関[1]との連携が図られ，支援普及事業が2006（平成18）年度から実施されました。その結果，医学的なリハビリテーション終了後の生活支援に関して検討がなされ，障害福祉サービスでの対応が進められ，高次脳機能障害への理解も広がってきたのです。医療やリハビリテーション等について相談で

図 4-6-1　全国の相談支援体制の年次推移

（出典：国立障害者リハビリテーションセンター高次脳機能障害情報・支援センターホームページ．http://www.rehab.go.jp/brain_fukyu/shien/（最終閲覧 2018 年 8 月 31 日））

---

1) 国立障害者リハビリテーションセンター高次脳機能障害情報・支援センターホームページ参照のこと．http://www.rehab.go.jp/brain_fukyu/soudan/（最終閲覧 2018 年 8 月 31 日）

図 4-6-2 受傷・発症から社会参加までに関連するサービス

外傷性脳損傷や脳血管疾患などにより高次脳機能障害が残った場合に、地域生活に戻るまでには下の図のようなサービスがあります。

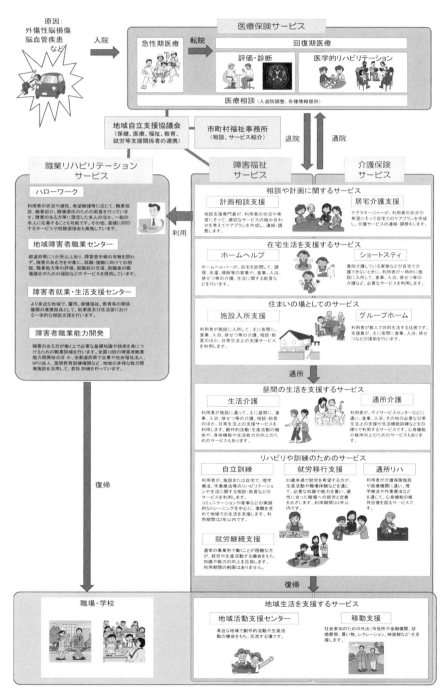

(出典:国立障害者リハビリテーションセンター高次脳機能障害情報・支援センターホームページ. http://www.rehab.go.jp/brain_fukyu/rikai/service/ (最終閲覧 2018 年 8 月 31 日))

きる支援拠点機関も少しずつ増えてきています（図4-6-1）。しかし，それでも身近なところで相談できる機関はまだまだ少なく，専門性の高い支援がどこでも受けられるという状況にはありません。Fさんも自立訓練施設での訓練による自立生活を目指していますが，施設には利用年限があり，退所後利用できる日中サービスについては，まだ見当がついていません。もちろん職場復帰が果たせればいいのですが，そうでない場合，今の自宅近くには高次脳機能障害者を積極的に受け入れている施設はなく，今後，Fさんの回復状況をみながら，生活訓練施設の職員と後見人も一緒に検討していくことになりそうです。

　Fさんの場合，家族の支援を得ることはなかなか難しい状況ですが，最近では高次脳機能障害の当事者や家族が支援拠点機関のサポートなどにより，当事者活動を始めています（図4-6-2）。精神障害者のピアサポートは患者会活動などに端を発し，今は複数の全国団体も活動していますが，高次脳機能障害に関しても実際の経験を活かした支援が展開されつつあり今後の支援の充実が期待されます。

事例

7 知的障害のある人との金銭目当ての養子縁組
―保佐人による法的対応

Gさん
年齢・性別：58歳・女性
疾患・症状名：知的障害
類型：保佐
キーワード：養子縁組詐欺

1 はじめに

　本事例のGさんは中度の知的障害と発達障害をもっており、両親の死亡後祖父と暮らしていました。金銭の自己管理が困難であり、果ては第三者から騙されて養子縁組をされてしまっていました。成年後見人等はこのような障害者に対して、法的な支援を行う必要がある場合に重要な役割を果たします。

2 事例概要

　Gさんは、地元の小・中学校を経て普通高校卒業後、専門学校に進学しました。しかし他者からは気づかれない程度の知的障害があった様子です。その後、就労しましたが長続きせず、無職で自宅にて生活していました。両親は相次いで亡くなり、祖父と2人で暮らしていました。Gさんは、相続により約3000万円の定期預金を所有していました。

　あるとき、祖父が脳梗塞を発症して、その後遺症で右半身に軽度の麻痺が残り、要介護2の状態になりました。祖父は介護保険によるヘルパーサービスを利用し、買い物や調理、掃除などをしてもらっていました。日中はベッドか椅子のうえにいることがほとんどで、あまり動くことができなくなりました。

　祖父は、Gさんに依頼して、自らの口座から数万円単位で現金をおろし、2人の生活費に充てていました。祖父は耳が遠いことと物忘れが出始めて、話をしていても通じにくいことがありました。足腰がわるく移動もできないため何か用事があるときはGさんを呼んで助けてもらっていたのです。

　祖父の支援に入っていたケアマネジャー(介護支援専門員)が、部屋にはアイドルのポスターがたくさん貼られており、毎朝欠かさず子ども番組を見るなどのGさんの生活をみ

て，何らかの障害があるのではないかと考えました。そこで，ケアマネジャーが障害者基幹相談支援センターに相談し，Gさんの支援が開始されます。Gさんは，療育手帳を取得し，近くの地域活動支援センターを紹介され，時折通うようになりました。障害年金も受給することとなり，年金が入る通帳は自己管理することになります。

やがて，祖父に夜間せん妄の症状がみられるようになり，昼夜逆転生活を送るようになるにつれて，Gさんも祖父を避けるように夜間外出するようになりました。地域活動支援センターで知り合った仲間の紹介でスナックに通うようになっていたのです。

祖父は，肺炎で入院したのを機に，老人保健施設に入所することになりました。障害者基幹相談支援センターの相談員は，祖父のケアマネジャーに相談のうえ，Gさんと一緒に法テラスに相談にいくこととしました。そこで，弁護士を紹介されて，Gさんの申立てにより，GさんにはA精神保健福祉士が保佐人，祖父にはB司法書士が後見人として選任されました。

A精神保健福祉士は，審判確定日を待って自宅でGさんと面会を行いました。代理権に基づき，障害年金が入金される総合預金口座通帳1冊を預かることについてGさんに説明し，納得してもらったうえで預かりました。通帳を確認したところ，普通預金口座は約300万円のマイナスになっており，約3000万円ある定期預金を担保とした貸付となっていました。Gさんに尋ねると，スナックでの支払いに困ると現金自動預払機（ATM）で預金を引き出して支払いに充てていたとのことでした。幸いなことに通帳届出印は祖父が所持しており，定期預金口座を解約することはできなかったのです。

A精神保健福祉士は，Gさんに，今後は財産目録や収支予定を家庭裁判所に報告しないといけないこと，計画的に金銭管理をしたり将来に備えることの重要性を説明し，財産を詳しく調べてみることについて同意を得ました。そして，自宅の土地と建物の現在事項証明書を取得したところ，亡くなった父親の名義のままになっていることがわかりました。また今後の収支予定を作成するため，B司法書士と協議をして，これまで祖父が負担していた自宅の水道光熱費や固定資産税はGさんが負担することとなりました。

A精神保健福祉士はGさんに今後の生活について意向を確認しますが，家から離れるのは嫌だといいます。スナックに通っていたのも，祖父が夜間に起きてきて何かにつけてGさんを呼んで用事を言いつけたりするのが嫌だったようです。でもそうすると朝起きられなくなり，子ども番組が見られなくて困っているともいいました。これまで家事全般は祖父のヘルパーの支援を受けていたため，新たに障害支援区分の認定を受けて，相談支援専門員がサービス等利用計画案を作成して，障害福祉サービスによる家事支援を受けることになりました。日中活動は，Gさんが朝のTV番組を見たいという希望が強かったため，午後のみ就労継続支援B型事業所に通うことになりました。

A精神保健福祉士は，家庭裁判所に，就任時の初回事務報告書を提出した際に，申立て時の記録の閲覧をしました。申立て時に提出されたGさんの戸籍は，筆頭者が亡父親，G

さんには兄弟姉妹もなく，婚姻歴もなく子もいませんでした。申立て時の調査官とGさんの面会の記録をみたところ，「氏名は口頭で正答していたが漢字で記載することはできなかった。生年月日は正答したが年齢は誤答している」と記載されていました。さらに，主治医意見書の診断名は「中度の精神発達遅滞」と「発達障害」でした。

　A精神保健福祉士は家庭裁判所と相談して，亡父親名義のままだった自宅の土地と建物の名義をGさん名義に変更することとし，その相続登記をB司法書士に依頼しました。A精神保健福祉士が，Gさんの戸籍を取得したところ，Gさんは亡父親の戸籍から除籍されていました。保佐申立てが行われた直後に，Gさんが養親，第三者が養子となる養子縁組が行われており，Gさんが筆頭者となる新たな戸籍がつくられていたのです。すぐにA精神保健福祉士がGさんに確認したところ，第三者はスナックで知り合った女性だということがわかりました。保佐申立て直後に，その女性と一緒に役所へ行ったことは覚えていましたが，何の手続きに行ったかはよく覚えていないということでした。これまでスナックでその女性に何度かおごったこともあり，定期預金があることや保佐申立てを行っていることなどを話していたということでした。Gさんの意思を確認すると，自分がその女性を娘にしたつもりはないと言いました。

　A精神保健福祉士はGさんに，このままにしておくとGさんが損害を被る危険があることを説明し2人で家庭裁判所に行き，書記官に経緯を説明しました。後日，書記官より，裁判官の意見は「保佐申立てを知った女性が，Gさんの意思を無視して財産を相続するため養子縁組を行ったのは明らか」というもので，「養子縁組無効とする法的手段をとってほしい」というものでした。

　そこで，A精神保健福祉士はGさんとともに，法テラスに相談にいきました。再度，保佐申立ての際に申立代理人になった弁護士の紹介を受けて，委任契約を行い，女性を相手取っての「養子縁組無効確認」の調停を起こすこととなりました。

　さらに「Gさんは知的障害もあり，縁組当時に縁組するか否かの判断能力はなかった。また，縁組届出書類の「養親の届出人署名」欄は漢字で書かれており，Gさん以外のものが署名している。よって，Gさんに被告との間で養子縁組する意思はなかった」と主張しました。その結果，女性がGさん側の主張を認めたこともあり，「養子縁組を無効とする」ことに双方が合意して，調停が成立したのです。A精神保健福祉士は養子縁組をする前の戸籍に訂正する手続きを行い，ようやく自宅不動産の相続登記を終えたのです。

3 法テラスについて

1 法テラスの業務

　日本司法支援センター(通称「法テラス」)は，総合法律支援法に基づき2006（平成18）年4月に設置された法務省所管の法人です。刑事・民事を問わず，国民がどこでも法的

図4-7-1　法テラスの概要

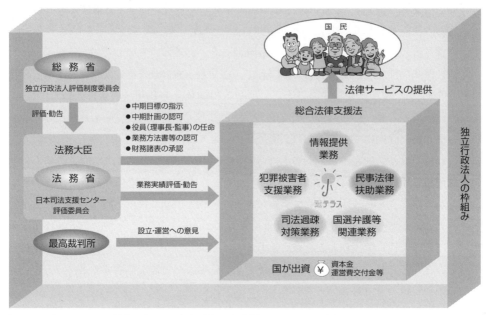

(出典：日本司法センター編著：法テラス白書平成28年度版．p.8．2017より)

なトラブルの解決に必要な情報やサービスの提供を受けられるようにしようという構想をもとに，2017（平成29）年3月31日現在，全国111か所に事務所（地方事務所・支部・出張所・地域事務所）が設置されています（図4-7-1）。

その主な業務は，以下のようなものです。

①情報提供業務：法的問題の解決に役立つ制度や，適切な相談機関・団体に関する情報を収集・整理し，電話，面談，電子メール等による問い合わせに対して提供する。

②民事法律扶助業務：経済的に余裕のない方に対し，無料法律相談や民事裁判手続等に係る弁護士・司法書士費用等の立替えを行う。なお，2016（平成28）年6月より，認知機能が十分でないために自己の権利の実現が妨げられているおそれがある高齢者，障害者等に対する資力を問わない法律相談等，大規模災害の被災者に対する無料法律相談を追加。

③国選弁護等関連業務：貧困等の理由で自分では弁護士を頼めない被疑者・被告人のため，裁判所等からの求めに応じて国選弁護人になろうとする弁護士との契約，国選弁護人候補の指名および裁判所等への通知を行い，国選弁護人に対する報酬・費用の算定および支払などを行う。なお，2016（平成28）年6月より，被疑者国選弁護の対象事件が，被疑者が勾留された全事件に拡大。

④司法過疎対策業務：身近に弁護士や司法書士がいないなど，法律サービスへのアクセ

スが容易でない地域に法律事務所を設置し，法テラスに勤務する常勤弁護士を常駐させ，有償での法律サービスを含む，法律サービス全般の提供を行う。
⑤犯罪被害者支援業務：犯罪の被害に遭われた方や家族の方などに対し，そのとき最も必要な支援が受けられるよう，被害の回復・軽減を図るための制度に関する情報を提供するとともに，適切な相談窓口の紹介や関係機関・団体への取次ぎ，犯罪被害者支援の経験や理解のある弁護士の紹介などを行う。また，刑事裁判に参加する犯罪被害者等のために，国選被害者参加弁護士候補の指名，裁判所への通知，報酬・費用の支払および被害者参加制度を利用して刑事裁判に出席された方の旅費の算定，送金などを行う。なお，2016（平成28）年6月より，DV，ストーカー，児童虐待の被害者に対する資力を問わない法律相談を追加。

2 司法ソーシャル・ワークとは

近年，法テラスでは，司法ソーシャル・ワークに関する取り組みが行われています。地方自治体・福祉機関等の職員（福祉職）と法律専門職である弁護士・司法書士とが協働しながら，自発的には司法サービスを求めづらい高齢者・障害者のもとに出向くなど積極的に働きかけ，その人たちが抱える様々な問題の総合的な解決を図る「司法ソーシャル・ワーク」が推進されています。地域包括支援センターや障害者基幹相談支援センターからの要請を受けて高齢者・障害者に対する出張法律相談を実施するほか，地方自治体・福祉機関の施設を巡回して法律相談を行うなど，司法ソーシャル・ワークを実践するための仕組みの整備・拡充が進められています。

本事例のように，成年後見制度の利用が有効と思われる高齢者や障害者に関しては，法テラスの法律相談を入り口として民事法律扶助業務を活用した，本人による保佐・補助申立てが積極的に行われています。また，精神保健福祉士が後見等の事務を進めていくうちに，法的な課題が判明した場合は，弁護士会や法テラスなどに相談することができます。その結果，調停や訴訟などの法的な対応が必要と判断された場合は，家庭裁判所と相談したうえで，委任契約を結んで弁護士に任意代理人しての対応をしてもらうことになります。

4 養子縁組とは

養子縁組には大きく分けて，普通養子縁組と特別養子縁組があります。普通養子縁組とは，戸籍上において養親とともに実親が併記され，実親と法律上の関係が残る縁組形式のことです。特別養子縁組は，子の福祉を積極的に確保する観点から，戸籍の記載が実親子とほぼ同様の縁組形式をとるものとして，1987（昭和62）年に成立した縁組形式のことです（表4-7-1）。

被後見人等の身分行為は，成年後見人等の代理権・同意権・取消権が及びません。身分行為とは，本人の婚姻・離婚・養子縁組・離縁などの身分の取得・変動を生ずる法律行為

表 4-7-1 普通養子縁組と特別養子縁組の比較

	普通養子縁組	特別養子縁組
縁組の成立	養親と養子の同意により成立	養親の請求に対し家裁の決定により成立 実父母の同意が必要（ただし，実父母が意思を表示できない場合や実父母による虐待など養子となる者の利益を著しく害する理由がある場合は，この限りでない）
要件	養親：成年に達した者 養子：尊属または養親より年長でない者	養親：原則 25 歳以上（夫婦の一方が 25 歳以上であれば，一方は 20 歳以上で可） 配偶者がある者（夫婦双方とも養親） 養子：原則，6 歳に達していない者 子の利益のためにとくに必要があるときに成立
実父母との親族関係	実父母との親族関係は終了しない	実父母との親族関係が終了する
成立までの監護期間	特段の設定はない	6 か月以上の監護期間を考慮して縁組
離縁	原則，養親および養子の同意により離縁	養子の利益のためとくに必要があるときに養子，実親，検察官の請求により離縁
戸籍の表記	実親の名前が記載され，養子の続柄は「養子（養女）」と記載	実親の名前が記載されず，養子の続柄は「長男（長女）」等と記載

（厚生労働省：特別養子縁組について．http://www.mhlw.go.jp/stf/seisakunitsuite/bunya/0000169158.html）

のことです。身分行為は，本人の意思が最も尊重されますので当然のことです。

一方で，本事例のように認知症高齢者や知的障害者らを養親とした，本人の意思に反しての養子縁組届出が提出されることもあり，問題となっています。有効な養子縁組には「当事者間の縁組意思」が必要とされており，養子縁組の法的正当性が争われるケースもあります。「人違いその他の事由によって当事者間に縁組をする意思がないとき」は普通養子縁組が無効とされています（民法第 802 条（縁組の無効））。

なお，普通養子縁組が有効に成立している場合，養子は養親の実子と同じ権利を取得し，実子と同じ義務を負担することになります。したがって，相続においても相続分や遺留分などの権利は，実子と同じ扱いになります。成年被後見人が亡くなった後，相続財産を引き継ぐときには，養子がいた場合は相続人となります。

5 まとめ

本事例のように高齢者や障害者が，自身では気が付かないうちに結婚や養子縁組をさせられていたというケースがときどきみられます。前述したように，身分行為自体は成年後見人等の権限は及びませんが，実際上財産を奪われてしまう場合があり，十分な目配り・気配りが必要です。専門職後見人はいざというときに備えて，常日頃から法律専門職と相談できるような関係性を構築しておくことも重要です。法律専門職との関係が希薄な場合は，前述した「法テラス」の利用が有効であり実際的です。

事例

アルコール依存症の治療と支援
— アディクションに対する後見人等のかかわり方

Hさん
年齢・性別：63歳・男性
疾患・症状名：アディクション（アルコール依存症）
類型：保佐
キーワード：飲酒

1 はじめに

　アルコールや薬物等を大量・長期間使用した影響で，わるい嗜好（アディクション）が構築され止められなくなることで，社会生活の破綻を起こすのが依存症です。
　大量・長期間の飲酒や薬物摂取は脳の機能にわるい影響を与え，意思能力が低下してしまう場合も少なくありません。そのような人は成年後見制度利用の対象者となりえます。
　アルコール依存症の人を支援するにあたっては，アルコール依存症の特徴や「依存のメカニズム」に十分注意して対応することが求められます。理由はアディクションの特徴を踏まえた治療や対応を行う必要があるためです。本事例ではアルコール依存症を例に取り，基本的な知識・情報を支援の流れに沿って説明します。

2 事例概要

　Hさんは大学卒業後就職し28歳で結婚し，息子が1人います。就職後にアルコールを覚え，30歳代前半からは毎日ビールを浴びるように飲んでいました。50歳代に入ると，休日は朝から飲み始め，酔うと些細なことで言葉を荒らげ，時に暴力的になりました。しだいに二日酔いでの出勤が増え，退職を言い渡されました。家族の勧めでアルコール依存症の専門外来を受診したところ，アルコール依存症といわれ，入院を勧められました。
　しかし，Hさんは，家族の小言や職場の心ない対応こそ問題で，ストレス解消のために飲まざるを得ない，自分はアルコール依存症ではないし，治療も必要ないと入院は拒否しました。Hさんは，問題は周囲の人たちであると考えています。
　その後，妻とは離婚することになり，長男は妻とともに離れていきました。収入が途絶え，預貯金を使い果たしたHさんは，仕事に就くこともできず生活保護を受けました。

生活保護担当者の働きかけで精神科病院に入院しました。入院後アルコールは身体から抜けましたが考え方は変わらず，退院後の飲酒を楽しみにしていました。アルコールが抜けた後も，Hさんは記憶力の低下や話しのまとまりのなさが治らず，退院後の生活が心配されました。生活保護担当者が成年後見制度の適否について医師に意見を求めたところ，医師から，Hさんは認知機能が低下し，成年後見制度も選択肢であるとアドバイスを受けました。生活保護担当者が疎遠となっていた長男に連絡し状況を説明したところ，かかわりたくないが成年後見制度の申立てだけは行うと申請手続きをしてくれました。Hさんは金銭管理等がうまくできないことを感じており，代理権をつけることに同意しました。最終的に代理権付の保佐申立てとなり，精神保健福祉士が保佐人に選任されました。

　保佐人は，アルコールを望むHさんにどう対応したらよいか迷い，まずはアルコール依存症の一般的な理解と対応を学ぶことにしました。

3　アルコール依存症の特徴

　アルコール依存症は，「否認の病」といわれ，アルコールを原因とする様々な問題が起こっていても，自分はアルコール依存症ではないとする傾向があります（第1の否認）。アルコール問題はあるが，いつでもやめられるし（第2の否認），アルコール以外では何の問題もない（第3の否認）と主張することも否認といわれています（図4-8-1）。

　「いつでもやめられる」のに実際はやめることができない，「わかっちゃいるけど，やめられない」状態は，飲酒をコントロールできないコントロール障害と呼ばれます。

　アルコール依存症では，このような否認の構造を打破し，本人に自らの飲酒問題へ向き合ってもらうため，本人自らが解決に向けて動かざるを得ない状況をつくり出す「直面化」は図ることが試みられてきました。

　アルコールの適正摂取量は，アルコール換算で20gといわれています。20gまで飲酒したほうがよいということではなく，飲む場合の適量と考えたほうがよいでしょう。アルコール依存症の多量飲酒は，ビールで中瓶3本，日本酒で3合，焼酎では25度300mLといわれています（表4-8-1）。

　図4-8-2に示すアルコール関連問題とは，アルコールに起因するあらゆる問題を指しま

図4-8-1　否認の病気—アルコール依存症

～第1の否認～
依存症じゃないんだから，酒のことでガタガタいうな！

～第2の否認～
酔ってやり過ぎたけど，酒はいつでもやめられるから大丈夫

～第3の否認～
酒さえ飲まなきゃ，すべてうまくいくんだよ。

表 4-8-1　適正飲酒と多量飲酒

種類	適正飲酒 20 g	多量飲酒 60 g 以上
ビール中ビン	1 本	3 本
日本酒	1 合	3 合
焼酎	100mL（25度）	300mL（25度）

（データ厚生労働省）

図 4-8-2　アルコール関連問題

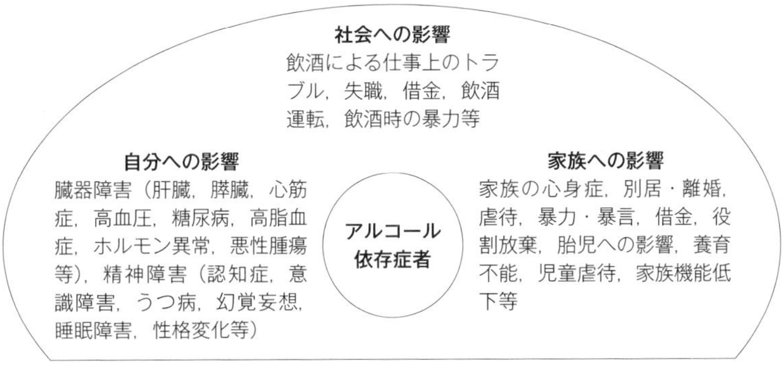

社会への影響
飲酒による仕事上のトラブル，失職，借金，飲酒運転，飲酒時の暴力等

自分への影響
臓器障害（肝臓，膵臓，心筋症，高血圧，糖尿病，高脂血症，ホルモン異常，悪性腫瘍等），精神障害（認知症，意識障害，うつ病，幻覚妄想，睡眠障害，性格変化等）

アルコール依存症者

家族への影響
家族の心身症，別居・離婚，虐待，暴力・暴言，借金，役割放棄，胎児への影響，養育不能，児童虐待，家族機能低下等

（データ厚生労働省より一部改変）

す。アルコール依存症の本人の健康問題だけでなく，家族や社会に対する問題も生み出すことになります。アルコール依存症者の平均寿命をみると，様々な研究がありますが，おおむね 40 歳代～50 歳代といわれています。

4 アルコール依存症の治療

　アルコールに起因する様々な問題への対応として，精神科医療機関による入院と外来治療があります。アルコール依存症に対する基本的な考えは，飲酒をやめてアルコールを必要としない生活を獲得することとされています。そのためには，身体からアルコールを抜き，生活のあり方を考えていく必要があります。必ず入院から断酒の流れになるわけではありませんが，起きている間は常に飲酒している，連続飲酒と呼ばれる状態になると，いったんアルコールを抜かないとなかなか次に進めない現実もあります。

　入院治療には，身体からアルコールを抜く解毒治療と呼ばれるⅠ期治療と，アルコールのない生活を考えていくⅡ期治療があります（図 4-8-3）。解毒治療はおおむね 2 週間程度で，アルコールが抜けてからⅡ期治療に入ります。アルコール依存症について学ぶプログラムや，話し合いを中心としたグループワーク，外部の自助グループ支援者の話し，作

図4-8-3　アルコール依存症の入院治療（I期治療とⅡ期治療）

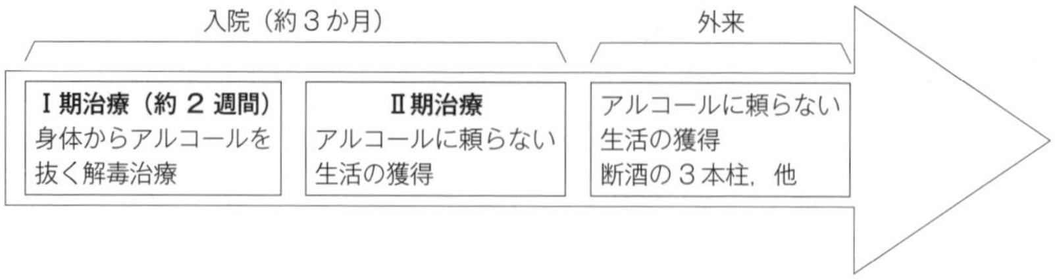

入院（約3か月）／外来

- I期治療（約2週間）　身体からアルコールを抜く解毒治療
- Ⅱ期治療　アルコールに頼らない生活の獲得
- アルコールに頼らない生活の獲得　断酒の3本柱，他

図4-8-4　断酒の3本柱

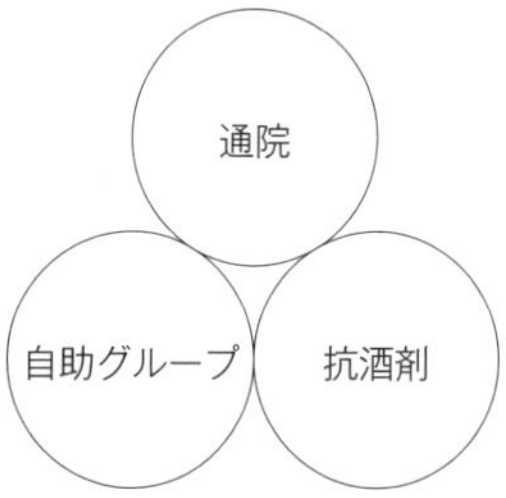

- 通院
- 自助グループ
- 抗酒剤

図4-8-5　伝統的なアルコール依存症治療（ARP）

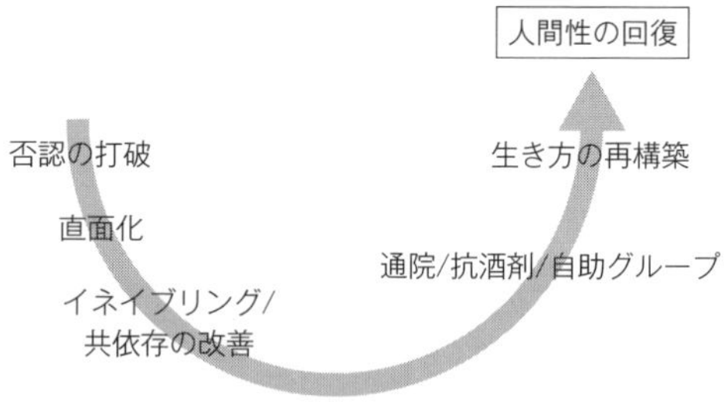

否認の打破 → 直面化 → イネイブリング/共依存の改善 → 通院/抗酒剤/自助グループ → 生き方の再構築 → 人間性の回復

業療法，生活技能訓練（SST：Social skills training）などで入院プログラムが構成されています。

　アルコール依存症の治療成果は，治癒ではなく，「回復」といわれます。「酒が抜ければただの人」という人もいますが，常に再飲酒の誘惑があり，再飲酒することですぐに元の状態に戻ってしまいます。しかし，再飲酒を繰り返すなかで，少しずつ自らの飲酒問題に向き合う人もあり，再飲酒は回復過程のひとつとされています。再飲酒を単なる繰り返しに終わらせないためには，再飲酒の誘惑や再飲酒の事実を隠さず，治療者や支援者と共有していくことが必要です。いずれにしても，入院でアルコール依存症が治るわけではなく，退院後の生活のあり方にかかっています。

　退院後は，通院，抗酒剤，自助グループという，断酒の3本柱を実践していくことがひとつの方法とされています（図4-8-4）。自助グループとは，当事者たちが集まり，それぞれの経験や力，希望を分かち合い，依存症の回復を助ける活動です。アルコール依存症者に対しては，AA（Alcoholics Anonymous：無名のアルコホリックスの会）や断酒会が中心的に活動しています。このような取り組みは，伝統的なアルコールリハビリテーション・プログラム（ARP：Alcoholism rehabilitation program）と呼ばれ，全体像は図4-8-5に示すとおりです。

　しかし，なかなか治療や自助グループにつながらない人や，アルコール関連問題で命を落とす人がいるのも現実です。近年は，断酒に至らず再飲酒するパターンから抜けられない人に対し，節酒から取り組む試みもみられています。

さて，アルコールに費やしていた時間やエネルギーは，アルコールがなくなることでどこへ向かうのでしょうか。何をしたいのかという投げかけは，まさにどう生きるのかを問われることになります。アルコールをやめられるか，やめられないかという枠組みから，アルコールにとらわれない生き方は何か，という視点が重要となります。大げさな目標ではなく，「(お酒臭いと) 嫌われていた孫に好かれたい」，「ピリピリと緊張感のある家庭を居心地のよい家にしたい」，「汗を流して爽快感を味わいたい」など，生活の動機づけがどこにあるのかを探すことが大切で，そこへ向けて何をどうしていくかが結果的にアルコール問題と向き合うことにつながります。

アルコール依存症は，誰かが困るアルコール関連問題が注目されますが，24時間問題が起こっているわけではありません。では，問題が起こってないときは何が起こっているのかといった視点から介入する解決志向型のソリューション・フォーカスト・アプローチ (SFA：Solution focused approach) や，本人の人生を本人の物語として理解するところからかかわるナラティブ・アプローチ (NA：Narrative approach)，本人の動機づけに注目した動機づけ面接など，多様な介入方法が模索されています。

家族や支援者のアルコール依存症の理解も重要な鍵を握ります。周囲が問題を一時的におさめるためにアルコールを買い与えたり，アルコールをやめようとしている本人につまみを出して誘発したり，問題の解決努力をすることが家族にとっての生きがいになっていることがあります。つまり，アルコール関連問題という「問題」を起こし続ける本人は家族にとって必要という考え方です。このような家族の関係を共依存関係といい，飲酒問題を通してお互いに依存し合っている関係とみることができます（図4-8-6）。このような

図4-8-6　依存症家族が陥りやすい共依存関係の例

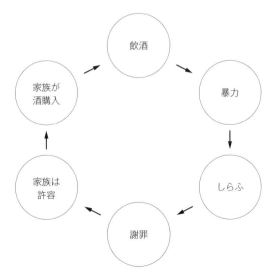

家族は「自分のために時間を使ってください」と言われると，何をしてよいかわからず，戸惑うことが多くあります。アルコール依存症を家族が支える構造から，本人自らがアルコール関連問題に向き合ってもらう構造へ変えていく必要があるといわれています。

他方，家族が本人を心配することも当然です。過度な干渉を避け，ほど良い距離感をもてる家族関係となるように家族への支援も必要となります。家族を孤立させないことが重要といえます。

アルコール依存の状態を支える人をイネイブラー，支える行為をイネイブリンクと呼びますが，医療関係者や生活支援者，後見人等もイネイブラーになってしまうことがあるので注意が必要です。

5 成年後見人等が行うべき適切な支援とは

Hさんをめぐる保佐人の対応について概観してみます。

成年後見人等は治療者ではありません。したがってアルコール依存症を治療の立場から論じ，本人に問題の直面化を図ることを中心にする役割ではないでしょう。しかし，保佐人としての身上配慮義務があるので，飲酒問題に無関心でいるわけにはいきません。基本的立ち位置は，Hさんの意思決定支援を前提とし，飲酒に対する本人の判断や行動は本人に委ねざるを得ないのではないでしょうか。アルコールの購入手続きや契約についての希望がある場合は，身上配慮義務の観点から積極的な履行は避けることが保佐人の立ち位置と考えます（表4-8-2）。病気になる権利の保障という考えもありますが，日本の後見制度ではまだそこまで議論が深まっておらず今後の課題といえます。

Hさんの場合，まず保佐人に求められることはHさんを理解することです。アルコール依存症となった背景を知る必要があります。どのような家族でどのような人生を送ってきたのかなど，客観的事実を情報収集し，Hさんにとっての人生の軌跡をHさんの文脈から理解することが必要です。その過程で飲酒がどのようにHさんとつながってきたのかに触れられると，さらにHさんの理解は深まります。判断能力低下の程度やコミュニケーションにおける特徴などは，すでにかかわりのある医療者や支援者から教えてもらうことも大切です。医療機関や支援機関がどのような治療方針，支援方針で考えているのか

表4-8-2 治療者と後見人等の立ち位置の違い

	飲酒への意識	直面化	飲酒購入
治療者等	断酒が原則。節酒からの取り組みもある	図ることが多い	周囲が購入することを禁止
後見人等	生命の危機など切迫したアルコール関連問題を伴う場合は断酒。消極的な容認もある	意思決定支援の視点でかかわる	購入契約は行わないのが原則。本人の判断・行動は尊重

も知る必要があります。アルコール依存症の理解や，アルコール関連障害把握の必要性はすでにみたとおりです。

そのうえで，Hさんの飲酒について，保佐人としての対応を考える必要があります。以下に2つの考え方を提示します。

1つ目は，「日用品の購入その他日常生活に関する行為」として，Hさんにすべてを委ね，保佐人はアルコールの購入，飲酒行動等にかかわらない消極的な考え方です。2つ目は，アルコール関連問題やイネイブリングを理解しつつ，医療による節酒の試みと同様，限定的な飲酒行動の支援として積極的にかかわる考え方です。すでにみたように精神科医療においても，節酒の取り組みが模索されています。わずかな飲酒で生命の危険にかかわる場合は別ですが，医療の判断としても節酒が選択肢となりうる場合は，愚行権の保障との関連で，飲酒をめぐる支出や購入手段について，保佐人が前向きに対処していくことも必要かもしれません。この場合は，アルコールの購入や手配をめぐり，Hさんとの合意形成と合意事項の遵守が必要でしょう。

避けねばならないのは，Hさんの飲酒欲求に対しアルコール依存症の理解もないまま，安易にアルコールの購入や手配に同意することです。保佐人として意思決定の尊重とアルコール関連問題の助長との狭間で悩ましいところです。

6 まとめ

保佐人の行動は，Hさん，医療機関，支援機関等の取り組みとも関係します。関係機関の取り組みに反し，保佐人が安易に飲酒機会を保障し，飲酒の結果として緊急時だけ医療にすがるようなことが起こると，まさにイネイブラーとして保佐人は孤立することになりかねません。Hさんとの関係を第一にしながらも，関係機関や家族と支援の理解を共有する姿勢が求められます。

事例

難病の人の親亡き後に向けた任意後見の利用や相続手続き
―的確な契約・履行の見極め，法律の専門家との連携

> **Jさん**
> 年齢・性別：34歳・女性
> 疾患・症状名：難病
> 類型：後見
> キーワード：親亡き後，任意後見契約の解除

1 はじめに

　成年後見制度は一般に認知症高齢者や知的障害者・精神障害者に対する制度であると思われがちですが，意思の表出が困難な難病や身体障害のある人，またいわゆる「植物状態」の人も利用されています。本事例のJさんには「筋強直性ジストロフィー」という，徐々に進行する疾患があります。Jさんの母親は養護者である自身の高齢化や死後を心配していました。

　このような場合，任意後見制度を利用するケースも近年増加しています。任意後見制度自体は自身の意思を反映することができる有用な制度ですが，一方で本事例のような問題点があることも指摘されています。

2 事例概要

　Jさんは市内で出生して，同胞はいません。Jさんが中学生のときに父親が亡くなり，高校卒業後は工場に就職し，主に梱包の仕事をしながら生計を立てていました。20歳代前半ごろ，工場内の階段を上りにくい，ゆるやかな坂を上がるのがしんどい，小走りでも息切れを起こす，などの身体的な異変を感じるようになります。30歳ごろに大学病院を受診したところ「筋強直性ジストロフィー」の診断を受け，医師から10年後には車いす生活になる可能性が高いと言われました。仕事はやめることになり，大学病院のソーシャルワーカーの紹介もあり，就労継続A型事業所の利用を開始します。事業所では，車の部品の組み立て，検品，梱包などの作業を行っていました。

　そのころ，同居していた母親が，知人に紹介されたA法人との間で「任意代理（財産管理）契約」と「任意後見契約」を結びました（移行型）。さらに，「死後事務委任契約」も

A法人と結んだのです。親なき後のJさんのことを心配した母親の強い勧めもあって、JさんもA法人と「任意後見契約」（将来型）を結びました。

35歳になったJさんはまだ独歩は可能でしたが、両脚力は徐々に低下してきており、階段の昇降時は、床に手をつく、壁を支えにする等しなければ困難になってきました。将来的には家屋の改修、もしくは転居を検討することが必要と考えていました。その後、母親が脳梗塞で倒れ要介護状態になり、特別養護老人ホームに入所しました。判断能力の低下がみられた母親に対して、任意後見受任者であるA法人は、家庭裁判所に任意後見監督人の選任申立てを行いませんでした。数年後には、任意後見契約が発動することなく母親が亡くなったのです。

A法人が、死後事務委任契約に基づき、葬儀・火葬・埋葬を行い、Jさんへの相続手続きも行いました。Jさんは、相続財産が数千万円あったことを初めて知りましたが、死後事務委任契約の報酬はかなり高額だと感じました。さらに、Jさんが、母親の任意代理（財産管理）をしていたときの管理内容や料金などをA法人に尋ねましたが、Jさんへの説明義務はないとして詳しく教えてもらえませんでした。それどころか、A法人はJさんにも「任意代理（財産管理）契約」の締結と「遺言書」の作成を勧めてきました。説明を聞くと、任意代理契約は料金体系に不明な点が多く、遺言書では法人を相続人に指定する内容を提示されたのです。母親に任意後見契約を発動しなかった経緯もあり、JさんのA法人に対する不信感は決定的となりました。

Jさんは、担当の相談支援専門員に相談し、A法人と任意代理（財産管理）契約をしなくても判断能力の程度によっては日常生活自立支援事業などの制度があることを知りました。また地域の精神保健福祉士で、任意後見を受任しているB精神保健福祉士を紹介されたのです。B精神保健福祉士は、社会福祉士の資格ももって独立型福祉事務所を開設しており、任意後見を対象とした賠償責任保険にも加入しているという説明を聞きました。そして、Jさんは相談支援専門員と一緒に消費生活センターの主催する法律相談会に行きます。そこで知り合ったC弁護士と個別相談を行い、「A法人との任意後見契約の解除」と「B精神保健福祉士との任意後見契約の締結」「C弁護士を遺言執行者とする遺言書の作成」に関する委任契約を結ぶことにしました。

そのころのJさんは、独歩は困難となっており車いす生活となっていたものの、判断能力には問題がなかったので任意代理（財産管理）契約は必要ありませんでした。委任を受けたC弁護士はA法人との任意後見契約を解除する旨の通知書を作成し、Jさんと公証役場に行き公証人よる認証を受けました。その後、認証を受けた通知書を、内容証明郵便でA法人に送付して、A法人との任意後見契約の終了の登記を行いました。同時に、公証役場で、B精神保健福祉士を任意後見受任者とする新たな任意後見契約（将来型）を公正証書で作成して契約を締結しました。さらには、C弁護士を遺言執行者に指定する公正証書遺言を作成したのです。

任意後見受任者となったB精神保健福祉士は，任意後見契約に基づき3か月に1回のJさんとの面談を行うとともに相談支援専門員ら関係者と連携を図りながら，見守りを行うこととしました。Jさんが40歳ごろには車いすで座っていることもできなくなり，日常生活全般に介護が必要な状態になりました。こうして在宅での生活は困難になり入院して療養生活を送ることとなりました。

　やがて，判断能力に低下もみられるようになり，B精神保健福祉士はJさんの意向も確認したうえで，家庭裁判所に対して任意後見監督人の選任申立てを行いました。D司法書士が任意後見監督人に選任され，B精神保健福祉士は任意後見人としての職務を開始することとなったのです。

　B精神保健福祉は入院療養中のJさんから財産の引継ぎを受けて，代理権に基づいて金銭管理を開始しました。就任時の事務報告書や財産目録，収支予定などをD司法書士に提出して点検をしてもらったうえで，家庭裁判所に提出してもらいました。

　Jさんは呼吸機能が低下し始めたため，マスク型の人工呼吸器や排痰補助装置の力を借りるようになりました。嚥下機能も低下してきて自力での栄養摂取が困難となったため，経鼻胃管での栄養摂取を続けました。B精神保健福祉士は，健康保険限度額認定証や特定医療費（指定難病）受給者証の申請や更新手続きを行い医療費の減免を行いました。

　やがて，Jさんは呼吸不全のため亡くなりました。訃報を受けたB精神保健福祉士は，任意後見監督人のD司法書士と遺言執行者であるC弁護士に連絡，C弁護士は公正証書遺言に基づき，葬儀・火葬を行い，両親の眠る市内の墓にJさんの遺骨を安置したのです。

　B精神保健福祉士はD司法書士に対して，任意後見事務終了の報告と終了時の財産目録を提出して点検を受け，D司法書士の立会いで，C弁護士にJさんの相続財産を引き継ぎました。C弁護士は，入院費や葬儀費用や火葬埋葬料の支払い，任意後見人と任意後見監督人の報酬の支払い，遺言執行者の報酬を受領しました。また，C弁護士は，残った財産をJさんの遺志に従って，筋ジストロフィー患者を支援する公益法人に全額寄付しました。

3 任意後見制度について

　任意後見制度は，2000（平成12）年に禁治産者制度から成年後見制度へ民法が改正された際，「自らの後見のあり方を自らの意思で決定する」という，「自己決定の尊重の理念」に則して「任意後見契約に関する法律」により創設されました。法定後見制度との関係でも，自己決定の尊重の理念にかなった制度であるとして，任意後見制度優先の原則のもとに制度設計がなされたのです。実際に，任意後見契約が締結されているときに法定後見の開始申立てをしても，原則として法定後見を開始することはできません。

　「任意後見」とは，十分な判断能力がある人が，将来判断能力が不十分になった場合に備えてあらかじめ任意後見契約を結んでおき，判断能力が不十分になったときに，その契

図4-9-1　任意後見

約に基づいて任意後見人が本人を支援する制度です（図4-9-1）。任意後見契約は公正証書で締結しなければなりません。本人の意思を確認し，また，契約の内容が法律に従ったものにならないといけないため，公証人が作成する公正証書によるものでなければならないと定められています。

なお，任意後見契約は，家庭裁判所が任意後見監督人を選任したときから，その法的効力が生じます。家庭裁判所は，任意後見契約が登記されている場合において，精神上の障害（認知症，知的障害，精神障害など）によって，本人の判断能力が不十分な状況にあるときは任意後見監督人を選任することができます。任意後見監督人の選任により，任意後見契約の効力が生じ，契約で定められた任意後見人が，任意後見監督人の監督の下に，契約で定められた特定の法律行為を本人に代わって行うことができるのです。本人以外の人の請求により任意後見監督人選任の審判をするには，本人が意思表示できない場合を除き，本人の同意を得る必要があります。審判の申立人になれるのは，①本人（任意後見契約の本人），②配偶者，③4親等内の親族，④任意後見受任者となっています。任意後見監督人は，本人の親族等ではなく，第三者（弁護士，司法書士，社会福祉士，精神保健福祉士等の専門職や法律，福祉にかかわる法人など）が選ばれることが通例です。任意後見受任者本人や，その近い親族（任意後見受任者の配偶者，直系血族および兄弟姉妹）は任意後見監督人にはなれません。また，本人に対して訴訟をし，またはした者，破産者で復権していない者等も同様です。

任意後見契約の契約類型としては，次の3類型があります（図4-9-2, 3）。

①移行型：契約時に本人の判断能力に問題はありません。判断能力に問題ない間は，事務委任契約による任意代理として，主に財産管理などの事務を行います。やがて本人の判断能力が衰えた際に，任意後見監督人選任の申立てをして任意後見人となるものです。

②将来型：契約時に本人の判断能力に問題はありません。将来，本人の判断能力が低下したときに任意後見監督人選任申立てをして任意後見人となるものです。任意後見契約の本来の形ともいえます。

図 4-9-2　任意後見 3 類型と判断能力

図 4-9-3　任意後見 3 類型の違い

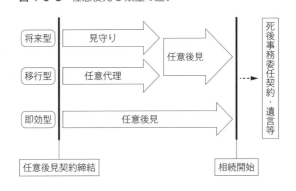

③即効型：判断能力の低下がみられる本人が，まだ意思能力は十分にあるうちに，任意後見契約の締結と同時に，家庭裁判所への任意後見監督人の選任の申立てを行います。

それぞれの類型での注意点は以下のとおりです。

①移行型の場合：本人の判断能力が低下してもなお，任意代理のまま事務を行っていると，チェック機能が働かなくなるおそれがあります。実際に，公正証書でなくても契約できる任意代理（財産管理）契約の曖昧さや，任意後見契約に移行する時期や判断の曖昧さが指摘されています。本人の判断能力の低下がみられたら速やかに任意後見監督人選任申立てをしなくてはいけません。

②将来型の場合：本人の判断能力の低下に留意する必要があります。定期的な見守りを行うなどの工夫や，本人が介護サービスや障害福祉サービス，医療サービスなどを利用している場合は関係者との連携も大切です。

③即効型の場合：すでに判断能力の衰えがみられていますので，契約能力が十分か慎重に判断したうえで契約を結ぶ必要があります。本人の判断能力の衰えが著しい場合は，法定後見の活用も考えるべきでしょう。

4 まとめ

　前述したように,「任意後見」とは,十分な判断能力がある人が,将来判断能力が不十分になった場合に備えてあらかじめ任意後見契約を結んでおき,判断能力が不十分になったときに,その契約に基づいて任意後見人が本人を支援する制度です。

　しかし,適切に任意後見監督人を選任しないと任意後見契約が発動されず,実質的な効果はありません。本事例では任意後見受任者であるA法人は,母の死亡後も家庭裁判所に,Jさんに対する任意後見監督人の選任申立てを行いませんでした。そのため不明瞭な支出等へのチェックが行われにくく,A法人に対するJさんの不信感が生まれました。

　専門職が任意後見制度の利用を考えている人からの相談を受ける場合,任意後見制度の長所と短所を理解したうえで利用を勧める必要がありますし,さらに法定後見活用の必要性を見極めたり,継続的な見守り体制を整備することが求められます。

事例

10 有料老人ホーム入所のための認知症の人の財産処分
——多職種（福祉職と法律の専門家）による複数後見

Kさん

年齢・性別：65歳・男性
疾患・症状名：認知症
類型：後見
キーワード：財産管理

1 はじめに

　成年後見制度では複数の成年後見人等を選任することが可能です。近年では弁護士や司法書士等の法律職と，社会福祉士や精神保健福祉士等の福祉職とが選任される場合が多くなっています。理由は財産管理のみならず身上保護が重要なケースが多くなっているためですが，その場合専門職間でそれぞれの専門性を活かしつつ役割を担うことが必要になります。

　本事例では，福祉職と法律の専門家が協働しながらKさんの隠れた財産を見つけ出し，その財産を適切に使用することでKさんの意思や希望を叶える支援を行いました。

2 事例概要

　Kさんは市内の高級住宅街の一戸建てで単身生活をしていましたが，自宅の庭で意識不明の状態で倒れているところを近所の住民に発見され，救急病院に緊急搬送されました。脳出血が認められ，緊急手術が行われました。「意識障害が遷延し，発語もなく意思疎通は困難。日常活動は全介助で，今後も改善の見込みはほとんどない」との医師の所見でした。

　手術後の経過は良好でしたが在宅復帰は困難との判断で，一般病院への転院が検討されました。しかし，Kさんの親族関係や財産管理状況はわからず，話を進められませんでした。歯ブラシや歯磨き粉，シャンプーなど日用品も病院のスタッフが好意で持ってきたものを使っていたのです。そこで，救急病院のソーシャルワーカーが，「Kさんには成年後見人の選任が必要」と考え，地域包括支援センターに対応を相談し，地域包括支援センターが市長申立ても視野に2親等内の親族調査に着手しました。

　その結果，Kさんの父親は15年前に他界しており，母親は昨年亡くなっていることが

わかりました。また，この夫婦の実子はKさんのみで，Kさんは婚姻歴もなく子もいませんでした。親族調査をさらに進めたところ，Kさんの母親は父親とは再婚で，前夫との間に子どもが一人おり，市外に居住していることがわかりました。異父兄のAさんに連絡を取ったところ，「Kさんのことは心配だが，自分も高齢であり，後見人になることや申立てをすることはできない」という回答でした。Aさん以外に存命する2親等内の親族はおらず，市長が家庭裁判所に成年後見人の選任申立てを行いました。

家庭裁判所は，財産管理はB弁護士，身上監護はC精神保健福祉士に事務分掌して選任し，Kさんの成年後見人を複数後見の体制としました。B弁護士とC精神保健福祉士で救急病院を訪問しKさんと面会をしましたが，あいにく意思疎通ははかれず本人の意向は確認できませんでした。

ソーシャルワーカーおよび事務長を交えて，今後の方針について話し合いを行ったところ，病院は救急病院であり，入院から1年経過している患者は例がなく入院費の滞納は100万円近くになっているといわれました。Kさんの財産調査後に，支払方法について再度協議し，転院についても話を進めていくことでこの場は了解を得ました。

その後，もう一度B弁護士とC精神保健福祉士はKさんのところへ面会に行きましたが，このときも呼びかけへの反応がなく意思を確認することはできませんでした。しかし，B弁護士より「後見人には，本人の財産全般に対して管理する責任や義務，権限が生じるので早急に財産調査を行わなければならない。自宅不動産も適切に管理していく必要もあり，現状を確認する必要がある」として，C精神保健福祉士に自宅への同行を求めました。そこで，地域包括支援センター職員にも同行を求めて，B弁護士とC精神保健福祉士とで自宅内にたちいったところ，タンスの引き出しの中から，通帳が見つかりました。また，郵便物のなかに日本年金機構からの年金請求手続きの案内はがきが見つかりました。なお，Kさんが倒れたときに，水道が開いたままだったようで，自宅内は水浸しになっていた様子がうかがえました。家財道具のほとんどは使用できる状況になく，床も汚れたままでした。さらに自宅内には，仏壇があり昨年亡くなった母親と思われる遺骨が入った骨箱が安置されていました。

B弁護士が把握した金融機関に後見人の届出を行い照会したところ，合計で200万円ほどの預金がありました。また，年金事務所に照会すると，入院中に65歳に達したため老齢年金の受給権が発生していました。Kさんは，60歳まで一般企業に勤務して老齢基礎・厚生年金にも加入しており，合計で月額17万円の年金受給を受け取ることとなりました。また，法務局で自宅の土地と建物の不動産登記簿謄本を取得したところ，Kさんの名義であり担保なども設定されていないことが確認できました。財産調査を終えたB弁護士はC精神保健福祉士と打ち合わせを行い，いったん，一般病院に転院して，その後介護保険施設への入所を検討する方針を確認し収支計画を立てました。

B弁護士は，家庭裁判所に就任時の事務報告書と，財産目録，収支予定を提出するとと

もに，滞納していた入院費の一括清算について上申書を提出し，就任時の報告書の点検終了の連絡とともに，滞納していた入院費の支払い許可の連絡を受けると医療費を清算しました。また，自宅の管理も開始し，Ｋさんの在宅復帰の可能性が極めて低かったため，ガス・水道・電気・NHK受信料等の解約を行いました。

　安定した年金収入が確認できたこともあり，Ｆさんは一般病院に転院しました。異父兄のＡさんとともに転院に同行したＣ精神保健福祉士は，医師やソーシャルワーカー同席のカンファレンスに出席しました。後見人は，医療行為の同意ができず，連帯保証人にもなれないため，それらの書類にはＡさんに署名してもらいました。「発語もなく意思疎通は困難だが，意識障害は徐々に回復している。病状は安定しており，介護のニーズが高いと思われるため，いずれは介護保険施設への入所」の方針を確認しました。

　その後，Ｃ精神保健福祉士は，介護保険の申請と身体障害者手帳の交付申請を身上監護事務の一環として行いました。結果，介護認定は要介護4，身体障害手帳も肢体不自由で1種1級となりました。Ｃ精神保健福祉士は，重度心身障害者医療費助成制度の申請も行い，医療費の自己負担分の助成を受けることができました。

　Ｃ精神保健福祉士は身上監護のため毎月訪問することにしました。面会時には，ベッドに横臥しているＫさんに声かけを行うと，Ｋさんからの発語はありませんが，視線は合うことがわかりました。看護師によると，「身体状況が安定し，調子のよいときは簡単な意思疎通は可能」とのことでした。Ｃ精神保健福祉士は面会時の様子を記録に残して，Ｂ弁護士とＡさんに報告するようにしました。

　その後，入院先の医療法人が運営する有料老人ホームへ入所することとなり，再度，Ａさんの協力も得て，Ｃ精神保健福祉士が入所契約を行いました。そのころにはＫさんは，簡単な質問にはうなずくことで意思表示ができるようになっていました。その際，Ａさんより「母親の遺骨を納骨してほしい。お参りにも行きたい」と相談されました。そこでＣ精神保健福祉士が，Ｋさんの父親が納骨されている納骨堂の管理者に連絡を取ったところ，納骨堂の権利者はＫさんで，数年間，管理料が支払われていなかったことがわかりました。またＣ精神保健福祉士がＫさんに面会に行き母親の納骨をしたいか尋ねたところ軽くうなずいたので，Ｂ弁護士が納骨堂に滞納していた管理料を支払い，Ｃ精神保健福祉士は，Ａさんに同行してもらい，母親の遺骨を納骨堂におさめました。

　さらに，Ｂ弁護士よりＣ精神保健福祉士に，「有料老人ホームに入居したこともあり，Ｋさんの預貯金が少なくなってきている。母親の納骨を終えたこともあり，自宅を売却しようと思う」と相談がありました。Ｃ精神保健福祉士は，まずＫさんに面会に行き，母親の納骨を終えたこと，自宅を売却しようと考えていることを伝えると，Ｋさんは，安心したような表情で軽くうなずきました。念のため翌月の面会の際にも，もう一度自宅の売却について話してみると，同じようにＫさんは穏やかな表情でうなずいたので，Ｃ精神保健福祉士は，Ｋさんの意思を確認できたと思いました。

その後，C精神保健福祉士はKさんが自宅に戻って生活できる状態ではないこと，手厚い介護を受けている現在の有料老人ホームで継続療養したほうがいいこと，そしてKさん自身も自宅を売ることに同意していることをB弁護士に伝え，自宅の売却について賛成の意見を述べました。

早速，B弁護士は不動産会社に自宅の売却について相談をしたところ，不動産会社が自宅内の動産も含めて買い取る意向があることがわかりました。B弁護士は，査定書や売買契約書などを添付して，家庭裁判所に居住用不動産処分許可の申立てを行い，許可する旨の審判書を受け取ったB弁護士は，不動産会社に自宅を売却しました。

数年後，Kさんが肺炎のため亡くなりましたが，Aさんが葬儀・火葬・埋葬（納骨）を行ったため，後見人は死後事務には関与しませんでした。戸籍調査の結果，Aさんが唯一の法定相続人という確認ができたため，Kさんの相続財産をAさんに引継ぎました。その後，家庭裁判所へ後見事務終了報告書，相続財産引継報告書，東京法務局への閉鎖登記申請などの事務を行い，後見人としての業務を終了しました。

3 市町村長申立てについて

2000（平成12）年に成年後見制度が施行されたときに，身寄りがなく判断能力の不十分な人びとであっても制度を利用できるよう市町村長に申立権が付与されました。同時に，老人福祉法，精神保健福祉法，知的障害者福祉法が改正されて，「本人の福祉を図るため特に必要があると認めるとき」は市町村長が後見等の開始の審判の請求をできることとなりました。さらに，2006（平成18）年の「高齢者虐待の防止，高齢者の養護者に対する支援等に関する法律」（高齢者虐待防止法）や2012（平成24）年の「障害者虐待の防止，障害者の養護者に対する支援等に関する法律」（障害者虐待防止法）の施行もあり，被虐待者のなかでも特に認知症高齢者や知的障害者，精神障害者の保護の必要が高まったこともあり市町村長申立てが活発に活用されています。

民法で4親等内の親族に申立権が認められていることもあり，以前は，市村長申立てを行う際に4親等内の親族調査が必要でした。しかし，2005（平成17）年に市町村長申立て手続の見直しが行われ，親族の有無の確認は2親等以内でよいと要件が緩和されました（平成17年7月29日 厚生労働省社会・援護局障害保健福祉部障害福祉課長・社会・援護局障害保健福祉部精神保健福祉課長・老健局計画課長連名通知「民法の一部を改正する法律の施行に伴う関係法律の整備等に関する法律による老人福祉法，精神保健および精神障害者福祉に関する法律及び知的障害者福祉法の一部改正について」の一部改正）（図4-10-1，2）。その結果，役所の事務負担の軽減が図られたことも，市町村長申立ての増加の一因です（図4-10-3）。

図 4-10-1　市町村における成年後見開始の申立事務の流れ例示（精神障害者・知的障害者）

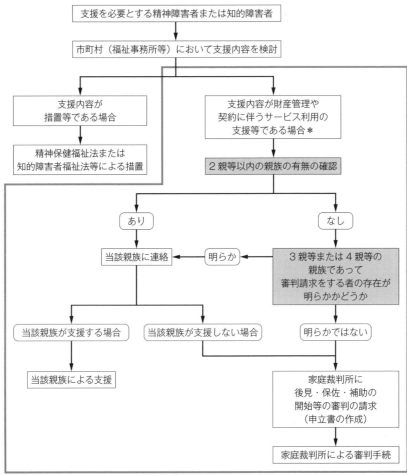

＊日常生活自立支援事業の活用も考えられる。

「民法の一部を改正する法律の施行に伴う関係法律の整備等に関する法律による老人福祉法、精神保健及び精神障害者福祉に関する法律及び知的障害者福祉法の一部改正について」（平成12年3月30日障障第11号・障精第21号・老計第13号）

図 4-10-2 市町村長申立ての例

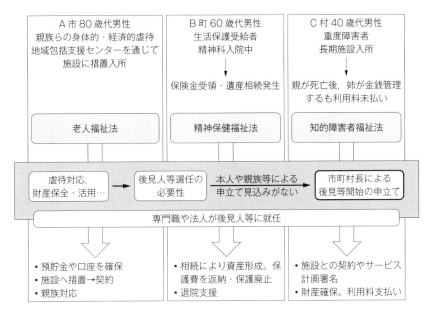

図 4-10-3 市区町村長申立数の推移（2011〜2016年）

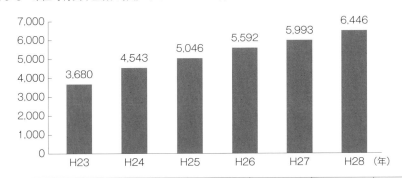

	平成23年	平成24年	平成25年	平成26年	平成27年	平成28年
市区町村長申立件数	3,680	4,543	5,046	5,592	5,993	6,446
総数に占める割合	11.7%	13.2%	14.7%	16.4%	17.3%	18.8%
総数	31,560	34,342	34,215	34,174	34,623	34,429

市区町村長が申立てた事件数は増加傾向にあり，平成28年は全体の約18.8%となっている。
（注）後見開始，保佐開始，補助開始および任意後見監督人選任事件の終局事件を対象としている。
（出典：内閣府：成年後見制度の現状，2017）

■市町村長申立参考法令

> 市町村長は，65歳以上の者につき，その福祉を図るため特に必要があると認めるときは，民法7条など（略）に規定する審判の請求をすることができる。
>
> （老人福祉法　第32条）
>
> 市町村長は，知的障害者につき，その福祉を図るため特に必要があると認めるときは，民法第7条など（略）に規定する審判の請求をすることができる。
>
> （知的障害者福祉法　第28条）
>
> 市町村長は，精神障害者につき，その福祉を図るため特に必要があると認めるときは，民法第7条など（略）に規定する審判の請求をすることができる。
>
> （精神保健福祉法（審判の請求）　第51条の11の2）
>
> 精神上の障害により事理を弁識する能力を欠く常況にある者については，家庭裁判所は，本人，配偶者，4親等内の親族，未成年後見人，未成年後見監督人，保佐人，保佐監督人，補助人，補助監督人又は検察官の請求により，後見開始の審判をすることができる。
>
> （民法（後見開始の審判）　第7条）
>
> ※「民法7条など」とは「民法第7条，第11条，第13条第2項，第15条第1項，第17条第1項，第876条の4第1項又は第876条の9第1項」のことである。

4　複数後見について

　複数後見（保佐・補助）の仕組みは，2000（平成12）年に成年後見制度が始まった際に導入されました（図4-10-4）。複数後見人は大きく分けて次の2つの類型があります。

①権限分掌（事務分掌）型：財産管理と身上監護を各分野の専門家が分担したり，家族と特定分野の専門家が協働したりして，チームを組んで事務を行います。身上監護と財産管理のそれぞれに課題があるケースばかりでなく，紛争性がある案件や虐待案件などいわゆる「困難ケース」の対応に効果的です。

②共同行使型：入所施設での日常的な財産管理などを担当する成年後見人と，遠方にある利用者の不動産などの財産管理を担当する成年後見人を，別個に選任する必要がある場合などに効果的です。複数の者が財産管理にかかわることができるため，内部監査機能が働き不正防止になるともいえます。

　いずれの場合も，複数の後見人の体制は，本人の利益のためでなければならないことはいうまでもありません。弁護士，司法書士，社会福祉士や家庭裁判所からの，「精神障害のある人への支援は専門家である精神保健福祉士が担ってほしい」という要望は後見制度が始まった当初からあります。成年被後見人等に精神障害がある場合，財産管理を法律職，身上監護を精神保健福祉士という複数後見での選任要請が増えてきています。

図 4-10-4　後見人の専門性と複数後見のイメージ

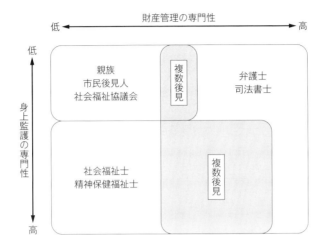

5　居住用不動産の処分について

居住環境の変化は，本人の心身の状況に大きな影響を与えますので，本人の身上への配慮が必要です。そのために，民法（859条の3）は，成年後見人が本人の居住用不動産を売却するに際しては，家庭裁判所の許可を要することとしています。

具体的に「居住用不動産」がどういう不動産に該当するかは次のとおりです。
①現在居住している建物とその敷地
②将来居住する予定，又は可能性がある建物とその敷地
③現在は施設・病院で生活しているものの，入所・入院前に居住していた建物とその敷地

居住用不動産の処分は，売却のみならず，抵当権・根抵当権設定，賃貸借契約の解除なども含まれます。アパートや公営住宅からの退去も対象となりますが，施設等からの退所については対象とならないというのが一般的な考え方です。当然，保佐人や補助人については，不動産処分の代理権が付与されている場合に限ります。

自宅は，本人自身が生活をしていた思い入れの深いものですから，本人自身の理解や同意を得ることが望ましいことはいうまでもありません。

6　まとめ

法律職と福祉職が複数で後見業務を行う場合のメリットは，本事例のような財産の管理や処分と身上保護を同時並行的に行わなくてはならないケースに強く現れます。

本事例のように入院費の滞納ケースであっても，よく調べてみると年金受給権や他の財

産が見つかることがあります。時には生活保護からご自身の財産等による生活へ移行がスムーズにできるケースもみられます。

　現役時代はきちんと厚生年金に加入し，さらに老後の財産を十分に準備していた人が，必要なときに支給の請求や財産処分すらできなくなってしまうのでは意味がありません。自身の財産を，自身のために使うという正当な権利を支援することも成年後見人の役割といえるでしょう。

事例

11 身寄りのない認知症の人の サービス利用支援
―成年後見制度利用支援事業の活用, 市町村長申立による後見人選任

> **Lさん**
> 年齢・性別：83歳・女性
> 疾患・症状名：認知症
> 類型：後見
> キーワード：サービス利用

1 はじめに

　成年後見制度を利用するためには，申立ての手続きを行う人を決めたり，手続き費用や戸籍謄本などの必要書類を揃えるなどいろいろな事柄を進めなくてはなりません。判断能力が衰え，福祉サービスが利用できない状況にある人こそ，成年後見制度は必要であるのに，この申立て手続きがハードルになって利用できないのでは本末転倒です。

　ここでは，単身の認知症高齢者の事例に沿って，地域の人や支援者のかかわり，市町村長申立てや成年後見制度利用支援事業の活用とその後について，説明します。

2 事例概要

　Lさんは，町内でも立派な屋敷に一人で住んでいる高齢の女性です。

　父親が地主で，兄や妹がいるにぎやかな家庭でしたが，父親が亡くなり，母親と2人暮らしとなってからは，独立し家庭をもった兄弟たちと意見が合わず，遠ざけるようになり，10年前に母親が老衰で亡くなった後は一人で暮らしていました。

　Lさんは，若いころから猫や鳥などの小動物が好きで，庭で餌付けをしていました。そんな動物好きなLさんを知る昔からの住人は減り，新しく住人となった近所の人と話すことはありませんでした。今のLさんの楽しみは，餌を目当てにやってくる猫たちと過ごす時間です。猫も，Lさんに懐いて10匹前後が行き来しています。昔は，手入れの行き届いていたLさんの家は，だんだん荒れていきました。

　隣近所の住人からは，Lさん宅を訪れる猫やカラスが騒がしく，糞尿がひどいという苦情が増えていました。近所の住人が，Lさんに注意をすると口げんかになってしまったそうです。

3 地域で見守る人たち

近所の住人の話を聞いた民生委員の女性がLさんを訪問すると，昔は立派な調度品が置かれていた玄関に，生ゴミや壊れた家電製品などが積み重なっていました。

Lさんは，昔なじみで気心の知れた，この民生委員と世間話をするのが好きでした。会話の内容は「最近，若い男性が訪ねてきていろいろ面倒をみてくれる。先週，預金通帳が消えてしまい，代わりにみたことのない品物が置いてある」「近所の誰かが家に入って家財を盗んでいる，家の中に監視カメラを仕掛けている」というものでした。

Lさんの話を聞いて，民生委員はとても心配になりました。民生委員は，市役所の高齢者支援担当のところに相談に行きました。Lさんの地域を担当している市職員のもとには，地域包括支援センターからも近隣の住人の苦情が入っているという情報が届いていました。

市の担当者は，民生委員，地域包括支援センター職員と相談し，Lさんを訪問しました。初めは警戒していたLさんも，民生委員の声かけもあり，少しずつ打ち解けていくようになりました（図4-11-1）。

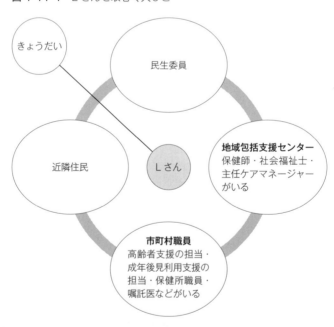

図4-11-1　Lさんを取巻く人びと

4 異変

地域の支援者が訪問し始めて2週間くらい過ぎたころ，Lさんは持病の腰痛が悪化して寝込みました。

毎日Lさんは、買い物カートを引いて近くのスーパーに弁当を買いに行きます。ちょうどLさんの通り道には地域包括支援センターがあり、センター職員たちは、なるべくLさんに声をかけて安否確認をしていました。

「この数日、歩いているLさんの姿をみていない！」と、地域包括支援センターの職員たちが気づき、急ぎ訪問すると、Lさんは布団に寝たまま、かろうじて水を飲んでいました。地域包括支援センターの保健師が体の様子を確認し、社会福祉士は介護保険の利用をあらためて勧めました。Lさんには、これまでも介護保険サービスの話を勧めていましたが、「家事は自分でできるので、お金がかかることは嫌だ」「他人に家のものを触られるのは困る」と断られていました。

市の担当者は、Lさんに了解を得たうえで、市の嘱託医とともに訪問をし、Lさんの診察をしてもらいました。医師の診察の結果、Lさんは、腰痛が動けない直接の原因ではありますが、痩せて衰弱が著しく、日付や記憶のくい違いが目立ち中等度の認知症の疑いがあるとのことでした。

5 ケア会議の実施

Lさんへの支援をどのように進めいくか、すぐさま市の高齢者支援担当、市の成年後見制度利用支援の担当、地域包括支援センターの職員、民生委員らでケア会議が開かれました。そこで次のことを進めていくことになりました。

①入院または市の緊急一時入所事業[1]の利用：今のLさんは、体力的に在宅生活が難しく、銀行でお金の出し入れもできないため食品を買うこともできません。まず、Lさんの健康回復を目標に、入院・一時入所の提案をすることにしました。

②成年後見制度の利用：嘱託医からは中等度の認知症といわれており、Lさんの判断能力は日によって変化のある状態です。介護保険などのサービス利用に消極的なLさんですが、その理由のひとつは「お金がかかる」ことでした。

実際には、Lさん自身も一体どれくらいの資産を持っているのかわかっていませんでした。Lさんの生活を支えるために、成年後見制度の利用を進めていくことになりました。

6 緊急一時入所

ケア会議から3日ほどして、Lさんを訪ねた民生委員から、市の担当者に電話が入りました。電話の内容は、最近は「手伝いの男性も来ず、誰も助けてくれない」とLさんが

---

[1] 緊急一時入所事業とは、在宅で生活する高齢者が、介護者の急病等により生活することが難しい場合や、介護保険でのサービス利用が難しい場合に、一定期間に限り介護施設にて一時入所する事業です。事業の実施や対象者、負担額などは、市町村ごとに異なります。

怒っているという内容でしたが，その会話の端々に緊急一時入所の提案を受け入れ始めているというものでした。

　すぐに，市の担当者と地域包括支援センターの職員がＬさんを訪問し，一時入所できる施設に行くことを勧めました。「お金の負担やこれからのことは，一緒に考えていきます。まずは，Ｌさんが元気にならなくては！」と市の担当者が説得しました。続いて，地域包括支援センターの職員は「Ｌさんが留守の間，この家や猫の様子は私たちもみています」と説明しました。

　一人で長年暮らしてきたＬさんにとって「自分のことは自分でやる，自分がこの家を守る」という気持ちが日々の支えでした。しかし，今回のように体が自由に動かない時間が続くと，言いようのない不安感が大きくなり「生きていても仕方がない」という悲壮感にさいなまれていました。

　Ｌさんは涙ぐみながら，一時入所先の施設へ行くことに同意しました。

　入所先では，Ｌさんは職員や他の入居者に緊張しながらも，久しぶりの入浴や気持ちのよい衣服により生気を取り戻していきました。

7 「成年後見制度の利用について」Ｌさんとの話し合い

　一時入所のためにＬさんと市の担当者や地域包括支援センターの職員が一緒に荷物をまとめていたとき，冷蔵庫の中や仏壇の奥から銀行通帳が見つかりました。銀行通帳は２か月前の記帳が最後で，印鑑とキャッシュカードは見当たりません。健康保険証や介護保険証も見当たらず，税金の督促状の郵便物が束になっていました。

　一時入所後，落ち着きを取り戻したＬさんのところに，市の担当者や地域包括支援センター職員が訪問しました。入所した施設では一人部屋を用意してもらえました。同世代の女性が多く入所しており，話し相手もできました。

　市の担当者は，Ｌさんに成年後見制度の利用を提案しました。Ｌさんは，テレビや新聞で成年後見人という人がいることは知っていましたが，それは「呆けてしまった人が利用するもの，大金のかかるもの」と理解していました。自分がそれを利用するというのは不愉快であると怒ってしまいました。

　日を改めて，市の成年後見制度利用支援の担当者がＬさんを訪問しました。そこで，成年後見制度について，より詳しい説明をしました。これまで利用している人がどんな人たちで，どんな生活をしているか，どんな人が後見人になり，何をしてくれるのか，いくらお金を払うのかなど実例を含めた話をしました。

　ちょうど，Ｌさんの話し相手になっている女性には，精神保健福祉士の後見人が面会にきていました。和やかそうに話している様子から，Ｌさんのなかの後見人のイメージが変わってきました。施設の職員からは，ほかにも数名の人が成年後見制度を利用していると

教えてくれました。

8 成年後見制度の申立て

一時入所で仲良くなった人も後見人がついていることを知ってから、成年後見制度へのLさんの認識が少し変化したようにみえました。そして、「あなたたちがそんなに言うなら…」と消極的ではありますが、制度の利用について了解してくれたのです。市の成年後見制度利用支援担当は、Lさんの成年後見制度利用について準備を始めました。

Lさんが成年後見制度を利用するには、次のようなことが課題でした。
- 申立者を誰にするのか
- 申立てにかかる費用はどうするのか
- 候補者はどのような人がよいのか

当初、成年後見制度利用支援担当者は親族申立ての可能性を考えていました。

Lさんから聞き取りを行い、疎遠になっていた兄弟の所在がわかったため問い合わせをしましたが、いずれも高齢で遠方におり、甥や姪も含めて、返事は誰からもありませんでした。

調査が進むうち、親族申立ての可能性は見込めず、本人も判断能力の点で難しく、市長申立てで進める方向になりました。申立者の問題とともに、財産状況も不明確なところが多いため、成年後見制度利用支援担当者は、市の成年後見制度利用支援事業を利用することとし、次のような準備を進めました（図4-11-2）。

図4-11-2　市町村長申立ての手順

9 成年後見制度利用支援事業とは（高齢者関係）

　ここでは，Lさんのような高齢者を対象とした成年後見制度利用支援事業について説明します。（障害者の例は，事例14（164頁）を参照）

　本事業は，市町村長の判断により，成年後見等開始審判申立てに要する費用や成年後見人等の報酬の全部または一部を助成する事業です。成年後見制度の利用が必要と認められるにもかかわらず「申立てを行う人がいない」「低所得のため成年後見人の報酬を負担することが難しい」ために，成年後見制度利用ができないということにならないように2001（平成13）年度より設けられています。

　2001（平成13）年の改正老人福祉法において，市町村長に成年後見等開始審判の請求権が付与された当初は，4親等以内の親族へ意向確認を行うこととされていました。しかし，4親等以内の親族の有無を確認する作業が極めて繁雑であるなどの理由により，市町村による申立ては十分活用されていませんでした。このため，2005（平成17）年市町村長申立て手続の見直しが行われ，親族の有無の確認は2親等以内でよいと要件が緩和されました（平成17年7月29日 厚生労働省社会・援護局障害保健福祉部障害福祉課長・社会・援護局障害保健福祉部精神保健福祉課長・老健局計画課長連名通知「民法の一部を改正する法律の施行に伴う関係法律の整備等に関する法律による老人福祉法，精神保健および精神障害者福祉に関する法律及び知的障害者福祉法の一部改正について」の一部改正）。

　2006（平成18）年4月施行の改正介護保険法では，地域支援事業実施要綱の別記6任意事業（3）その他の事業のなかで，成年後見制度利用支援事業について低所得の高齢者に係る成年後見制度の申立てに要する経費や成年後見人等の報酬の助成等を行うと明記されました。

　こうした様々な取り組みにより，事業利用者数は増加し，2015（平成27）年には2,211人が本事業を利用しています。2016（平成28）年4月，1,741の市町村にうち1,470（84％）の市町村で成年後見制度利用支援事業が実施されています。

　このように多くの市町村で活用しやすい事業となっている反面，自治体ごとに利用対象者に違いがあるのが現状です。

　例えば，利用対象が首長申立てに限られ，本人や親族申立てが対象になっていない自治体では，低所得である本人に成年後見等開始審判の希望があっても本事業の利用ができません。結果として，本人の資産では成年後見人の報酬を負担することが難しく，後見人のなり手が見つからないということもあります。

　また，本事業専属の担当部署を置いている自治体もあれば，高齢や障害の担当課ごとに事業実施しているところなど事業の運用は様々です。こうした運用の違いは，緊急に成年後見制度の利用が必要である人に対し，手続きに時間がかかって本人の不利益につながることなどの影響もあります。

現在，2016（平成28）年に制定された「成年後見制度の利用の促進に関する法律」（成年後見制度利用促進法）により，成年後見制度利用促進基本計画が定められています。そのなかでは，制度の利用促進に向けて本事業の活用については次のように述べられています。

■制度の利用促進に向けて本事業の活用とは

> ②制度の利用に係る費用等に係る助成
> ○全国どの地域に住んでいても成年後見制度の利用が必要な人が制度を利用できるようにする観点から，地域支援事業及び地域生活支援事業として各市町村で行われている成年後見制度利用支援事業の活用について，以下の視点から，各市町村において検討が行われることが望ましい。
> ・成年後見制度利用支援事業を実施していない市町村においては，その実施を検討すること。
> ・地域支援事業実施要綱において，成年後見制度利用支援事業が市町村長申立てに限らず，本人申立て，親族申立て等を契機とする場合をも対象とすることができること，及び後見類型のみならず保佐・補助類型についても助成対象とされることが明らかにされていることを踏まえた取扱いを検討すること。
> ○専門職団体が独自に行っている公益信託を活用した助成制度の例に鑑み，成年後見制度の利用促進の観点からの寄付を活用した助成制度の創設・拡充などの取組が促進されることが望まれる。
>
> （成年後見制度利用促進基本計画　3　成年後見制度の利用の促進に向けて総合的かつ計画的に講ずべき施策（4）制度の利用促進に向けて取り組むべきその他の事項より抜粋）

（下線は筆者）

10　その後のLさん

Lさんは成年後見制度利用支援事業を利用し，市長申立てによって福祉専門職である成年後見人が選任されました。成年後見人が決まったことで，Lさんの財産管理が整い，介護保険サービスを利用できるようになりました。

健康状態の回復したLさんは「自宅で暮らしたい」という希望があり，今度は成年後見人も含めたケア会議が行われました。Lさんが住み慣れた家で暮らしていけるように，成年後見人や地域で見守る人たちがアイデアを出し合い準備をしています。

11 まとめ

　本事例で重要なのはLさんのような単身高齢者を「地域で見守る人たち」の存在です。最初にLさんの変化に気が付いたのは近隣の住民であり，民生委員です。危機状態のとき，早期に介入できたのも民生委員からの情報提供を地域包括支援センター職員が事前に受けていたからです。

　その後，成年後見制度利用支援事業・市町村長申立て・後見制度利用と経過しますが，制度があってもつなげる人がいなければうまく行きません。またLさんが成年後見制度を利用しようと思ったのも顔見知りの人がきっかけでした。

　さらに成年後見人が就いた後も地域で見守る人たちが寄り添っている点が重要です。Lさんのケースは，このように地域全体で支えられているからこそ，適切な成年後見制度利用につながることができた好事例であるといえます。

参考文献
- 内閣府：成年後見制度利用促進計画について．平成29年3月24日閣議決定，2017．
- 神奈川県社会福祉協議会かながわ成年後見推進センター：成年後見制度市町村長申立てマニュアル2013 HP版．2013．

事例

　発達障害の人の利用意向と
　　サービス等利用計画の不一致
―成年後見人等の立ち位置

Mさん
年齢・性別：40歳・男性
疾患・症状名：発達障害
類型：保佐
キーワード：関係性の構築

1 はじめに

　近年，成年後見制度利用が増加しているのが発達障害の人たちです。この障害は，統合失調症やうつなどの精神疾患とは違い病状の変化に伴う意思能力の振幅はありませんが，強いこだわりや他者とのコミュニケーションを苦手にしていることなど，種々の生活のしづらさをもっています。本事例では発達障害の全体像や特性を紹介し，さらに生活のしづらさを軽減するための生活スキルや判断能力向上に資するプログラムを解説します。

　成年後見人等は意思決定を代理するだけでなく，自身で意思決定する能力を獲得するための支援を行うことが重要です。具体的には，本事例のように保佐人や支援者が見守りを行いつつも，支援の必要性をMさんに理解してもらうこと，意思決定する体験を積んでもらうこと，そして徐々に意思決定に対する自信をつけてもらうことなどです。これは「意思決定支援」であり，成年後見人等の大切な役割であると考えます。

2 事例の概要

　40歳代後半の男性Mさん。父は亡くなり，70歳代後半の母親が健在で兄弟はいません。精神科病院で，発達障害の自閉症スペクトラム障害（ASD：Autism spectrum disorder）といわれています。中学，高校といじめにあい，不登校になりましたが，成績はよく高校まで卒業しました。卒業後は自宅でパソコンに夢中となり，一日中自室にこもる生活が続いています。

　インターネットで行うオンラインゲームが趣味で，オンラインゲームの課金で高額な請求が続いています。母親が再三，ゲームを制限するようMさんに話しますが聞き入れません。滞納を懸念する母親がやむを得ず支払っています。

母親の勧めで，何度かコンビニなどでアルバイトをしましたが，勤務先から退職を促され，いずれも数か月でやめてしまいました。

対人コミュニケーションの特徴としては，Mさんの興味がある話題になると，話が止まらなくなります。相手が他の話題に切り替えたいと思っても，相手の表情や態度，会話の"間"などを汲み取れず，一方的に話し続けることがあります。整理整頓は苦手で自室は乱雑です。どこに何があるかがわからなくなってしまう傾向があり，必要なものが見つからないと母親に助けを求めるといった状況でした。

ある日，母親が外出先で倒れ救急病院へ搬送されました。脳梗塞でしたが手術を行わずリハビリテーションのため転院し，合計4か月の入院を要しました。手足に片麻痺や，はっきりと話ができない構音障害が残りましたが，ADL（日常生活動作）はほぼ自立し，意思能力にも大きな影響はありませんでした。要介護1の認定を受けた母親は，今後Mさんとの同居に自信がもてず，高齢者住宅への入所を選択しました。Mさんは，母親が倒れて緊急入院となったため，急きょ自宅で単身生活をすることになりました。当面の生活は，母親が用意してくれていた本人名義の通帳とキャッシュカードを遣い，食事は近くのコンビニで購入することで何とかなりました。

単身生活に際して保健師が介入し，利用可能なサービスをMさんに説明しましたが，保健師はMさんの考えがなかなかつかめませんでした。生活に支障が出始めたことから，保健師はMさんとともに主治医に今後のことを相談しました。主治医は，母親から以前「今後はMさん面倒をみられない」と聞いていたこともあり，ほかに頼れる親族がいないMさんに成年後見制度の利用を勧めました。Mさんは保健師とともに地域の社会福祉協議会へ成年後見制度の話を聞きに行くことになり，最終的に本人申立てで，代理権付の保佐人選任申立てを行うことになりました。司法書士による申立て支援を受け，精神保健福祉士が代理権付保佐人に選任されました。

保佐人は，ASDの人を受任するのは初めてで，不安があります。Mさんの理解を深めるため，発達障害の基本的理解と医療や福祉の支援体制について学ぶ必要があると感じています。

3　発達障害とは

発達障害を大別すると，自閉症スペクトラム障害（ASD：autism spectrum disorder）と，注意欠如多動性障害（ADHD：Attention-deficit/hyperactivity disorder），学習障害（LD：Learning disability）に分かれます。それぞれが明確に分かれているわけではなく，重なり合うこともあります（図4-12-1）。

世界保健機関が作成した国際疾病分類（ICD：International classification of diseases）では，広汎性発達障害と呼ばれ，さらに自閉症，アスペルガー症候群など細かなカテゴリー

図 4-12-1　発達障害の全体像

表 4-12-1　自閉症スペクトラム障害の特徴

不自然な喋り方をする	抑揚がない，不自然な話し方が目立つ場合がある
人の気持ちや感情を読みとるのが苦手	コミュニケーション能力が乏しく，人が何を考えているのかなどを考えるのが苦手な傾向にある
雑談が苦手	目的のない会話をするのを難しく感じる人が多い
興味のあるものには没頭する	物事に強いこだわりをもっているため，興味のあることに没頭することが多い

に分けられていましたが，米国精神医学会の診断基準 DSM-5（Diagnostic and statistical manual of mental disorder 5）では ASD に統一されました。「スペクトラム」とは「連続体」を意味し，自閉症の症状には多様性があり，連続体として重なり合うと考えられるようになりました。特徴としては，相手の気持ちを読みとることが苦手であったり，興味のあることに没頭したりすることがあります（表 4-12-1）。

コミュニケーションについては，言葉通りの解釈で，比喩が通じにくい側面があります。周囲がわかりやすいようにたとえ話で説明しても，たとえ話で伝えようとした共通点や関連性を理解することが難しく，A は A，B は B の話であると切り返し，結果的に相手を不愉快にさせる場合があります。

一方でこの特徴は，周囲を気にしすぎて，新しいことを言いにくかったり，着手できなかったりする状況を，打開できる力をもっているという見方もできます。ASD のこだわりを得意分野として活かせることも多くあります。周囲や環境が個々の障害特性を理解し，サービスの受け手だけでなく，サービスの担い手として考えていくことが求められます。

注意欠如多動性障害は，不注意優勢型と多動・衝動性優勢型，両者の混合型があります。特徴としては，不注意，多動，衝動性が中心的といわれています。不注意は，物事に集中することができず物忘れが多い。多動性は，落ち着きがなく，じっとしていられない。衝動性は，思いついたら突然行動へ移すといったことです。

一方でこの特徴は，斬新な発想と行動力で集団や組織に活性をもたらすこともあり，周

囲の見方の転換も必要となります。

　学習障害においては，精神遅滞としての知的障害はないのですが，「聞く」「話す」「読む」「書く」「計算」「推論」など，特定の能力を必要とする学習が，極端に困難な障害といわれています。

　成年後見制度との関連で考えると，対象者個々の障害特性や，本人なりの言葉の意味を理解し，かかわり方の参考にする姿勢が必要となります（第5章「8 発達障害」，203頁参照）。

＊

　Mさんは中学高校といじめにあっています。上記を踏まえ，この背景を探ってみましょう。

　Mさんは他者を無視しているのではありませんが，声をかける必要性を感じていません。しかし，周囲からみると，無視している，回りを見下している，傲慢である，わがまま，などの評価となり，結果として，友達をつくれない，仲間外れにされる，いじめにあうといったことにつながりやすくなります。また，同じような体験を共有できる存在や機会がないことも，より孤立的な生活に拍車をかけます。

　Mさんはオンラインゲームへのこだわりがみられます。興味のあることには時間も忘れて向き合いますが，興味のないことは，必要なことでも意識から抜けてしまうことがあります。

4 治療および支援プログラム

　こだわりや独自の解釈等で周囲との軋轢が増し，衝動的な行動で自らを傷つけたり，周囲が対処しきれない状況に陥ったりすると，精神科医療を利用する場合もあります。

　発達障害に対する治療として，注意欠如多動性障害に関しては治療薬がありますが，未反応者も多いこと，自閉症スペクトラム障害，学習障害に関しては根本的な治療がないことから，心理社会的治療（環境調整，心理教育，デイケア等）が主要であるとされています。

　昭和大学附属烏山病院のデイケアやショートケアで行われている発達障害専門プログラム[1,2]では，心理教育や認知行動療法を通して自己理解を深め，新たなスキルを獲得し，生活がしやすくすることを目指しています。プログラムのひとつとして，CES（Communication enhancement session）があります。場面を提示し，セリフカードを用いてどの対応がよいかディスカッションをするものです（図4-12-2）。

---

1) 加藤進昌監修：大人の自閉症スペクトラムのためのコミュニケーション・トレーニング・マニュアル．2017，星和書店．
2) 五十嵐美紀，横井英樹，岩波明：成人ADHDの心理社会的治療．臨床精神医学 2017：46 (10)，1243．

図4-12-2 CESの一例

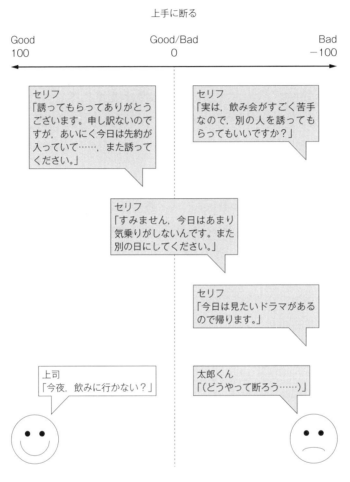

(昭和大学発達障害医療研究所　五十嵐美紀)

5　Mさん支援のその後

　Mさんの単身生活を支援するため，保佐人はMさんと相談のうえ，ホームヘルパーの利用と通所サービスの利用について，障害福祉サービス利用の窓口となる行政の担当者へ手続きの相談をしました。担当者から支援の必要性を判断するため障害支援区分を決める必要があり，面談調査や医師の意見書などの説明を受けました。また，計画相談という障害福祉サービスを利用する際の利用計画（福祉サービス等利用計画）を立てる必要があること，利用計画作成は本人でもつくれますが，一般的には相談支援事業所に任せることが多いことなどの説明を受け，地域の相談支援事業所を紹介されました。

障害支援区分の面談調査が終わり、相談支援事業所に所属する相談支援専門員が、Mさんへ会いにきました。Mさんの望む生活を知り、サービス等利用計画をつくることが目的です。保佐人は必ずしも立ち会う必要はありませんが、Mさんの考えを理解したいこと、今後、連携する支援であることも踏まえ、同席することにしました。

相談支援専門員は、Mさんがパソコンに興味をもっていることや、対人コミュニケーションの障害特性を考慮し、パソコンを扱う就労継続支援B型事業所への通所を勧めました。生活支援としては、母親と離れて初めて単身生活となることから、ホームヘルパーの利用についてMさんの意向を聞きました。

ところが、Mさんは相談支援専門員の提案に拒否的でした。就労継続支援B型事業所への通所よりも自宅でオンラインゲームをしていたいという思いが強くあるように思われました。Mさんの自宅は、母親が施設入所してからこれまで以上に乱雑となり、ごみも捨てられずにたまり始めています。相談支援専門員が具体的な支援の内容を説明すると、Mさんはホームヘルパーには来てほしいと意向を伝えてくれました。

保佐人は、ホームヘルパーについて、Mさんが納得してくれたことにホッとしましたが、日中の過ごし方については、保佐人として何をすればよいのか考え込んでしまいました。

6 意思決定を支援する保佐人の立ち位置とは

保佐人は基本的にMさんの意向を尊重する立場にあります。自宅でオンラインゲームをしていたいMさんの思いは、これまでの生活を振り返ると当然かもしれません（図4-12-3の「過去」）。

図4-12-3 時間軸でとらえる場面の判断

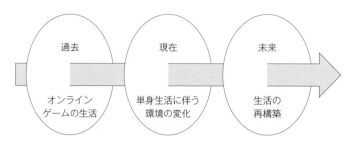

では、Mさんが言っているので、ゲーム中心の生活でよい、と保佐人は判断してよいのでしょうか。後述しますが、結果的にはその考え方も「あり」だと思います。愚行権の尊重といえるでしょう。

ただし、その場の判断だけでなく、今後の展望も考慮したうえでの判断が求められます。Mさんが別のことを希望するまでゲーム中心の生活を送っていればよいとするので

はなく、「一人暮らしになった」という環境の変化を考え、当面は現状維持とし、生活が落ち着いてきたら、今後のMさんの生活について、共に考えていく視点が必要ということです（図4-12-3）。

相談支援専門員による就労継続支援B型事業所利用の提案は、Mさんの生活ぶりや志向性を踏まえたものでしたが、相談支援専門員の意図は、Mさんに理解してもらえているでしょうか。Mさんは事業所をみたことがないのでイメージできないのかもしれません。いずれにしても、他の選択肢も含めて、なぜ、ゲーム以外の提案がなされるのか、Mさんが利用の可否を判断するにはどのような情報が必要なのかを保佐人も共に考える立場にあります。

保佐人も就任したばかりで、Mさんのことが十分理解できません。まずは、相談支援専門員や保健師など関係機関とともにMさんの理解を深めていく必要があります。

保健師も当初はMさんのコミュニケーションに戸惑いましたが、Mさんとのかかわりや、主治医の説明などから徐々に理解を深めていきました。保佐人にも同じことがいえます。

ただし、何らかの理由で食事がとれないなど、緊急性のあることには迅速な対応が求められます。生活が破綻し、病状がわるければ医療機関と相談して入院治療の必要性の検討も必要になります。病状ではなく環境変化によって生活が成り立たなくなった場合は、緊急避難先としてグループホーム活用型のショートステイなども選択肢のひとつです。自治体ごとに利用できる社会資源の数や内容が違うので、相談支援専門員や保健師などと地域の状況を共有しておくとよいでしょう。

Mさんの場合は当面の生活費と食事は何とかなっているので、一刻を争う緊急な状態ではないと考えられます。しかし、悠長に構えている状況ではないため、まずは安定した生活が獲得できるよう、Mさんと保佐人だけでなく、相談支援専門員、保健師、主治医等の知恵も借りる必要があるでしょう。これが関係機関との連携といわれるものです。

保佐人とMさんのかかわりが長くなると、保佐人もMさんの特徴が少しずつわかるようになり、Mさんの物事の理解の傾向や、Mさんなりの言葉の解釈がわかるようになります。保佐人はMさんが周囲とうまくコミュニケーションがとれない場合に代弁者としての役割を担うことがあるかもしれません。Mさんの理解者が増えれば、代弁する人も増え、逆に保佐人がかかわりのポイントを教えてもらうことも出てくるでしょう。いずれにして、このようなMさんの理解を深めるかかわりは、成年後見制度の理念の根幹でもある意思決定支援につながる重要なかかわりだという認識が必要です。

相談支援専門員を始め、支援者たちは様々な理由で途中交代することがあります。新しい支援者とMさんが関係性をつくり始める際、保佐人の介在がコミュニケーションの潤滑油になることもあります。Mさんの意思を確認しながら、保佐人が、状況説明、代弁、代替機能の相談、愚行権の保障などを伝えることが必要な場合もあるのです。

保佐人の介在がなくても、Mさんと相談支援専門員の相談が円滑に図れる場合は、保

図 4-12-4　保佐人の立ち位置

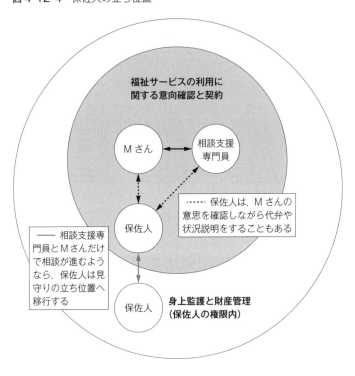

佐人は見守りの立場に立つことでよいでしょう（図 4-12-4）。

　障害福祉サービスの利用契約には M さんの意思決定支援が必要ですが，意思決定支援は保佐人だけが行うことではありません。相談支援専門員を始めとするすべての支援者や医療者に必要とされる姿勢です。特にこれからの生き方や生活全体を共に考える相談支援専門員には必須の視点です。万が一，意思決定支援の姿勢がなく一方的にサービスへ当てはめようとする担当者に出会ったならば，保佐人の立場で改善を求めることが必要です。保佐人自身にも同様に意思決定支援の姿勢が求められることはいうまでもありません。

　障害福祉サービスの利用には，費用がかかる場合もあります。相談支援専門員からの説明はあるかと思いますが，保佐人としても M さんに収支全体の説明をする必要があるでしょう。現実的な経済面を M さんに伝えていくことで，障害福祉サービスの利用だけでなく，オンラインゲームの課金の問題も併せて考えていくことになります。保佐人がよかれと思って，勝手に進めてもうまくいきません。決定までの過程の共有が大切です。

7　まとめ

　保佐人はその役割上，相談支援専門員の提案と M さんのサービスへの利用意向が合わ

ない場合,「サービス内容をMさんに提示したが折り合いがつかなかった。周囲はやるだけやったので,あとはMさんの責任である」と支援を放棄するわけにはいきません。

また相談支援専門員やサービス提供に携わる側が安心するためのサービス等利用計画ではなく,Mさんが自分らしい生活を送れるためのサービス等利用計画です。Mさんは母親に頼ることが多かった生活から一転し,単身生活になりました。生活安定のためのホームヘルパーの利用には合意を得ることができました。そのことだけでもMさんにとっては大きな決断です。日中活動は就労継続支援B型事業所を見学してから判断する方法もありますが,当面自宅で過ごすことから始めてもよいと思います。

ただし,オンラインゲームの課金については,保佐人としてMさんと取り決めていく必要があるでしょう。ここに日中をどこでどのように過ごすかという日中活動の課題が関連してきます。

母親が離れたことにより,母親以外の支援者とともに生活を組み立てていく体験がMさんにとって必要であり,保佐人は関係機関とともに支援者の一人としてかかわり続ける必要があります。

事例

13 発達障害の人による認知症の親への虐待
―親子の分離のタイミング

Nさん
年齢・性別：85歳・女性
疾患・症状名：認知症
類型：後見
キーワード：虐待，発達障害の息子（Oさん）

1 はじめに

　高齢者虐待防止法や障害者虐待防止法では養護者が虐待を行った場合，市区町村行政は虐待から保護するため被虐待者を病院や施設等への緊急一時保護等を行います。そのときに被虐待者に対して成年後見人等を選任し，身体や財産保護を行う場合が少なからずあります。加えて虐待者自身が障害者（あるいはその疑い）である場合などは被虐待者のみならず，虐待者に対しても支援が必要になり，支援者側は対応に苦慮することが多いと思われます。本事例は，高齢者虐待をきっかけに障害をもつ虐待者に対しても支援を行ったケースです。

2 事例概要

　Nさん（85歳女性）は，大都市近郊に出生し結婚と同時に現住所に転居してきました。
　親族が住んでいる場所とは離れており，あまり付き合いがありません。10年ほど前に夫が亡くなり，50歳の一人息子のOさんと賃貸マンションで暮らしています。Oさんは子どものころから勉強嫌いで中学生から登校せず，そのまま自宅にこもりがちとなりました。
　父親が元気なころ，Oさんは家の手伝いや短期間のアルバイトをすることもありましたが，長続きはしませんでした。Nさんも夫も心配してOさんを連れて精神科を受診しましたが，知的な遅れがややあると言われただけで特に障害者手帳を取得するほどではないと医師からいわれ，「性格的なもの」とのみ説明されて今に至っています。経済的にはNさんの老齢厚生年金が主ですが，銀行預金が数百万円あります。
　父親がいたときには比較的おとなしかったOさんですが，死亡後は遊ぶお金をNさんに要求してパチンコ店に入り浸る生活を続けています。特に近年では要求が通らないと大

声を出したり，暴力をNさんに振るうなどがあり，見かねた近隣住民から警察への通報がありました。Oさんはその場では警察官に謝り，Nさんも息子可愛さから許してしまうので，警察からの介入はその後特にありませんでした。OさんのNさんへのお金の要求は継続し，さらにNさんのキャッシュカードを持ち出したり，生活費まで使い込んで買い物をするようになりました。

心配した民生委員から紹介され，Nさんは市社会福祉協議会（以下，市社協）の日常生活自立支援事業を利用することになりました。生活費は市社協担当職員が毎週訪問して定額をNさんに手渡し，NさんがOさんにお小遣いを渡すという手順です。

いったんはそれに同意したOさんですが，徐々に不満を募らせいろいろ理由をつけてお金をNさんに要求し自身の財布に貯め込みます。時折パチンコで勝ったりするため，ある程度まとまったお金を持っているようで，しばしばパチンコ仲間と飲み歩く姿も関係者に目撃されていました。

以前のようにNさんに要求しても十分なお金が出ないことに業を煮やしたOさんは，市社協の窓口に来て大声を出しお金を要求するようになりました。それを知ったNさんは市社協に「かわいそうだから息子が来たらお金を渡してくれ」と言ったり，さらに自身の生活費を削ってOさんに渡すなど，種々の課題が出現したため対応困難なケースとして問題化していました。ある日，NさんはOさんからの暴力に耐えかねて隣の家に逃げ込んだため，警察から市の高齢福祉課に通報があり，高齢者虐待による緊急一時保護が行われました。

3 日常生活自立支援事業の限界

Nさんは市社協が行う日常生活自立支援事業を利用していました（2章，27頁参照）。

対象者は「判断能力が不十分な者であり，かつ本事業の契約の内容について判断しうる能力を有していると認められる者」ですから，契約を行うに足る一定の判断能力を有している人が対象になります。契約に関しては契約締結審査会により，対象者が契約できるだけの能力があるか否かの判断を行ったうえで契約となります。Nさんはやや心配はあるが「能力あり」と判断されました。

Nさんは日常生活自立支援事業で「日常生活費の管理」を利用しており，これまでは一定程度有効でした。しかし，ここに至って日常生活自立支援事業の限界がみえてきました。この事業は，あくまでもご本人であるNさんとの契約ですので，息子のOさんが市社協の窓口に来て大声を出しお金を要求した場合，Nさんから「息子がかわいそうだからお金を渡してくれ」と言われると，渡さざるを得なくなります。むろん市社協は状況を理解していますので，Oさんと十分に話し合いをもって帰っていただくといった対応をしてきましたが，それにも限界があります。またNさん自身も認知症が進み日常生活が

自身では行えないなど，市社協としても日常生活自立支援事業の契約締結が困難になっているとの判断もありました。

このように，日常生活自立支援事業は有効なサービスではあるものの，Nさんのような状況では限界があります。市社協では次の手を考える必要性に迫られていました。

4 支援者によるケア会議での協議

Nさん宅への今後の対応について市高齢福祉課にて，市担当者，地域包括支援センター職員，市社協の成年後見センター職員による協議が行われました。

Nさんは高齢者施設に緊急的に入所しましたが，「息子が心配だから」と自宅に帰ると言い出しました。どのように調べたのか急にOさんが施設に現れ「母を返せ！」と大声を出し，施設側も困っている状況です。そうこうしているうちに，Nさんに物忘れや認知機能の低下がみられ始め，Nさんを自宅へ戻すことは難しいと思われるようになってきました。

ケア会議では，Nさんを継続的に保護するために施設入居契約を交わすことや日常生活自立支援事業における財産管理の限界が課題として挙げられ，成年後見制度の利用が提案されました。またOさんの日頃の行動を考えると個人受任では成年後見人の自宅に行ってお金の要求を行うなど頻回な迷惑行為が予想されることから，社協の法人後見の利用が望ましいと判断されました。こうして市長による成年後見申立てが行われ後見類型での社協法人後見開始となりました。

また自宅に残されたOさんの生活ですが，数日前に市社協に苦情を言いに来たときに所持金が十分あることを確認していたため，当面見守りを続けることにしました。ただしOさんには知的障害が疑われることから，支援者が協働しつつタイミングを図って福祉的支援を行うことにしました。

5 後見活動の開始

まず財産管理に関して現在の日常生活自立支援事業から引き継ぎ，さらに施設との利用契約を行いました。法人後見担当職員が受任の挨拶のために施設訪問を行った時点では，声かけにNさんはいったん応えるものの，急に話を中断して黙り込むなど十分な意思疎通ができない状態でした。数日して再度訪問すると少しずつ話ができるようになっていました。しかし，自分が今どこにいるのかよくわからないことや，急に「家に帰りたい」と言ったり，「やはりここに居る」と意思を翻すなど精神的に不安定な面もみられました。

さらに法人後見担当者が，「何かご心配はありますか」と尋ねると，Nさんは「息子のことをお願いします」と，これだけははっきり話されました。当該担当者は以前，日常生

活自立支援事業担当者の一人としてNさんと顔見知りでした。それをNさんは思い出してくれたのかもしれません。担当者は精神的に不安定ななかであっても，息子のOさんのことを心配するNさんの「思い」を強く感じました。

今後について支援者チームとして検討した結果，当面は現在の施設を利用するものの，長期的にはNさんの経済状態から勘案して，やや利用料が高額な施設であること等を理由に他の施設へ移る計画としました。その後，地域ネットワークから情報を集め適切と思われる施設へ移動しました。

6 Oさんへの説明と今後についての相談

残る課題はNさんの息子のOさんへの対応です。すでにOさんは市社協に頻繁に電話や窓口来訪して苦情や「脅し」をかけてきていたので話し合いは急務となっていました。事前に市社協内部で十分検討し，高齢福祉課や生活保護担当者と方向性を詰めてから市社協の相談室でOさんとの面接を行いました。

市社協の担当課長から「今回の虐待に対する対応として社協が後見人となってNさんを保護することになった。これは裁判所の決定であり翻すことはできない」とはっきり説明しました。また後見人である社協としては前回と同じように暴力の心配があるため，同居は認められないことも伝えました。ここまで説明するとOさんはいつものように罵声を発しました。それでも担当課長はひるまず，「ただし，あなた（Oさん）も生活が困るだろうから，生活保護の受給ができるように担当者に来てもらった」と述べ，生活保護担当者から生活保護について，世帯分離についてなど説明してもらいました。生活保護担当者の話を聞き終わると，Oさんは少し安心したように頭を下げました。

7 Oさんへの支援

関係者の協議から，Oさんへの支援は顔なじみである日常生活自立支援事業の担当者を中心に生活保護担当者と協働で行うことになりました。最初の課題は，現住所である賃貸住宅が生活保護の住宅扶助基準額をオーバーしてしまうため転居を必要とすることでした。

そこで，早速生活保護担当者が情報提供してくれたアパートを中心に探し，無事Oさんが気に入るアパートが見つかりました。現住居と近いため引っ越しは市社協のワゴンを出して支援しました。当初支援者は生活の乱れを心配しましたが，比較的安定した生活が維持できるようになりました。

またNさんの精神的な不安定が懸念されるため，Nさんが入所する施設には，当面訪問を我慢するようにアドバイスを行いました。Oさんは予想外に素直に受け止めてくれました。

市社協の担当者はNさんとのかかわりのなかで，知的障害は軽度であっても，ある種

の「こだわり」が強く生活面での「生きづらさ」をもつことから、いわゆる「発達障害（自閉症スペクトラム障害）」ではないかと感じました。Oさんが子どものころには、発達障害との概念はなかったため、不幸にも障害を見逃されてきた人であるという認識に変わっていったのです。今後の支援にあたっては、障害福祉サービスを利用するために障害者手帳の申請をOさんに勧めることとなりました。

また母親であるNさんは法人後見担当者から現状のOさんの様子を聞いて喜んでいましたが、身体的に弱ってきており自室のベッドに横臥することが多くなりました。そこで法人後見担当者は施設職員と相談し、Oさんを連れてNさんを訪ね3か月ぶりに親子の対面となりました。法人後見担当者は照れたようなOさんとNさんの笑顔をみることができて、本当によかったと強く感じたとのことでした。

その後、定期的にOさんはNさんのところへ面会に訪れていましたが、半年ほどしてNさんに重い病気が見つかり、総合病院に転院して治療を行いましたがすでに進行しており短期間で亡くなりました。

8　まとめ

本事例のテーマは「どのタイミングで二人を切り離すのか」ということですが、結果的にはNさんを保護した段階で成年後見人を就け、施設入所を継続することで物理的に離しました。この判断は適切であったと思います。また個人受任ではなく市社協法人後見による受任としたのは、繰り返し起こる息子Oさんの問題行動への対処が必要だった点や、Nさんの新たな施設への入所や転院、さらにOさんのことを案じているであろうNさんの意思を汲んで、生活保護受給など市行政や関係者との密な連携が重要な業務だった点を考えれば正解だったと思います。社会福祉協議会による法人後見ならではの機動性を活かした支援といえるでしょう。しかし心理的には親子は切り離すわけにはいかなかったということです。それはNさんがOさんと歩んできた歴史そのものだからです。

本事例においては、成年後見人が就いた段階でNさんは適切な意思決定が不可能になっていたため、後見人がNさんの意思を推定したうえで関係者と協働して支援を行いました。最終的にNさんは亡くなりましたが、最後の数か月間は息子のOさんとの関係が回復したことが支援者側の救いとなりました。最初の対面のタイミングは支援者側には躊躇が多少ありました。しかし、明らかに弱ってきているNさんの「思い」を意識し、また、Oさんの単身生活の様子を勘案したなかでの対面でした。

日常生活自立支援事業を開始したタイミングで早期に成年後見制度利用を開始するとの判断も考えられたかもしれません。しかし、当時Nさんは意思能力がありましたので、現実的には難しかったと思います。成年後見制度はあくまでも、身体・精神的健康や財産をご自身だけでは守れない場合に必要最小限で代理等を行い、それを保護するためのもの

であることを再確認したいと思います。

　この親子への支援全体をあらためて振り返ってみると、支援者とのかかわりのなかでOさんが大きく変化していった過程からは、息子のOさんに対する相談支援をNさんの日常生活自立支援事業の利用開始と同時並行的に進めるべきだったと考えます。つまり成年後見制度利用のタイミングと受任後の2人の分離のタイミングは適切でしたが、事前の相談支援のタイミングが遅かった事例といえましょう。

　本事例の場合、社協の専門員や支援員が、Nさんの環境への働きかけとして、同居している息子Oさんの能力や母子関係に関するアセスメントも早期に行い、相談支援専門員や保健師等によるOさんへの支援も並行して導入できていればよかったのかもしれません。その意味で成年後見制度は最終手段であり、予防のためには相談支援が重要であると言えるでしょう。

事例 14 兄夫婦による知的障害の人の財産搾取（経済的虐待）
―親族後見の課題と親族間の関係への介入

Pさん
年齢・性別：45歳・男性
疾患・症状名：知的障害
類型：後見
キーワード：経済的虐待，兄夫婦による搾取

1 はじめに

　本事例は，親族（兄夫婦）からの財産搾取であり，いわゆる「経済的虐待」のケースです。法律上，生計を一にする親族は互いに扶養義務があり，虐待を認定するのは実質的に困難な場合があります。本事例は兄が後見人になっていた時期に重なっていたため，家庭裁判所の調査で搾取が発覚しましたが，通常は見つかりにくい種類の虐待です。

　その後も同様の状態が継続していたため，新たに精神保健福祉士が後見人に就任しましたが，すでにPさんの貯金から多額のお金が引き出されていました。このように親族による財産管理には多くの課題があり，親族との調整も含めて専門職後見人が必要とされる所以となっています。

2 事例概要

　Pさんは市内で生まれ，同胞は5歳年上の兄のみです。自宅から養護学校（当時）に通っていましたが，高等部を卒業と同時に市内の知的障害者更生施設（当時）に入所しました。母親が死亡して相続が発生したことをきっかけに，父親が禁治産者（当時）の申立てを行いました。家庭裁判所はPさんに禁治産宣告を行い，父親が後見人に就任しました。

　父親と兄夫婦は家業の小料理店を営んでいました。あるとき，店が火事となり，父親は重い火傷を負い，数年の入院を余儀なくされます。その後，兄夫婦は借金をして店を建て直しました。それまで父親に代わって兄が事実上，Pさんの財産管理をしていましたが，民法が改正され新しい成年後見制度に変わったことを機会に正式に兄がPさんの後見人に就任しました。

兄の就任時の後見事務報告書によれば，Ｐさん名義の預貯金は約1000万円近くありました。一年経過後，期限がきても兄からの定期後見事務報告の提出がないため，家庭裁判所が後見監督処分を立件し，後見人である兄に家庭裁判所への出頭を命じました。調査官が面談を行い，Ｐさんの預貯金を確認したところ残高が500万円足らずになっていました。Ｐさんは障害基礎年金を受給していたため施設利用料などの支払いはできていたようです。兄から事情を聴くと，妻にＰさんの財産管理を任せていたようで，経営していた小料理店の資金繰りのために費消されていたことがわかりました。小料理店はすでに閉店しており，兄はほかの店で板前として働いていました。

　後見人である兄は，被後見人のＰさんの唯一の相続人であること，兄は責任を感じており費消した被後見人の財産を返済する努力を約束したため，家庭裁判所は監督手続きを終えました。

　数年後，Ｐさんが入所している施設の相談員が「これまで施設の入所契約手続きなどで兄とは連絡が取れていましたが，半年前から連絡もとれなくなり，施設利用料が滞納し日用品費の入金もなく困っている」と役所に相談に訪れました。かつて兄夫婦がＰさんの預金を使っていた経緯もあり，役所では経済的虐待事案と考え，市の障害者虐待防止センターが調査に乗り出しました。障害者虐待防止センターの職員が兄宅を訪れても誰もいませんでした。そこで，勤務先の小料理屋に連絡したところ，兄は体調を崩し入院していることがわかりました。そこで，障害者虐待防止センターは家庭裁判所に現状を報告します。

　家庭裁判所では，後見人である兄が，①被後見人の名義の預貯金を不正使用していたこと，②体調不良であり後見業務を行うことはできないと判断して，後見人である兄を解任し，新たな後見人にはＡ精神保健福祉士を選任しました。

　Ａ精神保健福祉士は家庭裁判所より，Ｐさんの財産には兄に対する500万円の債権が含まれているため返済を促すように指示を受けます。Ａ精神保健福祉士が障害者虐待防止センターの職員とともに，兄宅を訪れると，退院して療養生活をしていました。すでに離婚しており，肝臓の病気を患って働くことができずに療養中だったようです。

　財産の引継ぎを求めたところ，兄はＰさんの預金で生活しており通帳を引継ぐと困ると言います。そこで，障害者虐待防止センター職員は兄に対して生活保護の申請の支援をすることになり，ようやくＰさんの通帳をＡ精神保健福祉士に渡すことに同意しました。

　Ａ精神保健福祉士が確認すると預金残高は100万円近くに減っており，家庭裁判所に報告しました。裁判官が兄と精神保健福祉士Ａを家庭裁判所に呼び出して，負債額を900万円と認定したうえで，兄と後見人の間で債務弁済契約を交わさせました。ただし，生活保護受給中は返済を猶予することとして，兄が就労した後に返済してもらうこととなりました。

　Ａ精神保健福祉士が後見人に就任したことを機に，Ｐさんは施設を退所して，グループホームに入所することになりました。日中は生活介護に通うことになり，以前にもまして

Pさんは明るくなりました。滞納していた利用料を支払ったら預金がほぼなくなり，障害基礎年金だけでは生活ができないために，Pさんも生活保護の受給を開始しました。

　兄は半年ほど自宅療養した後，ハローワークの紹介で一般就労を始めました。そこでA精神保健福祉士は，債務弁済契約に基づき，兄より毎月5,000円の返済をしてもらうこととなりました。

　年末近くになり，兄は，正月にPさんを自宅に帰省させたいと施設に申し出ました。施設側はA精神保健福祉士に相談したうえで，帰省を認めました。A精神保健福祉士は，帰省中に虐待などが行われてはいけないと考え，兄宅にPさんの面会にいきました。すると，グループホームや生活介護ではみられなかった，Pさんの穏やかな表情をみて安心したのです。そのことを施設に報告すると，「これまで他の利用者が帰省するのをみて，Pさんがさびしそうな様子だったので，本当によかった」と喜ばれました。

　後見人就任から1年が経過して後見監督が立件されたため，A精神保健福祉士は家庭裁判所に後見事務報告を行います。同時に，後見人への報酬付与申立てを行おうと考えましたが，収入が障害基礎年金と生活保護収入のみで，預貯金もほとんどありませんでした。そこで家庭裁判所に相談したところ，成年後見制度利用支援事業という制度があり，後見人への報酬の助成制度があることを知りました。

　早速，役所に相談したところ，その自治体では被後見人が生活保護受給者であれば，申立人が誰であれ，後見人への報酬助成の対象になることがわかりました。早速，申請を行ったところ，報酬助成決定の通知が届いたため，その通知を添付して家庭裁判所に対して報酬付与申立てを行いました。こうして報酬決定の審判を経て，自治体から報酬の助成金を受け取りました。

3　高齢者と障害者の虐待対応について

　2000（平成12）年に禁治産者制度から法改正された成年後見制度により，認知症高齢者や知的障害者，精神障害者の法的保護が図られるようになりました。また，2006（平成18）年には高齢者虐待防止法が制定され，「虐待のおそれがある」と思われる段階で，地域包括支援センターへ通報できることが明示され，早期の発見と対処が図られています（表4-14-1）。

　同様に，2012（平成24）年には障害者虐待防止法が施行されて市町村や市町村障害者虐待防止センターによる障害者虐待の早期発見と対処が図られるようになったのです。

　本事例のように市町村等は，法律上，被虐待者のみならず養護者への支援も必要性とされています。同様に虐待案件を受任した成年後見人等は，本人の意思を尊重しながら，親族間の調整を図る必要があります。

表 4-14-1　高齢者虐待防止法と障害者虐待防止法の比較

		高齢者虐待防止法	障害者虐待防止法
正式名称		高齢者の虐待の防止，高齢者の養護者に対する支援等に関する法律	障害者虐待の防止，障害者の養護者に対する支援等に関する法律
施行年		2006年（平成18年）4月1日	2012年（平成24年）10月1日
対象		高齢者：65歳以上の者	障害者：身体・知的・精神障害その他の心身の機能の障害がある者
虐待の主体		養護者・要介護施設従事者等	養護者・障害者福祉施設従事者等・使用者（障害者を雇用する事業主等）
虐待の種別		身体的虐待，性的虐待 心理的虐待，放棄・放任による虐待（ネグレクト），経済的虐待	身体的虐待，性的虐待 心理的虐待，放棄・放任による虐待（ネグレクト），経済的虐待
対応責務		市町村・地域包括支援センター	主に市町村（市町村障害者虐待防止センター）
本人への対応		高齢者への相談，指導，助言	障害者への相談，指導，助言
本人意思尊重との関係	通報	通報の段階に意思尊重の規定なし	通報の段階に意思尊重の規定なし
	対応	虐待対応の基本方針に，高齢者の意思尊重	自立生活への支援
虐待者への対応		養護者支援は法律名に明記 養護者への相談，指導，助言	養護者支援は法律名に明記 養護者への相談，指導，助言
生命または身体に重大な危険が生じているおそれがあると認められる場合		住所または居所への立入調査 老人福祉法による措置 面会の制限 老人福祉法による成年後見の首長申立	住所または居所への立入調査 身体障害者福祉法・知的障害者福祉法による措置 面会の制限 知的障害者福祉法・精神保健福祉法による成年後見の首長申立
成年後見制度との関係		国や地方公共団体の義務として，虐待防止のために成年後見制度の利用促進義務	国や地方公共団体の義務として，虐待防止のために成年後見制度の利用促進義務

4　「成年後見人等の不正」と「後見制度支援信託」

昨今，成年後見人等による，本人の財産の不正使用が社会問題になっています。

成年後見人等は，①不正行為，②著しい不行跡，③その他後見の任務に適しない事由などがある場合は，家庭裁判所より解任されます。家庭裁判所は職権，もしくは，後見監督人，被後見人もしくはその親族もしくは検察官の請求により成年後見人等を解任することができます（民法846条）。

さらに，成年後見人等を解任された者は，成年後見人等の欠格事由に該当（民法847条の2）するため，専門職後見人や法人後見ではすべての受任案件について辞任しなくてはならなくなります。専門職後見人による不正は，専門職としての信用の失墜にもつながり，社会的な影響は小さくありません。

図 4-14-1　成年後見人等による不正報告件数・被害額（平成 23 年〜平成 28 年）

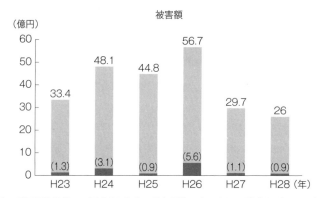

○成年後見人等による不正報告件数は，平成 26 年まで増加傾向にあったが，平成 27 年には不正報告件数および被害額はいずれも減少している。
（注）各年の 1 月から 12 月までの間に，家庭裁判所が不正事例に対する一連の対応を終えたとして報告された数値であり，不正行為そのものが当該年に行われたものではない。
（注）「成年後見人等」とは，成年後見人，保佐人，補助人，任意後見人，未成年後見人および各監督人をいう。
＊括弧内の数値は，専門職の内数である。
（出典：内閣府：成年後見制度の現状．2017）

　2017（平成 29）年 4 月に内閣府が発表した「成年後見制度の現状」によると，2011（平成 23）年 1 月〜 2016（平成 28）年 12 月までの 6 年間で，成年後見人等による着服などの不正報告件数は 3,451 件，被害総額は約 238.8 億円に上ります（図 4-14-1）。その多くは成年後見人等に選ばれた親族によるものでした。
　家庭裁判所では，財産の流用などの不正を行った親族の成年後見人等の監督責任を負わなければならないこともあり，以前は 5 割を超えていた親族の成年後見人等を選任する割合が年々減少しています。その一方で，多額の資産管理を担当することが多い弁護士や司法書士ら第三者後見人一人当たりの受任件数にも限りがあるため，絶対数の不足が懸念

されています。

このように成年後見人等による不正事例が後を絶たないことなどから，最高裁判所では2012（平成24）年2月から，後見制度支援信託の運用を開始しました。

後見制度支援信託とは，成年後見制度の法定後見および未成年後見制度の本人を対象として，本人の現金・預貯金を信託銀行が信託財産として管理する仕組みです。ただし，保佐，補助および任意後見では利用できません。

被後見人の財産のうち，日常的な支払をするのに必要十分な金銭を預貯金等として成年後見人が管理し，通常使用しない金銭を信託銀行等に信託します。信託財産は，元本が保証され，預金保険制度の保護対象にもなります。後見制度支援信託を利用すると，信託財産を払い戻したり，信託契約を解約したりするにはあらかじめ家庭裁判所が発行する指示書を必要とします。財産を信託する信託銀行等や信託財産の額などについては，原則として弁護士，司法書士等の専門職後見人が本人に代わって決めたうえ，家庭裁判所の指示を受けて，信託銀行等との間で信託契約を締結します（図4-14-2）。

そうしたこともあって，2014（平成26）年以降は，成年後見人等による不正件数と不正額は共に減少傾向となりました。

図4-14-2 後見制度支援信託の仕組み

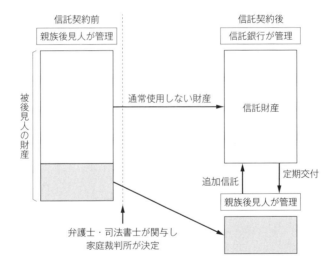

5 成年後見制度利用支援事業について（障害者関係）

障害福祉サービスの利用が必要な知的障害者や精神障害者のなかで，判断能力に問題があり，サービスの提供等を受けるために必要な契約をすることができない人がいます。

一般的には本人の家族が本人に代わって契約を行うことが多いのですが，家族がいない

人もいます。また家族がいても，その家族から虐待を受けている場合や，家族が「選ぶ」ことが本人のためなのか疑問を抱く場合などがあります。

ここに，判断能力，意思能力にハンディのある人の「選ぶ」権利をどう保障できるかという課題があります。本人の意思決定支援の観点からも，本人に対して精神保健福祉士等の第三者後見人を選任して適正な障害福祉サービスの利用につなげることが必要です。

成年後見制度利用支援事業とは，経済的な理由で成年後見制度の利用ができなくなることのないように，成年後見制度の利用にかかる費用の全部または一部を補助する厚生労働省の事業です。障害者総合支援法の市町村地域生活支援事業として位置づけられています（図4-14-3）。

図4-14-3 成年後見制度利用支援事業の必須事業化

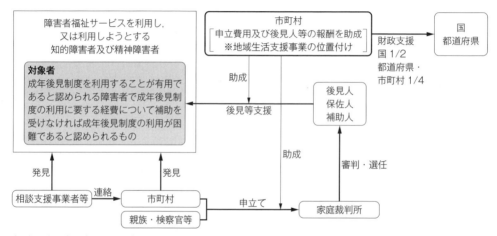

（出典：内閣府：成年後見制度の現状（平成29年4月），2017，p30）

■成年後見制度利用支援事業について（障害者関係）

1．目的
　障害福祉サービスの利用の観点から成年後見制度を利用することが有用であると認められる知的障害者又は精神障害者に対し，成年後見制度の利用を支援することにより，これらの障害者の権利擁護を図ることを目的とする。

2．事業内容
　成年後見制度の利用に要する費用のうち，成年後見制度の申立てに要する経費（登記手数料，鑑定費用等）及び後見人等の報酬等の全部又は一部を補助する。
　※平成24年度から障害者総合支援法の市町村地域生活支援事業の必須事業化

3．事業創設年度
　平成18年度

4．平成 29 年度予算（障害者関係）

　地域生活支援事業費等補助金 488 億円の内数

　※【市町村事業 補助率】国 1/2 以内，都道府県 1/4 以内で補助

5．事業実施状況（障害者関係）

　平成 28 年 4 月 1 日現在 1,470 市町村

（内閣府：成年後見制度の現状（平成 29 年 4 月），2017，p29）

6　まとめ

　前述したように，親族の金銭管理は後見制度にのっとっていても「間違い」が起こりやすい傾向があります。例えば同居の母親の後見人となっている長男が，母親の部屋を改装するついでに，長男夫婦の部屋まで母親の貯金で改装してしまったという例がありました。

　長男は「いずれ母の財産を相続するのだからよいと思った」という意見で，強い悪意があったわけでないが，自身に都合よく相続権を解釈したために起こった成年後見人等の不祥事といえましょう。このようなことが出現しないように成年後見支援信託が制度化されました。むろん不祥事は親族だけでなく専門職後見人も同様であり，成年後見支援信託に関しては高額な財産である場合，専門職も適応されることがあります。

　また国は第三者後見人を増やすための努力を行っており，一例を挙げれば成年後見制度利用支援事業です。しかし同事業は種々の問題点が指摘されています。現在の成年後見制度利用支援事業では市町村長申立ての場合に加えて，現状の本人財産が小額である場合に限って利用できるという厳しい規定を定めている自治体が多いのです。

　厳しくする理由の多くは，自治体財源の問題があるように思えます。

　そのような規定があるため申立て費用や後見報酬が現状捻出できないということで，成年後見制度利用を控える場合も少なくありません。一方で，成年後見活動を行う経過のなかで新たな財産が見つかることによって，後見報酬を自治体が負担しなくて済むケースも多くみられます（事例 10（132 頁）参照）。

　今後は，必要なときに適切に申立てを行えるように成年後見制度利用支援事業の対象者を拡大する必要性があると考えます。

第5章

対象疾患・障害の概要

1 精神疾患・精神障害の概要

1 法律における精神障害の定義

「精神障害」については法律や診断基準によって様々な定義があり，診断する医師によっても病名や障害名が異なる場合があります。「精神保健及び精神障害者福祉に関する法律」(精神保健福祉法）では，「精神障害」を次のように定義しています。

■精神障害とは

> 統合失調症，精神作用物質による急性中毒又はその依存症，知的障害，精神病質その他の精神疾患を有する者をいう。　　　　　　　　　　　（精神保健福祉法（定義）第5条）

2011（平成23）年に改正された「障害者基本法」では，これまでの限定的な定義を見直し，次のように定義しました。

■精神障害とは

> この法律において，次の各号に掲げる用語の意義は，それぞれ当該各号に定めるところによる。
> 一　障害者　身体障害，知的障害，精神障害（発達障害を含む。）その他の心身の機能の障害（以下「障害」と総称する。）がある者であつて，障害及び社会的障壁により継続的に日常生活又は社会生活に相当な制限を受ける状態にあるものをいう。
> 二　社会的障壁　障害がある者にとつて日常生活又は社会生活を営む上で障壁となるような社会における事物，制度，慣行，観念その他一切のものをいう。
> 　　　　　　　　　　　　　　　　　　　　　　　　　　　　（障害者基本法（定義）第2条）

前者は医学的な視点からの定義といえるでしょうし，後者は社会もしくは一般生活との

かかわりのなかで障害を多角的に考えるとらえ方をしています。昨今は，何らかの機能の障害によって，生活しづらさを抱える人たちを障害者と定義し，福祉的な視点で個人の尊厳を大切にしようとするとらえ方が主流となってきています。

では，認知症はというと，ICD-10 による定義では「通常，慢性あるいは進行性の脳疾患によって生じ，記憶・思考・見当識・理解・計算・学習・言語・判断等多数の高次脳機能の障害からなる症候群」とされており，一度正常に発達した認知機能が後天的な脳の障害によって減退・消失することで，日常生活・社会生活を営めなくなった状態をいいます。物忘れなどの記憶障害だけでなく，暴言，妄想や異食（食用ではないものを食べてしまう），徘徊など精神症状や行動異常が起こってきた場合，精神科での治療の対象となります。専門外来がある医療機関もありますし，入院病棟としては，症状に焦点を当てた短期治療病棟もあれば，少し長期に療養するような病床もあります。身体的疾患がなく，若年で発症したアルツハイマー病の人なども精神科で治療を受ける場合がありますが，そうした人たちの年金や手帳は精神障害者の人と同じ手続きとなります。

2 身体的疾患と精神障害

精神疾患は，原因によって心因性，外因性，内因性に分類されます。また，それらの原因が相互に影響し合っていることもあります。精神疾患は，単純に遺伝や親の育て方，その人の性格などが原因だと特定することはできません。例えば，「統合失調症」や「うつ病」は，ストレスや生活環境などの何らかの原因により，脳内の神経伝達物質に異常が起こり，ひき起こされる内因性の精神疾患と考えられています。脳腫瘍や多発性脳梗塞，難病などによってひき起こされるのが外因性の精神疾患であり，何らかのストレスにより精神疾患となる場合を心因性といいます。つまり，精神疾患は「脳の病気」ともいえ，誰にでもなる可能性があります。認知症もその原因がすべて解明されているわけではありませんが，脳の機能の障害であることは間違いないところです。

また，身体的な疾患が精神に影響を与えることがあります。心と体は密接な関係にあり，けがや病気が精神面に様々に影響を及ぼします。身体疾患のなかには感覚的な部位に影響を与えるものがあり，痛みやだるさ，苦しさ，吐き気などの様々な不快の感覚は，日常生活を送るうえで非常な負担となります。身体感覚が心に影響してくると，不安感やいらいら，喜び，悲しみなどの感情面での障害をひき起こしやすくなります。このように身体疾患からくる痛みや苦痛などには日常的な不快感も伴うため，これらの感情を抑えようとしても，持続する痛みや苦痛などから不快感が再度出現するため，精神的な症状を抑えることが難しくなります。また，記憶困難や記憶の混乱など，記憶面に影響が及ぶこともあります。

身体疾患や，それに伴う精神疾患が周囲の人びとに与える影響やそこからの反応によっ

て，対人関係でのストレスや社会からの孤立による阻害感を感じることもあります。これがひどくなると自殺願望や無気力などの重篤な症状に陥る場合もあります。

このように，病気やその人を取り巻く様々な環境から，様々な「生活のしづらさ」が生じてきます。このような困難は，周りからは見えにくく，他人から理解してもらいにくいという側面があります。そのため，「怠けている」「何を考えているかわからない」「付き合いづらい」などの印象をもたれる場合もあります。どのような疾患も，その人が経験する症状は固有のものであり，一人ひとり違います。その人にしかわからないつらさがあるということを周囲の人たちが正しく理解し，一緒に過ごしやすい環境をつくることが大切です。

3 精神障害の特徴と共通する対応方法

精神障害全般に共通することとして，自分が病気であると自覚しづらい（病識の欠如）こともあり，幻聴や妄想などをそのまま現実のこととして受け止めたり，「自分は病気ではない」と否認して治療を中断してしまったりすることがあります。治療の中断は，病気の再発や幻覚妄想状態などの病状悪化を誘発します。

そうならないためにも，本人とコミュニケーションをはかる際，本人が生活しているなかでの不安や困っていることなどを聞き，そこに焦点を当て，気持ちに寄り添い，どのように解決していくかを一緒に考える姿勢が大切です。「それは妄想ではないか」と否定をするのではなく，「私（聞き手）にはわからないが，あなた（話し手）にとってはつらそうだ」と現実と妄想の線引きをしつつ，本人のつらさを共有することで，徐々に本人がこちらの言葉を聞いてくれるようになっていきます。

また，対人関係を理解したり調整したりすることが難しかったり，同じ行動や言動を極端に繰り返したり，自分なりの手順を変えることができないといった，発達障害の特徴にも似たこだわりの強い人もいます。「なぜ違うのかの理解自体が難しい」状態であるため，本人たちは「なぜ，わかってもらえないのか」という多大なストレスにさらされて苦しんでいることも多いのです。生活していれば，大小様々な変化や，想像もできないことに日々遭遇することがありますが，いわゆる「健常者」といわれる人たちは，自分では意識しないうちに「常識的対応」といわれる臨機応変な対応を取っています。一方，精神障害者の人はそういった「常識的対応」が一般的に苦手です。成年後見人等の支援者は，本人に今何が起こったのかわかりやすく説明し，具体的にどうすればよいのかを一緒に考えたり，一貫性をもった助言等を心がけることが大切です。また，精神障害のある方でも認知症の人でも，相手を理解しようとする姿勢が信頼関係を構築していく鍵となることに違いはありません。

次節以降では，さらに詳細に疾患や障害ごとの特徴を整理し，対応のポイントについて説明していきます。

参考文献

- 樋口輝彦,野村総一郎編:こころの医学事典(こころの科学増刊),2010,日本評論社.
- 厚生労働省:認知症,知ることから始めようみんなのメンタルヘルス総合サイト.
  http://www.mhlw.go.jp/kokoro/speciality/detail_recog.html

2 統合失調症

1 統合失調症とは

1 統合失調症の歴史

　統合失調症（SC：Schizophrenia）は代表的な精神疾患のひとつですが，この Schizophrenia という病名が生まれてまだ100年足らずです。古代エジプトでも統合失調症と思われる症状がみられたようですが，原因は呪いと思われており，その治療法は祈禱でした。また，ローマ時代では，病気の原因は体内の4つの体液のバランスが乱れたためと説明されていたそうです。心の病気が体の病気と同じように生理的な異常に基づいているという理解の仕方は現代的ではないでしょうか。しかし，中世のヨーロッパでは宗教的な教えが生活の中心で，病気の原因は悪霊が乗り移ったためという迷信が一般的になってしまい，治療と称してエクソシスト（払魔師）が悪霊を体内から除く儀式（悪魔祓い）が行われていたり，魔女狩りの対象となって火あぶりといったような非人道的なことも起こっていました。

　日本で最古の文書である法律集「大宝律令」（701年）を補足再検された「養老律令」（757年）には，精神障害者への，税の免除，刑罰の軽減などが明記されていました。

2 統合失調症の名称

　日本では1937（昭和12）年に「日本精神神経学会」がSchizophreniaの訳を正式に「精神分裂病」と決定しました。それ以降精神分裂病という病名を使用していましたが，この表現が当事者の人格を否定しているとの意見や診断名を当事者へ伝えにくいという理由で「全国精神障害者家族会連合会」（2007（平成19）年解散）や「日本精神神経学会」が名称変更を要望し，精神保健福祉法でも2005（平成17）年の改正時に「統合失調症」と呼称が変更されました。

3 統合失調症の原因と症状

　統合失調症は「心の病気」と表現することもありますが，実際は考えること・行動すること等をまとめる「脳」の機能が低下してしまう「脳の病気」です。脳内では，神経細胞から神経細胞へとドーパミン，セロトニン，ノルアドレナリンといった神経伝達物質の電気信号のようなやり取りが行われており，それが正常に機能（統合）していれば問題ありませんが，その機能がうまく働かずに失調している状態であると考えられています（ドー

パミンとは，神経を興奮させる働きをもち，快・不快感等の感情や注意力，意欲等に影響する物質で，セロトニンとは，行動を抑制する働きをもち，攻撃性の調節，運動，食欲，睡眠などに影響します。ノルアドレナリンとは，神経を興奮させる働きをもち，恐怖や怒りの感情，攻撃行動などに影響する物質です）。その症状としては「幻覚」「妄想」等の陽性症状や「まとまりのなさ」や「集中力の低下」「無気力」等の陰性症状が挙げられます。

　統合失調症で最も多いのは，聴覚についての幻覚，つまり誰もいないのに人の声が聞こえてくる，ほかの音に混じって声が聞こえてくるという幻聴（幻声）です。「お前はみんなに嫌われている」「使えない」「ばか」など本人を批判・批評する内容が多く，「死んだほうがいい」と命令する内容，「今，○○にいるだろう」と当事者を監視しているような内容が代表的です。幻聴が普通の声のように耳に聞こえて，実際の声と区別できない場合が多く，なかには「電波が入ってくる」と表現する当事者もいます。

　周りの人からは，幻聴に聞き入ってニヤニヤ笑ったり（空笑），幻聴との対話でブツブツ言ったりする（独語）と見えるため奇妙だと思われ，その苦しさを理解してもらいにくいことがあります。

　幻覚とは，実際にはないものが本人には感覚として感じられることです。妄想とは，明らかに誤った内容であるのにそれを信じてしまい，周りがいくら訂正しようとしてもなかなか受け入れられない考えのことをいいます。例えば「誰かが笑っているのは自分をばかにしているからだ」（関係妄想），「外に出ると誰かに襲われてしまう」（迫害妄想），「組織が自分を尾行している」（追跡妄想），「知らない人が自分をチラチラと見る」（注察妄想），などの内容が代表的で，これらを総称して被害妄想と呼ばれます。

　また「自分は皇族の血を引いている」（血統妄想），「自分には神様から頂いた力で世界を変えることができる」（誇大妄想）というものもあります。「自分の考えていることが聞こえてくる」（考想化声），「誰かに乗っ取られて考えや体を操られてしまう」（作為体験），「自分の考えをみんなが知っている」（考想伝播）のように，自分の考えや行動に関する症状もあります。思考や行動について，自分が行っているという感覚が損なわれてしまうことを，自我障害といいます。

　統合失調症の幻覚や妄想には2つの特徴があり，その特徴を知ることで，幻覚や妄想に苦しむ当事者の気持ちが理解しやすくなります。

　第1に，内容の特徴です。幻覚や妄想の主は他人で，その他人が当事者に対してわるい働きかけをしてきます。つまり人間関係が主題となっています。その内容は，大切に考えていること，劣等感を抱いていることなど，本人の価値観や関心と関連していることが多いようです。このように幻覚や妄想の内容は，もともとは当事者の気持ちや考えに由来するものです。

　第2に，気分に及ぼす影響です。幻覚や妄想の多くは，当事者にとっては真実のことと体験され，不安で恐ろしい気分をひき起こします。それを無視したり，放っておくこと

ができず、その世界に引きずり込まれるように感じます。場合によっては、幻聴や妄想に従った行動に走ってしまい、自傷・他害行為につながる場合もあります。周囲が「本当の声ではない」「正しい考えではない」と説明しても、なかなか信じられないことが対応のしづらさにつながっています。

　病気の原因理由は明確ではありません。しかし統合失調症になりやすい人がおり、仕事（人事異動やリストラ等）や人間関係（失恋・ハラスメント等）によるストレス、またはライフイベント（受験・就職・離婚・配偶者との死別等）等で過度な緊張やストレス等が原因で発症するのではと考えられています。約100人に1人がかかるといわれており、決してまれな病気ではありません。年齢的には思春期から40歳程度で発病しやすいといわれています。なかには50歳くらいでの発病する例もみられるので、幅広い年齢層で発病するといえます。

4 統合失調症の治療

　統合失調症の主な治療方法は抗精神病薬による薬物治療が挙げられますが、それ以外にも精神・心理療法、リハビリテーション等があります。

　精神療法とは、精神科医が主に心理的操作、さらには治療者と治療または援助を受ける当事者との間の治療的人間関係を媒介として、症状からの解放や生への構えの再構成を目指す療法です。また、心理療法とは心理技術者等が行い認知・情緒・行動などに働きかけ、そこに適応的な変化を図ることを目指します。

　リハビリテーション療法とは、疲れやすく集中力がない等で仕事や日常生活が以前のようにはできなくなることがあります。これらの活動制限（障害）の回復を支援し、社会参加と生活の質の向上を手助けするために活用されています。代表的なものとして、精神科作業療法、精神科デイケア、SST（社会生活技能訓練）等があります。

5 統合失調症の経過

　統合失調症はその病気の経過により、①前兆期・②急性期・③休息期（消耗期）・④回復期と4段階に分けられ、それぞれの病期で特徴的な症状があります。

　①前兆期：眠りにくい、音に対して敏感に感じる、気持ちが焦ってしまう、気分が変わりやすくなる等の症状が現れるといわれています。疲れや睡眠不足に注意が必要です。当事者が相談しなければ周囲の人は症状として気づかないことが多いです。

　②急性期：眠れない、不安感が強くなる、幻聴や幻覚等が現れるといわれています。無理をせず十分な睡眠や休息、安心できる環境が必要です。なかには急性期の状態を当事者は覚えていないこともあります。周囲の人だけでは対応できないことが多く、保健所・市町村の障害福祉の窓口・精神科病院等へ対応について相談する必要があります。

　③休息期（消耗期）：眠気が強い、身体がだるい、やる気・意欲が出ずひきこもる、自

分に自信がもてない等の症状が現れるといわれています。生活リズムを整える，焦らずに時間をかけて休息をとる必要があります。周囲の人にとっては「怠けている」ととらえられがちですが，当事者にとっては今までの急性期の状態が落ち着きつつある状態ですので，見守る姿勢も必要です。

④回復期：症状が安定し，考えなどにゆとりが出てきます。リハビリテーション等を行いながら体力をつける必要もあるでしょう。③休息期（消耗期）と同様，焦らず本人のペースに合わせた対応が必要ですが，本人が意欲をもつことには，無理のない程度にチャレンジしていってもよいかもしれません。

2 対応のポイント

1 正しい知識をもつ

まずは病気に関する正しい知識をもつことが重要です。本人の了解のもと，受診に同行し，主治医の先生からその人の病状や飲んでいる薬について教えてもらうことが近道だと思います。

なかには，自分が病気だという認識をもてず，治療に対して拒否的で治療を中断してしまう人もいます。統合失調症は服薬によって，病気の症状を抑えているので，薬をやめてしまうことで症状が悪化し，入院することになる場合もあります。大きく調子を崩さないためには，一人暮らしの人の場合，調子のよいときから訪問看護を活用したりし，病状の変化や服薬状況を把握することもひとつの方法です。自分一人で支えようと考えても，かかわれる時間に限りもあります。医療機関や保健所，相談支援事業所などと連携しながら，本人にとってのよりよい生活を目指していくことが重要です。

2 幻聴・妄想を否定しない，肯定もしない

具体的な対応として，幻聴や妄想がまだ残っている人にどう対応すればいいかということですが，本人の病的な訴えを聞き，つらさに共感することは大事ですが，非現実的だと否定したり，妄想を肯定したりしないこともうまく付き合っていくコツです。一人でいる時間が長すぎると，病的な世界に浸ってしまうので，体力が回復すれば，現実の世界に適応できるよう日中サービスを活用することも有効です。

3 理解しようとしている気持ちが伝わるように接する

幻聴や妄想も少なくなり，状態が落ち着いてくると，今度は考えがまとまらない，集中力が持続しない，疲れやすいといった症状が目立つようになります。医師から病名を告知されても原因がはっきりしていないので，「自分はどうしてこの病気になったのだろうか」と悩む人もいます。不安が強くなり，同じことを何度も話してきたり，言いたいことがう

まく伝えられなかったり，逆にこちらの伝えたいことを理解してもらいにくい場合もあります。病気になる以前の自分と今の自分を比較して，自信をなくしてしまう人もいます。本人が悩みを打ち明けているときはよく耳を傾け，理解しようとしている気持ちが伝わるように接することが大切です。

　統合失調症は決して怖い病気ではありません。しかし，慢性的な経過をたどる人が多い病気です。人生の最も華やかな時期に発症するため，病気になったことにより，仕事や家庭を失ったりする人もいます。病気以前の自分と病気になってからの自分を比較し，本人も家族も含め，かかわる人たちが病気を理解して，病気とうまく付き合うことで，少しずつかもしれませんが，回復への階段を上っていくのだと思います。

参考文献

- 日本精神神経学会：学会活動．
  https://www.jspn.or.jp/modules/activity/index.php?content_id=27
- 国立研究開発法人国立精神・神経医療研究センター病院：精神科　Q&A．
  https://www.ncnp.go.jp/hospital/sd/seishin/qanda.html

3 感情障害

1 感情障害とは

　感情障害は「気分障害」とも呼ばれ，医療機関を受診している総患者数は「2014（平成 26）年患者調査（厚生労働省）」では 111 万 6000 人と，精神疾患のなかでも一番多い疾患となっています。同調査を開始以降，年々増加し続けている疾患でもあります。感情障害を大きく分けると，「単極性障害」（うつ病，躁病）と「双極性障害」（躁うつ病）に分けられます。

1 うつ病

　最近では「うつ病」は「心の風邪」と呼ばれるようになり，国や都道府県のうつ病予防キャンペーンによって，病名をまったく知らない人は少なくなっています。反面，うつ病という言葉は知っていても，症状や日常生活場面での生活のしづらさについては知られていないことが多くあります。また偏見や誤解も多く，正しい理解が必要な疾患です。

　うつ病では様々な症状が現れ，代表的なものに「よく眠れない」という症状があります。うつ病の人の 80～90％にみられる症状といわれています。そのほかに「何をしても楽しくない」「何を食べてもおいしく感じない」「休んでも疲れが取れない」「少し動いただけなのにすぐ疲れてしまう」「体が重く何日も寝込んでしまう」「考えがまとまらず，判断がつかない」「体重が増減する」などの症状が現れます。時にこのような症状が長く続くと，「いっそのこと死んでしまいたい」と思ったり，自分自身を傷つける行動に出ることもあります。うつ病は，このような「うつ状態」が一日中ずっと続いたり，2 週間以上にわたって続く状態を指します。本人は何とかしたいと思いますが，本人の意思だけではなんともできず日常生活や社会生活に支障をきたします。そのような状態が続いていれば，早期に治療を開始する必要があります。

　しかし，どうしてうつ病になるのかは，まだはっきりとわかっていません。うつ病になりやすいのはある特定の性格の人ではないかと一般的には考えられています。しかし，これらはそういう傾向が認められるだけであって，断定はされていません。うつ病は性格にかかわらず，誰もがなる可能性のある病気という理解が必要です。一般的には，様々な喪失体験，環境や対人関係の変化など，ストレスとなる出来事が重なることが引き金となり発病すると考えられています。また，そのような状況となったとき，一人で抱え込んでしまい，周りの助けも得られなかったりすることによって，「脳」が疲れてしまい正常に働

くことができなくなってしまいます。うつ病もまた，本人には病気だという自覚がない場合もあります。経過として，人によっては仕事や社会参加ができるまでに完治する場合や寛解（治癒とは言えないが，ほとんど回復した状態）することもあります。反面，精神療法や薬物療法と平行して休養を続けていても，長期間うつ状態が続いてしまう場合もあります。特に後者については，治療を続けながら何とかしたいと思っているものの，再発を繰り返してしまい，先がみえない苦しみから日々つらい思いをして生活を送っています。また人によっては，「目の前のことから逃避している」，「心が弱い人間だ」，「自分はだめな人間だ」など，すべてが自分の責任と感じてしまっている部分もあります。

　日々の生活や仕事などで，嫌な思いや，何もしたくない気持ちになり，ストレスと感じることはたくさんあると思います。しかし，遊びに行ったり，スポーツをするなど，好きなことをすることによって気分転換ができ，時間の経過とともにストレスと感じていた気持ちが過ぎ去ってしまうことは多くの人が体験していることと思います。このような場合はうつ病とはいいません。

2 双極性障害

　「双極性障害」は，以前は「躁うつ病」と呼ばれていましたが，現在では両極端な病状が起こるという意味の「双極性障害」と呼ばれています。うつ病は「うつ状態」が中心症状として現れるのに対して，双極性障害は著しく気分が高揚してしまう「躁状態」と，意欲が低下した「うつ状態」という正反対の状態を交互に繰り返します。数日から数週間ごとに交代で繰り返し現れる場合が多いといわれていますが，躁状態が長く続くことはまれです。一方で，長年「うつ病」として治療されていても，時間の経過のなかで初めて躁状態を示し，その経過から診断が変更されることもあります。

　「うつ状態」では，エネルギーがない状態となるため，本人が苦しいと感じることは多いのですが，家族や周りへの影響は大きくありません。しかし，「躁状態」となってしまうと家族や周りの人への影響が大きくなってしまうことが特徴としてあります。気分が高揚していることもあり，睡眠時間が少なくなることに反比例して，動き回り続け，時に多弁（しゃべり続ける）となってしまい，家族や周りの人に大きな影響を与えてしまいます。何でもできると思う万能感を感じているため，後先を考えずに高額な買い物をして借金をつくってしまったり，社会規範を無視して法的な問題をひき起こしたりする場合もあります。時に，気分の高揚感から「自分は特殊な能力がある」と感じて逸脱行動を繰り返す場合や「表に出せない何兆円の資産を持っている」といった，誇大的な妄想をもつ場合もあります。結果，職場や家庭などで人に迷惑をかけてしまい，これまで築いてきた社会的な信用を失ってしまう場合もあります。躁状態の人についても自分自身の病気への認識がもちにくいということが挙げられます。客観的に自分自身をみることができないため，家族や周りが迷惑を受けていることへの認識は薄く，トラブルも多くなります。躁状態のとき

に起こしてしまった行動は，気分が落ち込んでくる過程のなかで気づけることもありますが，ほとんどは断片的か一部のみの記憶としてしか残らない場合が多いといわれています。

2 対応のポイント

1 うつ症状が病気によるものであることを認識する

うつ病は基本的には薬物療法と休養によって回復していくといわれています。ただ，家族や周りの対応としては「気の持ちよう」ではなく，あくまでも「病気の症状」として現れていることを理解することが大切です。また，怠けているわけではなく，「病気という認識」のもとに接していくことがとても重要です。何もできない本人に「気持ちの問題」，「怠けている」などの叱咤激励をしても状況は好転しません。一番何とかしたいと思っているのは本人自身であり，無用な励ましはより悪化を招くだけです。対応としては，つらい気持ちを受容したり，本人の話に耳を傾けたりするなどの配慮が必要です。

特に，うつ病の初期では，自責感やつらいうつ症状から自殺を考えてしまうことがありますので，注意が必要です。ただ，自殺の問題は初期に限らず，ある程度元気になってくる回復期においても多いと言われていますので注意が必要です。自殺者の半数以上は何らかの精神疾患を抱えており，そのなかでうつ病に罹患している割合は高いといわれています。自殺への対応として，家族や周りは「死なないだろう」と安易に考えず速やかに医療機関に受診することが大切なことであるとともに，しっかり本人の話を聞きながら，やさしく，思いやりをもって接していく必要があります。

2 躁状態を自覚してもらうような対応をする

うつ病と比べ，感情障害で特に対応が必要なのは躁状態における様々な行動に対するときや，治療中断時や入院時です。双極性障害では定期的に服薬していても，些細なことで躁状態になってしまうことがあります。当然，服薬がしっかりできていなければ早い段階で躁状態となってしまいます。また，躁状態の病状によっては入院治療が必要になる場合も多いのが特徴です。病気の経過として，長期的に治療が必要なため，その間で病気の波によって入院と退院を繰り返す場合もあります。まずは定期的な服薬によって，日常生活が安定できるような支援が必要になってきます。

うつ状態ではほとんどが急性期の状況（自殺の可能性がある，うつ状態がひどく何もできないなど）によって本人や家族が入院治療を希望することがあります。しかし，躁状態では前述したように，本人が病識をもちにくいため，周りからみて明らかに病状が悪化していても本人が入院を希望することはまれです。本人は気分が爽快で，何でもできるとの思いから様々な行動をとっていますので，しだいに服薬も不規則となっていきます。いくら周りが迷惑だと思っていても，本人が困らない限り通院や入院につないでいくことも困難

な状況になります。そのような状況になる前に適切に対応していく必要があります。

　病状悪化を防ぐためのひとつの方法として，あらかじめ本人と病状が悪化したときの約束事（メモや書面を作成）をつくる方法があります。例えば，「3日間眠れなかったら主治医と相談する」，「高額な買い物をたくさんしてしまったら躁状態になっているサイン」というように，少しでも本人自身に体調悪化のサインを自覚してもらうことも必要です。躁状態となると，なかなか他人の声は届きにくいですが，本人とともに事前に約束事を確認しておくことで，いざ対応が必要になったときに有効です。

　後見人等が一人で何とかしようと頑張ってもなかなかよい方向には進みません。また，一方的な説得や支援ではなかなか解決しません。病気によってそのような状態になっていますので，何とかしようという説得や議論は避け，通院先の医療機関のソーシャルワーカーや関係機関と連携を取り，本人にとってよりよい方法を提案しながら時間をかけて解決を図っていくことが必要です。

参考文献
- 厚生労働省：うつ病．知ることから始めようみんなのメンタルヘルス総合サイト．
  http://www.mhlw.go.jp/kokoro/speciality/detail_depressive.html
- 厚生労働省：双極性障害．知ることから始めようみんなのメンタルヘルス総合サイト．
  http://www.mhlw.go.jp/kokoro/speciality/detail_bipolar.html

4 アディクション

1 アディクションとは

　アディクション（Addiction）とは「依存症」のことを指し，アルコール依存症や薬物依存症がよく知られています。しかし，依存を生じるものはアルコールや，覚せい剤やコカイン・大麻などの非合法薬物だけではなく，たばこのような嗜好品，睡眠薬や鎮痛剤などの市販薬，シンナーのような有機溶剤など，様々な種類があります。加えて，そういった物質に限らず，ギャンブル依存や買い物依存，ネット依存，恋愛依存など，行為に対してのものもあり，一口に「依存（症）」といっても多岐にわたります。

　今では，あらゆる物事が依存の対象になりうるといわれており，①特定の物質を体内に取り入れることによって快感を得て，不安やおそれの感情を抑える「物質依存症」，②特定の行為をしていると高揚感を感じる「プロセス依存症」，③特定の人間関係にとらわれて異常なほどの固執をみせる「関係依存症」，の3つの分類をすることがあります。

①物質依存症：お酒の「アルコール依存症」，覚せい剤や麻薬，危険ドラッグ等の違法薬物もそうですが市販薬や処方薬でも起こる「薬物依存症」が代表として挙がります。

②プロセス依存症：「ギャンブル依存症」のほか，最近は身近になりつつあるSNSを気にしすぎてしまう「インターネット依存症」もあったり，ワーカーホリックと揶揄される「仕事中毒」も，行為に対する依存といえます。

③関係依存症：暴言暴力を受けているにもかかわらず「自分がいなくなると，この人はどうなってしまうのだろう」と考え，自分が困っているにもかかわらずに離れられない人間関係を続ける「共依存」などがあります。

　これらは，物質によったり，行為によったり，と依存の対象は形象・事象も違いますが，共通するものがあるため，「アディクション」と称されるようになりました。その共通するものは以下となります。

1 精神依存と身体依存

　アルコール依存症や薬物依存症の物質への依存にしても，ギャンブル依存症などの行為への依存にしても，それぞれの物質が欲しくてたまらなくなったり，その行為をしたくてたまらなくなり，徐々に我慢ができなくなり，「適量のアルコールで済ませる」「ギャンブルは今回だけで最後にする」ということができず，自分でコントロールすることが難しくなっていきます。このような状態を「精神依存」といいます。

また，摂取や行為を中断した際，不眠や手や指・全身の震えといった，様々な離脱症状が現れる場合もあります。このような状態を「身体依存」といいます。

2 異常な執着

大量・長時間・長期間にわたって依存対象に異常に執着するため，重要な社会的・職業的・娯楽的活動を放棄・減少させてしまいます。また，精神的・肉体的・社会的問題が起こっても，対象に執着し続けてしまいます。

3 否認

依存症の人は，病的な心理的防衛機制である「否認」を多用するため，しばしば依存症は「否認の病」ともいわれます。また，家族や恋人などが依存症の人に共依存している場合，共依存している人も否認しています。

否認は，その対象によって「第一の否認」「第二の否認」に分けることがあります。

第一の否認とは，「自分にはお酒やギャンブルなどの問題はない」と思っている状態です。「少し多めに買い物をしても，返せないほどの借金があるわけではない」，「たばこを吸っていても，自分は今までがんになっていない」，「マリファナは害が少ないから，やっても大丈夫」など，依存による有害性を過小評価・歪曲して，自らの問題性を否認しています。「最近はパチンコに行く回数が減ったから大丈夫」などと，周囲の人も「第一の否認」をすることもあります。

第二の否認とは，「自分にはお酒やギャンブルなど以外の問題はない」と思っている状態であり，依存によって依存対象以外にも生じてしまった問題を否認しています。周囲との人間関係やコミュニケーション，経済問題やその人の内面などに問題があることを否認します。「酒さえやめれば，元通りいくらでも働ける」，「クスリをやめさえすれば，俺も家族も問題はない」などと，なぜ依存に至るまでその物質を摂取し続けたのか，その行為をし続けたのかの根本的な問題に目を向けることを避けている，といえるでしょう。また「パチンコさえしなければ，申し分なくいい人なのに」と周囲の人が「第二の否認」をすることもあります。

否認は病的防衛機制として，疾病利得を得るために，つまり依存を続ける言い訳として行われることが多いといえます。

例えば，「世の中はおもしろくないことばかりだ」と，世の中のせいにして依存し続けたり，「私はかわいそうな人なの。だから依存し続けても仕方ないの」と考えていたり，「使っていれば落ち着くんだ」と依存し続ける自分なりのメリットを挙げたり，「(アルコールやギャンブル等の場合は)法律に違反しているわけではない」のだから依存し続けてもよいと言ったりします。

4 衝動性

依存症の人の特徴として，衝動性や刺激追求が高い，といわれています。

衝動性とは，「将来よくない結果をもたらす可能性があるにもかかわらず，目前の欲求を満たすために手っ取り早い行動を行ってしまう特性」のことです。

喫煙できない場所だと理解しているが吸いたい欲求が勝って吸ってしまう，電車内等もしくは普段ははばかれる場所でも携帯電話を使ってしまうなど，使用してはいけないとわかっているのにもかかわらず，抑えられずに"つい"使ってしまうことがあります。

5 行為の強化

報酬による行為の強化には，「行為」の後に必ず「報酬」が与えられる定型的強化と，「行為」の後，ときどき「報酬」が与えられる間欠的強化があります。

間欠的強化のほうが，「行為」への執着が高まることが知られており，これはギャンブル依存症発症の機序のひとつとされています。また，アルコールや薬物などの物質依存症の人の初めのころの「少しの酔い，心地よさ」を得られたり，「嫌なことを忘れられた」などの経験もこれに当てはまり，「気持ちよくなりたいから」や「嫌なことを忘れたいから」と考えたりして，徐々に飲酒量や使用量が増えていきます。

アディクションの入院治療は，まず，本人の治療動機を高めることから始まります。治療したいという意思を確認したうえで，まず，離脱症状やその他の臓器障害，合併精神疾患の診断，治療を行います。そのうえで，リハビリテーションが実施されますが，医師による精神療法，多職種もかかわる集団プログラムなどがあります。また，アディクションの治療に欠かせないのは，自助グループ（飲酒や薬物を使用した経験のある人たち同士で行うミーティング）への参加です。同じ状況を経験してきた人たちと出会い，様々な思いを分かち合うことができます。

2 対応のポイント

1 依存しなければならなかった背景を知る

特徴でも述べましたが，依存症の場合，自分でいつでも止めることができると言い，自分が依存症であることを「否認」する傾向があります。否認している際に，「その行為は間違っている」といわゆる正論をどれだけ伝えても伝わりませんし，むしろ距離を置くようになってしまいます。

そのため，支援者はこのようなアディクションの問題を受け止めるまでの経過に寄り添い，徐々にでも「自分は依存症である（かもしれない）」という事実を受け入れることができるように支援する必要があります。そうなるためには，「なぜ，この人は依存するまでになったのだろう」という，その人の人生観を理解しようという姿勢で寄り添い，何も使

用していない，行っていない状態のときに，会話を重ねていく必要があります。そのなかで，その人の「依存に至った経緯」を知ることができ，繰り返したくないという意思を確認したら，その解決に向けての支援を展開していきます。

2 自助グループを紹介する

その「至った経緯」に多いものとして，「対人関係が苦手である」が挙げられます。

摂取したいという欲求から現れる精神症状などとは別に，摂取を止めていたとしても人間関係がうまくいかないことがあります。依存症のある人は発症前に家庭内暴力の被害者であったなどの体験から心の傷を負っている場合があり，そのため，嘘をついたり，暴力や暴言を吐いたり，自分の問題を人の問題にすり替えるなど，非常に防衛的な言動に出ることがあります。自分に自信がなく，アルコールや薬物を使用していない状態で人と向き合うと，すべてを丸裸にされているように感じるからです。そのため，人との関係性や距離の取り方が難しくなってしまう場合があります。自分を見つめる大変な作業ではありますが，自助グループなどを紹介することは有効です。そこでは葛藤しながら自分の今まで行ったことを振り返り，課題に気づくことで少しずつ人間関係の回復を図ることができます。そういった本人の心の傷を見つめる作業に関して，「同じ立場に立ち，側面から支援する」という姿勢をもつことが重要となります。

3 スリップに備えておく

また，専門職は「スリップ」と呼んでいますが再発の可能性があることを知っておく必要もあります。例えば，アルコール依存症の人できちんと通院を続け，自助グループにも継続的に参加しており，再飲酒等する傾向が少ないのではと周りの人が思っていても，突然飲んでしまうことがあります。実際にアルコールについては，どこでも売っていて誰にでも手に入れることができます。また，ただ単純に欲望に駆られたり，もう治ったから飲んでも大丈夫だと思ったり，現在の自分に恥ずかしさを感じ，破綻した生活を見つめることで自暴自棄になったりして再度摂取が始まってしまうことが少なくありません。

ただ，彼らは再発を当然のように思っているわけではなく，それを恥じていたり，止めたいという気持ちを強くもっていても止められなかったということがあります。そのような彼らの気持ちを汲み取ることも大切です。再発したことを責めるのではなく，再発はつきものであることも含め，再発した場合でも再びチャンスがあることを伝え，回復の可能性を信じて見守ることも大切であると考えます。

参考文献
- 松本俊彦編：やさしいみんなのアディクション（臨床心理学増刊第8号），2016，金剛出版．
- 松本俊彦，小林桜児，今村扶美：薬物・アルコール依存症からの回復支援ワークブック．2011，金剛出版．

5 認知症

1 認知症とは

1 概要

　認知症という名称は以前「痴呆症」と表現していましたが,「痴呆」という言葉には「愚かである」という差別的な意味や「治らない病気である」との誤解もあり当事者や家族に「恥ずかしい」との認識が生じてしまい,早期受診で対処することをためらう要因にもなっていると考えられ,2004（平成16）年12月に厚生労働省より「認知症」への呼称変更の採択がなされました。

　認知症は「後天的な脳の病気により正常に発達した知的機能が全般的かつ継続的に低下し日常生活に支障を生じた状態」とされており,知能の発達がもともとわるい状態（知的障害）とは区別されます。

　そもそも認知症とは病気の状態・症状を表す言葉であり,ひとつの病気を表すことではありません。この状態は多くの診断名でもみることができます。

2 症状と診断名

　認知症の症状として多いものは,「同じことを何回も言う」「物の置忘れやしまった場所が思い出せない」「人や物の名前が出なくなる」「物事への関心が薄くなる」「怒りっぽくなる」「物が盗られたと訴える」「身だしなみがだらしなくなる」「話の内容が理解できなくなる」「自宅へ戻れなくなる」等が挙げられます。それぞれがすべて症状として出るわけではないので,最初はただの物忘れとして当事者や周囲の人たちも「認知症」であると気づかないことが多いです。また疾患によっても「認知症」の症状の現れ方が違います。

　認知症の症状がみられる診断名はおよそ70種類程あるといわれています。そのなかにおいて種別で診断名を挙げてみると,表5-1のように様々な診断名が認知症の症状をひき起こす要因となっているのです。そのなかには厚生労働省が発表している「指定難病」も含まれています。

3 分類

　日本人に多い認知症は以下のとおりです。

1. アルツハイマー型認知症

　健康な人の脳と比べると,脳が小さく萎縮し,特に「海馬」という記憶をつかさどる部

表5-1 認知症の症状がみられる診断名

種別	診断名
脳の変性疾患	アルツハイマー病，レビー小体病，運動ニューロン疾患，など
脳血管疾患	脳梗塞，脳出血，くも膜下出血，等
脳外科的疾患	脳腫瘍，正常圧水頭症，慢性硬膜下出血，脳外傷，など
感染症	脳炎，髄膜炎，クロイツフェルト・ヤコブ病，神経梅毒，エイズ脳症，など
内分泌・代謝・中毒性疾患	甲状腺機能低下症，アジソン病，ビタミンB_1欠乏症，ビタミンB_{12}欠乏症，低血糖症，アルコール脳症，薬物中毒，など
その他	多発性脳梗塞，ベーチェット病，シェーグレン症候群，など

(「認知症ねっと」などを参考に作成)

位が萎縮するのが特徴です。初期には，少し前の記憶がなくなるという症状が現れ，進行すると時間や日付などの記憶が曖昧になり，日常生活に支障をきたします。さらに進行すると今いる場所がわからなくなって近所を徘徊するなどの症状が起こり，高度になると身近な家族も誰だかわからなくなります。最終的には，自分で食事ができなくなり，多くの場合，全介助の状態に至ります。

2. 脳血管性認知症

脳梗塞や脳出血などの脳血管障害（脳卒中）が原因となって起こる認知症です。脳が障害を受けた部分によって記憶や言語が障害されるなど，身体面と精神面に症状が現れます。症状の現れ方は様々で，「意欲が低下する」「怒りっぽい」「物忘れをする」「歩行が小刻みになる」「ろれつが回らない」「物が飲み込みにくい」等があります。高血圧や糖尿病などの生活習慣病が主な要因とされています。

3. レビー小体型認知症

「大脳皮質」の神経細胞にタンパクがたまり「レビー小体」という物質が形成されます。このレビー小体が増え，大脳皮質などの神経細胞が傷つくことで認知症の症状が現れるといわれています。物忘れも起こりますが，意識がはっきりしているにもかかわらず，非常に具体的な「幻視」が現れるのが特徴です。そのほか，手足が震えたり筋肉が固くなるといった症状が現れ，歩幅が小刻みになり，転びやすくなったりします。

4. 前頭側頭型認知症

脳の前頭葉や側頭葉で，神経細胞が減少して脳が萎縮する病気です。初期には記憶が比較的保たれていますが，身なりや周囲のことに対して無関心となってしまい，毎日同じ時間に散歩に行く，同じ物ばかり食べるなど同じことを繰り返し行う「常同行動」がみられます。また，言葉の意味がわからなくなり，物の名前が出てこない，文字の読み違いといった症状が目立つ人もみられます。

5. 若年性認知症

　認知症は加齢とともに発症するリスクが高くなりますが，高齢者でなくても発症することがあり，64歳以下で発症した認知症を若年性認知症といいます。全国の若年性認知症の数は約3万7800人（2009（平成21）年3月厚生労働省発表）で，原因となる疾患は，血管性認知症，アルツハイマー病，頭部外傷後遺症などがあります。働き盛りの世代にも起こり，病気のために仕事に支障が出たり，失職して経済的に困難な状況に陥ったりすることになります。また，子どもが成人していない場合には親の病気が与える心理的影響が大きく，教育，就職，結婚などの人生設計が変わることにもなりかねません。さらに本人や配偶者の親の介護が重なることもあり，介護の負担が大きくなります。介護が配偶者に限られて，介護者も仕事が十分にできにくくなり，身体的にも精神的にもまた経済的にも大きな負担を強いられることが考えられます。

4 施策

　2015（平成27）年1月，認知症の人の意思が尊重され，できる限り住み慣れた地域のよい環境で，自分らしく暮らし続けることができる社会の実現を目指し，新たに「認知症施策推進総合戦略～認知症高齢者等にやさしい地域づくりに向けて」（新オレンジプラン）を関係府省庁が共同で策定されました。

　この「新オレンジプラン」では7つの柱に沿って，施策を総合的に推進していくこととなっています。

■「新オレンジプラン」7つの柱

①認知症への理解を深めるための普及・啓発の推進：認知症への理解を深めるための普及・啓発の推進を行います。

②認知症の容態に応じた適時・適切な医療・介護等の提供：早期診断・早期対応を軸に，「本人主体」を基本とした医療・介護等の有機的連携により，認知症の容態の変化に応じて，適時・適切に切れ目なく，そのときの容態に最もふさわしい場所で医療・介護等が提供される循環型の仕組みを実現します。

③若年性認知症施策の強化：若年性認知症の人は，就労や生活費等の経済的問題が大きいことなどから，居場所づくり等の様々な分野にわたる支援を総合的に講じていきます。

④認知症の人の介護者への支援：認知症の人の介護者への支援を行うことは，認知症の人の生活の質の改善にもつながるため，家族など介護者の精神的身体的な負担の軽減や，生活と介護の両立を支援する取り組みを推進します。

⑤認知症の人を含む高齢者にやさしい地域づくりの推進：生活の支援（ソフト面），生活しやすい環境（ハード面）の整備，就労・社会参加支援および安全確保を行い，認知症の人を含む高齢者にやさしい地域づくりを推進します。

⑥認知症の予防法，診断法，治療法，リハビリテーションモデル，介護モデル等の研究開発およびその成果の普及の推進：認知症の原因となる疾患それぞれの病態解明や行動・心理症状（BPSD）等を起こすメカニズムの解明を通じて，認知症の予防法，診断法，治療法，リハビリテーションモデル，介護モデル等の研究開発を推進します。

⑦認知症の人やその家族の視点の重視：これまでの認知症施策は，ともすれば認知症の人を支える側の視点に偏りがちであったという観点から，認知症の人やその家族の視点の重視をプランの柱のひとつとして掲げました。これは上記の6つの柱のすべてに共通する，プラン全体の理念でもあります。

（認知症施策推進総合戦略～認知症高齢者等にやさしい地域づくりに向けて（新オレンジプラン）より引用改変）

2 対応のポイント

1 早期発見・早期治療

認知症で肝心なことは「早期発見・早期治療」です。なかには脳血管疾患のようにある程度予防できる（高血圧や高脂血症にならない等）ものや，脳腫瘍・頭部外傷で脳の血流が一時的に損なわれている場合は脳外科的手術を行うことで改善する場合もあります。しかし，現在の医学の水準では，完全な予防や治療の方法がまだ確立していない状況です。それでも，早期発見，早期治療によって，医療や福祉につながることで，本人，家族にとってよりよい選択ができるよう支援することはできます。

2 記憶障害への対応

認知症の典型的な症状は，記憶障害で，昔のことは覚えているけれど，最近のことはわからないというような場合がよくあります。覚えていないことによって，周囲の人の問いかけに的外れなことを答えたり，何度も同じことを訴えたりします。そういうときに頭ごなしに否定したり，無視したりするではなく，本人の発言に耳を傾けることが大切です。

認知症の症状が出て，一番つらいのは当事者で，「自分が自分でなくなるような感覚」を実感しているといわれています。かかわる際は当事者の行動に対して感情的に接するとさらに混乱することが多いので，何をしたかったのか，なぜそのような行動をしてしまったのか，当事者の立場で考えてかかわることが必要です。

3 行政サービスの利用

病気の進行に合わせて介護保険サービスなどを利用して適切にケアできれば，認知症の進行を抑制できる可能性が高まります。しかし，「近所に迷惑をかけてはいけない」「認知

症の本人のプライドを考えると…」等の配慮から家族で問題を抱え込んでしまうケースも多いです。

　被害的な妄想が強く出て，ほかの人を責める言動が続いたり，家から出て行った後，迷子になってしまうことや，時間の感覚がなくなって，昼夜逆転になってしまうなど，対応が難しい場合は，専門病院での相談，治療が有効な場合もあります。

　精いっぱい介護をしている家族ほど，思いどおりにいかない介護に苛立ち，認知症の本人にあたったり，また，自分自身を責めたり，認知症の進行や見えない先行きに強い不安を感じるときもあります。そのような状況でさらに「頑張って」と激励することが，かえって家族を追い詰めてしまうともいわれています。医療サービスや介護保険サービスを上手に利用して息抜きすることや，家族会などを紹介して同じ悩みを抱える者同士で話をすることで気持ちにゆとりをもってもらうことも非常に大切です。

参考文献

- 厚生労働省：認知症．知ることから始めようみんなのメンタルヘルス総合サイト．
  http://www.mhlw.go.jp/kokoro/speciality/detail_recog.html
- 認知症ねっと．
  https://info.ninchisho.net/dem_know

6 高次脳機能障害

1 高次脳機能障害とは

1 原因概要

「高次脳機能障害」は"見えない障害"ともいわれます。

「脳血管障害」（脳卒中）や「交通事故」などにより脳への損傷を受けることによって，脳がつかさどっている，認知，動作，言葉，記憶などの機能に広範囲で障害が現れます。一見しただけではどこがどのように障害を受けているかわかりにくく，また，損傷を受けた部位や程度によっても障害の内容や程度が異なります。さらに，もともとのその人の個性も重なるため障害とは認識されにくいこともあります。日常生活においてトラブルが生じたり，生活に支障をきたしたりすることで，初めて家族や周りが気づくこともあります。また，一部，身体の障害を伴う場合もありますが，身体障害を伴わない場合も多いため，他人からは理解されにくい障害のひとつです。

患者は全国に50万人以上いるといわれ，その約80％は「脳血管障害（脳梗塞，脳出血，くも膜下出血など）」による脳の損傷，約10％が交通事故などの頭部外傷に起因しています。さらに脳炎，てんかん，心筋梗塞などによる脳への損傷でも発症することがあるといわれています。40歳代〜60歳代では「脳血管障害」が原因となる発症が多く，若い人では，「交通事故」による発症が多く，見方によってはいつ誰にでも起こりえる障害であるといえます。

2 診断と治療

「脳血管障害」「交通事故」などによる脳の損傷後は，まずは身体症状への治療やリハビリテーションのため，脳神経外科，神経内科，リハビリテーション科などで治療します。その後，CTやMRI等の各種検査や問診などから高次脳機能障害の診断が確定していきます。症状や状況によっては投薬を行うこともありますが，高次脳機能障害の治療というよりは，もともとあった疾患やてんかんなどの治療のための投薬といえます。

精神症状のコントロールが必要な人は精神科や心療内科での精神療法や薬物療法が行われる場合もあります。また必ずしも通院や服薬が必要ではない場合もあります。

3 症状や障害の現れ方

症状や障害は，脳の損傷部位によって異なります。例えば「前頭葉」部分では，意欲や

想像などをつかさどっているため,相手の気持ちを思いやることができない,怒りっぽくなる,他者への気遣いや関心が乏しくなる,注意力や集中力が持続できない,ひとつのことにこだわるなどの症状が現れます。「側頭葉」部分では,言語,記憶などをつかさどっているため,物事が覚えられない,会話が理解できない,数字が理解できない,人や物の名前が出てこないなどの症状が現れます。「頭頂葉」部分では,感覚をつかさどっているため,自分のいる場所がわからなくなってしまったり,いわゆる"空気を読む"ということができなかったりします。

特徴的な症状が日常生活にどのように現れるか,以下に例示します。

- 易疲労性：疲れやすさ。脳への損傷によって集中力が低下しているため,少し頑張って何かをするにしても,すぐに注意力が散漫になり,精神的にも疲れやすい。また,起きているときでもぼーっとしてしまいやすい。高次脳機能障害の代表的な特徴のひとつ。
- 注意障害：注意力が散漫になり,ひとつのことに集中できない。注意力が維持できないため,複数のことを同時に行うと集中できず,結果的にすべてが中途半端になってしまう。
- 社会的行動障害：感情の抑制ができない。欲求のコントロールができず,我慢ができないため,些細なことで怒り,突発的に行動してしまう。イライラしてじっとしていられない。また,興味が湧かなかったり,やる気が起きにくい。
- 失語症：他者との言語的コミュニケーションがスムーズにいかない。本人はきちんと話をしているつもりだが,相手には何を言いたいのか理解ができない。また,逆に相手の話が理解できているようにみるが,実際には内容の理解ができずスムーズに会話のキャッチボールができにくい。話す,聞く,読む,書く,計算するといった言葉にかかわるすべての作業が難しくなる。頭の中で言葉の引き出しと意味の引き出しのつながりが混乱している状態。
- 記憶障害：記憶の保持ができない。昔の記憶はある程度保たれているが,新しい情報や自分が言った内容が覚えられない。記憶をインプットする機能が障害を受け,人との約束や予定を保持できない。
- 遂行機能障害：予定や計画がスムーズに立てられない。行動や計画がいきあたりばったりで順序立てて考えたり,進めたりすることができない。

近年では,高次脳機能障害の診断基準が策定され,高次脳機能障害と診断されれば「器質性精神障害」として精神保健福祉手帳や障害年金の申請ができるようになりました。また,障害福祉サービスの対象となるため,行政機関へ申請し「障害支援区分認定」を受けることによって利用は可能です。例えばホームヘルパーによる家事援助や就労支援施設,相談支援事業などの利用も可能です。

2 対応のポイント

「お世話になった方なのに,その人の名前がとっさに出てこない」,「簡単な漢字が出てこない」,「昨夜の夕飯が思い出せない」など,日常生活場面においてはよくあるかと思います。高次脳機能障害は脳への損傷の後遺症としての障害であり,生活に支障をきたしている状態ですが,そのことに本人自身が気づけていないことや周りもわからないこともあります。このため,その人の障害特性について理解を深めながらかかわることが必要です。

以下,高次脳機能障害の人の日常生活を支援するうえでのポイントについて記述します。

1 理解し合えているか確認する。記憶を補う

コミュニケーションをはかる際,どこまで理解できているのか確認しながら,丁寧に時間をかけて聞く必要があります。言葉（単語）がスムーズに出てこなかったり,話の内容が行ったり来たりしてしまったり,結論にたどり着くまでに時間がかかることがあります。また,言葉のキャッチボールができているようにみえても,会話の脈絡を理解できていないために話がちぐはぐになる場合もあります。時に,こちらが何を言っているのか理解できず,突然怒り出したりすることがあります。

こうした事態を避けるために,本人は何を伝えたいのか,会話の道筋をつくり,適宜修正や確認を行って整理する必要があります。話が回りくどくなってしまう傾向は,障害として理解して根気よく話を聞くことが大切です。また,理解が不十分なまま約束や予定を決めてしまうと,後で行き違いが生じ,本人も周囲も混乱してしまうこともありますので,理解や記憶を補完するためにメモを利用して記録し,確認してもらう方法もあります。最近は携帯電話（スマートフォンを含む）の機能やアプリケーションも進歩しています。事前に予定を作成しておけば,その時間に知らせてくれる機能を活用する方法もあります。

2 本人のペースを尊重する

生活場面においては,周りからは「何もせずにダラダラしている」,「いつもぼーっとしている」と見えてしまうかもしれません。しかし,障害の程度によってできないこともあります。本人は何とかしたくとも,障害によって阻害されている場合もあります。こうした本人の苦労に対して理解し,こちらのペースや型に無理に当てはめず,できることから行ってもらうことが必要です。本人のペースでできることを大切にしましょう。

3 服薬継続の支援

障害の背後に,他の精神疾患が隠れていることによって日常生活に支障をきたしている場合もあります。高次脳機能障害には,知的障害,感情障害（双極性障害を含む）,てんか

ん，発達障害などを併発している場合もあります。また，このほかにも，高血圧，糖尿病などの内科的疾患を併発している人もいます。これらの疾患は定期的な服薬を必要とすることが多くあります。しかし，周りや本人が服薬の必要性を理解していても，注意障害や記憶障害といった障害によって「薬を服用する」という認識が持続せず，定期的な服薬ができない場合もあります。

健康の維持や症状軽減のために処方通りに服用できるようにするには，本人自身の理解を促すのもひとつですが，「お薬カレンダー」などを利用して，視覚を使い，飲み忘れを確認できるような方法をとることも有効です。これは以前から薬局などで販売していましたが，最近では100円ショップ等でも代用できるものが販売されています。

4 社会参加の機会をつくる

高次脳機能障害は，障害として固定してしまうと，日常生活における生活のしづらさが固定すると思われています。しかし，障害そのものは固定していますが，リハビリテーションや本人の生活状況，および支援者のかかわり方や本人の社会参加の仕方によって様々な可能性が残されています。例えば，趣味や生きがいなどを見つけることよって，障害があっても社会参加する意欲が湧いたり，仕事をすることによってやりがいを見出すことができます。社会参加すれば，役割が得られ本人自身もいきいきとした生活が送れるようになります。また役割を通して目的を果たすために，本人自身が障害特性を理解して行動できることもあります。

後見人等としてかかわっていくには，本人の個性や障害特性を理解したうえで，本人にとってよりよい「生き方」の援助をしていくことが必要です。そのためには，かかわり続けることで関係性を保ちながら本人への理解を深めるとともに，どのような支援によって生活の幅が広げられるのか本人と一緒に考えていくことが大切です。

参考文献

- 日本高次脳機能障害学会教育・研修委員会編：頭部外傷と高次脳機能障害．2017，新興医学出版社．
- 蒲澤秀洋監修，阿部順子編著：チームで支える高次脳機能障害のある人の地域生活―生活版ジョブコーチ手法を活用する自立支援．2017，中央法規出版．
- 国立障害者リハビリテーションセンター高次脳機能障害情報・支援センターホームページ．http://www.rehab.go.jp/brain_fukyu/

7 パーソナリティ障害

1 パーソナリティ障害とは

1 診断と治療

　パーソナリティ障害とは，性格の偏りから，感情コントロールがうまくできなかったり，スムーズな人間関係が構築できなかったりするため，本人自身が「生活のしづらさ」を感じてしまう精神疾患のひとつです。以前は人格障害や性格障害などといわれることもありましたが，人格や性格を否定するような表現であるために，最近ではパーソナリティ障害といわれています。疾患や障害として認識されていますので，単純に「性格の良し悪し」とは違います。症状や状態によっては通院助成のための「自立支援医療」や，「精神障害者保健福祉手帳」の対象にもなっており，治療（精神療法や薬物療法など）を続けていくことで症状が改善するといわれています

　パーソナリティ障害の発症原因ははっきりわかっていません。生まれながらの特性や，家庭環境や生育過程における経験などの環境の問題がかかわっているといわれていますが，断定されるまでは至っていません。診断は生育歴や症状などの問診から総合的になされます。ただ，パーソナリティ障害はすぐに断定されるというよりは，診察の経過のなかでその人の個性や現れている症状などから時間をかけて診断されます。また，感情障害（主にうつ症状）や摂食障害，発達障害，アルコール依存症などの他の精神疾患も併発していることが多いといわれており，それらの治療も並行して行う場合もあります。

2 パーソナリティ障害の特徴

　現在は世界保健機関（WHO）の国際疾患分類（ICD-10：International classification of diseases 10）やアメリカ精神医学会の統計的診断マニュアル（DSM-5：Diagnostic and statistical manual of mental disorder 5）によって様々に分類されています。そのなかから大きく3つのタイプの特徴について述べます。

　①「統合失調質パーソナリティ障害」，「統合失調型パーソナリティ障害」，「妄想性のパーソナリティ障害」が含まれるタイプ：他者への興味や関心が少なくなり，対人関係がスムーズにとれず，共感性も乏しく，自分の殻に閉じこもりがちになります。他者を信用することができず，かかわりをもっても疑心暗鬼となりやすく，物事を被害的にとらえやすい傾向になります。

　②「自己愛性パーソナリティ障害」，「境界性パーソナリティ障害」，「演技性パーソナリ

ティ障害」、「反社会性パーソナリティ障害」が含まれるタイプ：対人関係を築くことに困難を抱えたり、物事の見方が一方的になります。対人関係上のトラブルを生じやすく、周りからは自己中心的な行動や言動が多いとみられ、時に社会規範から逸脱してしまうこともあります。衝動的に自殺未遂や自傷行為に至る場合もあります。自尊心が強く、他者からの評価や称賛を望む一方で、他者を過小評価してしまう傾向があります。

③「依存性パーソナリティ障害」、「強迫性パーソナリティ障害」、「回避性パーソナリティ障害」といわれるタイプ：一人でいることへの恐怖感や不安感から他者に依存的となります。また、自己肯定感が低いため些細なことで傷つきやすく、他人に依存することによって安心感を得ようとします。ひとつひとつの確認や強いこだわりによって行動するため、日常生活に影響を及ぼします。また、周りを巻き込んで自分のルールを押し通し、周りとの協調がとりにくくなります。他人に対しての緊張や不安も強いため、交友関係も限定的になりがちです。

パーソナリティ障害を広義にみてみると、他の精神疾患とは少し異なる特徴があります。パーソナリティ障害は、その人がもっている個性が他者と本人とを隔ててしまい、社会生活を送るうえで困難さを生じてしまう疾患や障害だということです。人によってはこのような偏りがあっても周りに受け入れられたり、本人が日常生活において不都合を感じることなく生活が送れていれば疾患や障害として医療機関につながることはありません。

2 対応のポイント

このように、パーソナリティ障害の特徴は、周囲から「大変な人だ」、「あまりかかわりたくない」などの偏見を生じやすいものです。外見では障害の程度や状態はわからず、また個性と一体化しているため病気や障害としてはなかなか理解しにくいですが、本人の努力だけでどうにかできるものではなく、病気による側面をもつことへの理解が必要です。

以下に、障害特性を踏まえたうえでパーソナリティ障害の人とかかわる際の留意点を述べます。

1 一貫した態度で接する

パーソナリティ障害の人は、他者との距離感をはかったりかかわりを適切にとることができません。二極思考（「黒か白」、「0か100」など両極端な考え方）になりやすく、他者とのコミュニケーションがスムーズにできないこともあります。他者に対しての理想化（自分の理想を相手に投影してしまう）を図り、「こうあるべきだ」、「こうあってほしい」と思い込んで関係を求めてきます。距離感が保てないため、理想化された求めに対して、思うような反応が得られないとその思いが失望や怒りに変わり、時に攻撃的になることもあります。

そうならないためにも，一貫した誠実な対応が求められます。実行できない約束や不可能な予定を立てることを避け，予定変更の必要があればしっかりと理由や用件などを伝え理解してもらう必要があります。対応するときには共感的な態度で接することが大切です。こちらの態度に矛盾や齟齬を見つけると，それまでは友好的な表情や言動を示していたのに，些細なことから感情的になり急激に怒りを向けられることもあります。また，時には自分自身の欲求を通すために暴力に発展することもありますが，曖昧な態度で接することなく，はっきりとした意思表示を行い，注意すべきことは注意することも必要です。特に暴力に対しては，毅然とした態度で対応しましょう。

2 緊急時も感情的にならず冷静に対応する

次に衝動的な行為や行動への対応です。症状は人によって異なりますが，感情の波が大きなときに自殺未遂（大量服薬など）や自傷行為（リストカットなど）に至ることもあります。衝動的に行動することを抑制する力が脆弱で，感情に任せて行動化したり，「自分のことをわかってほしい」と周りの関心を引きつけるために行う場合もあります。

このような派手な行為に対して，感情的に振り回されることなく，冷静に対応することが必要です。大量服薬では，「本当に死んでしまいたい」と思って行動化することもありますが，「楽になりたい」，「消えてなくなりたい」との思いから衝動的に行う場合もあります。ただし，まれにそのまま死に至ってしまう場合もありますので，注意が必要です。

自傷行為も同様で，衝動的に「すっきりしたい」，「安心を得たい」，「生きている実感を得たい」などと手首や腕などを傷つけてしまいます。自殺未遂や自傷行為が繰り返されると周りの人は心配し疲弊してしまい，かかわること自体が嫌になってしまうこともあるかもしれません。時に心配を通り越して，本人への嫌悪感や腹立たしさを抱いてしまうかもしれません。しかし，これらは障害によって起こっていることとして理解しようとする必要があります。

本人は「本当に死にたい」との思いよりも，目の前に起きているつらさから逃げたいとの思いで行動しています。あまり同情的になりすぎず，冷静に対応することが必要です。過剰に心配したり，反対に行為自体を叱責したり，非難したりしても解決には至りません。また，見放すような態度で接してもより反発を招くだけです。解決を急がず，まずは本人の訴えたいことを受け止め，思いに寄り添っていこうとするかかわりのなかで，解決方法を一緒に考える必要があります。ただし，あまりにも繰り返されるようであれば，医療機関への相談や連携が有効な場合もあります。特に，激しい興奮によって自傷行為や他害行為が続けば，精神科病院への入院が必要になる場合もあります。また，精神科薬を大量服用してしまった場合には命の危険性もあり，救急病院などで治療が必要になります。

3 長い経過のなかで見守る

　パーソナリティ障害の現れ方は，個人の育ってきた環境やその後の体験によって大きく異なります。人によっては，その様々な症状や障害がなかなか理解しにくいこともあるかもしれません。また，通院や服薬を続けていても，他者からみて「よくなった」，「調子がよさそう」などと感じられることが少ないかもしれません。パーソナリティ障害は服薬によって「治る」ということはなく，年齢を重ねるなかで，様々な人との出会いや経験，そのなかで感じとることによって変化していきます。本人が自分自身の障害特性に気づくことでよい方向に向かう場合もあります。また，時間の経過のなかで疾患や障害が現れにくくなることもあります。長期的な視点で見守りかかわることがとても大切です。

　かかわるうえで困ることがあれば，支援者が一人で抱え込まず，客観的にみることのできる通院先の医療機関の医師やソーシャルワーカーなどの専門職とも連携し，支援者が疲弊しないようにしましょう。

参考文献

- 厚生労働省：パーソナリティ障害．知ることからはじめようみんなのメンタルヘルス総合サイト．
  http://www.mhlw.go.jp/kokoro/know/disease_personality.html

8 発達障害

1 発達障害とは

1 定義
発達障害は次のとおり定義されています。

■発達障害とは

> 自閉症，アスペルガー症候群その他の広汎性発達障害，学習障害，注意欠陥多動性障害その他これに類する脳機能の障害であってその症状が通常低年齢において発現するものとして政令で定めるものをいう。　　　　　　　　　　　　　　　　（発達障害者支援法　第2条）

　以前は自閉症やアスペルガー症候群，注意欠陥多動性障害などと種類が細かく分けられて診断されていましたが，最近ではこの定義のなかの症状を受け，発達障害は大きく，①自閉症スペクトラム障害（ASD：Autism spectrum disorder），②注意欠如多動性障害（ADHD：Attention-deficit/hyperactivity disorder），③学習障害（LD：Learning disability），の3つに分けることがあります。それぞれが明確に分かれているわけではなく，どの種類の発達障害かを判断するために，様々な診断基準や指標が設けられています。発達障害の現れ方は人それぞれで，単独の障害として現れる場合もあれば，複数の症状が併存している場合もあります。発症の原因として，環境や病気などの後天的な原因によって起こるものではなく，先天的な要因を中心とする生物学的原因により生じているといわれていますが，そのタイプは様々で，複数の障害が重なって現れることもありますし，程度や年齢，生活環境などによっても症状が異なってくる場合もあります。

2 概要
①自閉症スペクトラム障害：かつては「自閉症」「自閉性障害」「広汎性発達障害」「アスペルガー症候群」など，様々な名称が用いられていました。しだいにこれらをまとめてひとつの連続体（スペクトラム）ととらえるようになり，現在では自閉症スペクトラム障害の名称が広く用いられています。自閉症スペクトラム障害の大きな特徴として，「コミュニケーションの障害」「社会的なやり取りの障害」「こだわり行動」の3つがあります。具体的には，社会的な対人関係を築くのが難しい，他人とのコミュニケーションが取りにくい，活動や興味の範囲が狭く，こだわりが強いことが挙げられます。

②注意欠陥多動性障害：よくみられるものは，「不注意」「衝動性」「多動性」という主に行動面における特性です。落ち着きがない，よく考えずに行動する，物をよく失くす，注意をひとつに向けられない，ひとつのことに集中すると，ほかのことに注意が向けられない，時間が守れないなど多岐にわたります。

③学習障害：知的能力が「部分的に」遅滞している状態のことです。知的能力には，「聞く」「話す」「読む」「書く」「計算する」「推論する」などがありますが，これらのうち，1つ以上の習得や使用に困難が認められます。そのため，小学校入学後に授業で「教科書が読めない」「漢字が書けない」「文章問題の意図することが理解できない」などによって気づくケースがほとんどです。こうした状態は個人の努力ではどうすることもできません。

2 対応のポイント

　発達障害は，先天的な要因が強いといわれているように，生まれながらに脳機能に何らかの不具合があることで起こる障害であるため，治療により治癒することを目指すのではなく，「その人の特徴」ととらえて，その都度，その人に合うサポートを行うことが重要となります。

　発達障害の人に共通しているのは，対人関係を理解したり調整したりすることが難しかったり，同じ行動や言動を極端に繰り返したり，自分なりの手順を変えることができないといったこだわりの強さです。「わかっているのに変えることができない」「（なぜ違うのかの）理解自体が難しい」状態であるため，本人は多大なストレスを受けて苦しんでいることが多く，様々な生活のしづらさを有しています。人の暮らしには大小様々な変化や思わぬことが起きますが，発達障害の人は臨機応変さなどのいわゆる常識的対応が一般的には苦手です。今，何が起こったのかなどわかりやすく説明し，具体的にどのように対応すればよいのかを一貫性をもつよう心がけて対応することが大切です。

　また，人の表情や周囲の雰囲気から空気を読んで発言するということが苦手です。曖昧な表現ではなく，具体的に簡潔に伝えることで理解が進む場合があります。さらに，物事への柔軟な対応が苦手です。突然，予定や手順を変更するとパニックになってしまい，拒否的な反応をすることがあります。音や光に過敏に反応することも多く，強い刺激が加わらない環境を整えることが合理的な配慮として必要な人もいます。その人自身の努力だけでは，乗り越えることが難しいこともあるので，その人が最大限に自分の力を発揮できるように環境を整えることが大切です。理解を促す際には，長々と言葉で説明するよりも絵で示したり，視覚に訴えることが有効だともいわれます。実際には，発達障害のある人の障害も一人ひとり異なるので，その人の特徴をよく理解した環境づくりや対応が重要になります。

参考文献
- 宮尾益知監修:発達障害の基礎知識. 2017, 河出書房新社.

9 知的障害

1 知的障害とは

1 概要

　知的障害に関しては，身体障害，精神障害のように法律的な定義がなされていません。一般的に示されているのは，知的な機能や社会的な適応に障害があり，生活しづらさを抱えていること，そして，そうした状況になった年齢が18歳未満であることです。障害者手帳については，児童相談所または知的障害者更生相談所において判定が行われていますが，その判定についての運用が自治体の裁量に委ねられており，自治体ごとに取扱いが異なるという状況もあります。手帳の名称も自治体ごとに異なるのですが，最重度，重度，中度，軽度という4段階に分かれており，概ね知能指数（IQ）が70以下の場合に，障害があると判断されています。

　その原因については，遺伝によるものや染色体の異常などから起こる先天的なもの，出産時の酸素不足・脳の圧迫などの事故によるもの，幼少期に何らかの疾患に罹り，高熱などのために脳に損傷が生じたものなどが指摘されますが，原因不明な場合も多くあります。

2 名称

　旧来は「精神薄弱」という名称が使用されていましたが，その呼び方が差別的であるということから検討が行われ，「精神薄弱の用語の整理のための関係法律の一部を改正する法律」により1999（平成11）年から現在の知的障害という呼称に変更されました。それに伴って，精神薄弱者福祉法は知的障害者福祉法となり，現在，障害福祉サービスに関しては，「障害者の日常生活及び社会生活を総合的に支援するための法律」（障害者総合支援法）に一元化されています。なお，疾患名として，ICD-10では「精神遅滞」とされています。

2 対応のポイント

　一言で「知的障害」といっても，原因や疾患が異なりますし，その人その人によって，必要となる支援も違います。障害が重い人たちのなかには，相手が何を話しているのか理解が難しかったり，自分だけで物事を判断することが困難な人もいます。特に複雑な話や抽象的な話については，理解しにくい場合があります。また，わからないことがあって

も，自分から人に聞くことがうまくできなかったり，自分の意見を言うことに慣れてない人もいます。漢字の読み書きや計算が苦手だったり，先のことを見通した判断が難しかったりする人や，何かにこだわってしまってその先に進めなかったり，予想外のことが起こることによってパニックになってしまう人など様々です。

　本人に対して，丁寧に説明すれば理解ができるにもかかわらず，知的な障害があるということだけで，話してもわからないというような対応をとられてしまうことがあります。自分だけで判断が難しい人をサポートするために成年後見人等が選任されることにもつながるわけですが，伝える側がその人に理解できるように工夫をする必要があります。また，理解しても，判断するまでに時間がかかるということに対しても配慮が必要です。本人が判断したことを実行する際にも，先回りしてすべてを管理するのではなく，見守るという姿勢も重要です。知的障害のある人に対して，実年齢よりも子ども扱いをしたりする場面も見受けられますが，そうした対応に傷ついたり，差別されていると感じる人もいます。対等な人として接する姿勢を忘れないようにしましょう。

10 難病

1 難病とは

1 定義および施策

難病は、医学的に明確に定義された病名ではなく、いわゆる「不治の病」に対して社会通念として用いられてきた言葉です。そのため、難病であるか否かは、そのときの医療水準や社会事情によって変化します。

1972（昭和47）年の厚生省（当時）の「難病対策要綱」には、「(1) 原因不明、治療方針未確定であり、かつ、後遺症を残すおそれが少なくない疾病、(2) 経過が慢性にわたり、単に経済的な問題のみならず介護等に著しく人手を要するために家族の負担が重く、また精神的にも負担の大きい疾病」と定義されていました。これは「行政対象としての難病」の範囲を定めたもので、がんをはじめすでに対策法などのある疾患は除外されています。この要綱に基づき、①調査研究の推進（難治性疾患克服研究事業）、②医療設備等の整備、③医療費の自己負担の軽減（特定疾患治療研究事業）、④地域における保健医療福祉の充実・連携、⑤QOLの向上を目指した福祉施策の推進（難病患者等居宅生活支援事業）、の5つの事業が実施されていました。

その後、社会保障・税一体改革大綱において、難病患者の医療費助成について法制化も視野に入れ、助成対象の希少・難治性疾患の範囲の拡大を含め、より公平で安定的な支援の仕組みの構築が目指された結果、2014（平成26）年に「難病の患者に対する医療等に関する法律」（難病法）が制定されました。

難病法では難病を次のとおり定義しています。

■難病とは

> 発病の機構が明らかでなく、治療方法が確立していない、希少な疾病であって、長期の療養を必要とするもの　　　　　　　　　　　　　　　　　　　　（難病法　第1条より抜粋）

このような病態のため患者自身や家族の経済的・身体的・精神的負担が大きいといえ、厚生労働大臣による指定難病に対する医療費助成や治療法確立のための調査研究を行うこととされています。

2 指定難病とは

難病法では、難病のうち患者のおかれている状況からみて良質かつ適切な医療の確保を

図る必要性が高く以下の要件のすべてを満たすものを，厚生科学審議会の意見を聴いて厚生労働大臣が「指定難病」として指定します．

- 患者数が本邦において一定の人数（注：人口のおよそ0.1％程度と厚生労働省令で規定）に達しないこと
- 客観的な診断基準（またはそれに準ずるもの）が確立していること

指定されている難病は，難病法制定以前に実施されていた特定疾患治療研究事業で56疾患だったものに暫時追加し，2018（平成30）年4月現在331疾患です．指定難病の疾患名は，厚生労働省のホームページ[1]に掲載されており，今後も追加されることがあります．また，都道府県によっては，独自に難病指定されている疾病もあります．

③ 難病の医療費助成

前述した難病の定義からもわかるように，療養が長期にわたることで医療費が恒常的かつ高額にかかり，患者や家族の負担を増すことになります．そこで，2014（平成26）年末までは特定疾患治療研究事業として医療費助成が行われており，2015（平成27）年からは，難病法による特定医療費が支給されるようになりました．

「難病法」による医療費助成の対象となるのは，原則として「指定難病」と診断され，「重症度分類等」に照らして病状の程度が一定程度以上の場合です．確立された対象疾病の診断基準とそれぞれの疾病の特性に応じた重症度分類等が，個々の疾病ごとに設定されています．

なお，難病法の施行以降も，「スモン」および「プリオン病（ヒト由来乾燥硬膜移植によるクロイツフェルト・ヤコブ病に限る）」は，特定疾患治療研究事業の医療費助成制度の対象となります．「難治性肝炎のうち劇症肝炎」および「重症急性膵炎」については2014（平成26）年12月末までに認定されている患者に限り更新可能です．

④ 障害福祉サービスの対象疾患

障害者総合支援法（2012（平成24）年6月公布，2013（平成25）年4月施行）では，障害支援区分の認定や支給決定手続きを経て，難病患者も障害福祉サービスを利用できるようにしています．前述した「② 指定難病」とは一部異なり，「治療方法が確立していない」「長期の療養を必要とする」「診断に関し客観的な指標による一定の基準が定まっていること」を要件としていますが，患者数が人口の0.1％程度に達しないことや疾病の「重症度」は勘案しないこととしています．なお，他の施策体系が樹立している疾病は除かれます．

---

1) 厚生労働省：指定難病一覧．
http://www.mhlw.go.jp/stf/seisakunitsuite/bunya/0000084783.html （最終閲覧2018年8月31日）
難病情報センター：FAQ 代表的な質問と回答例．
http://www.nanbyou.or.jp/entry/1383#pagetop （最終閲覧2018年8月31日）

2017（平成29）年4月現在の対象疾患は358です。

2 対応のポイント

1 病気や症状に対する理解と配慮

一口に「難病のある人」といっても，疾患数は多く，状態像は様々です。疾患により外見・容貌が変化していたり，視覚障害や肢体不自由などによる行動上の変化などから，身体障害者手帳の対象となる場合もあります。また，外見や行動上の特徴に限らず，症状に変化があり特にストレスや疲労により症状が悪化する場合があることや，定期的な通院を要する点は多くの難病患者に共通しています。

特に，外見上病気があることがわかりにくいと，その症状やつらさを理解したうえでの配慮の必要性が周囲に理解されにくいことがあります。後見人等として支援する際は，被後見人等の難病について，その疾患の特徴や症状及び生活に与える影響等をよく理解し，併せて周囲の理解も求めていく必要があります。

疾患によっては皮膚など外見に目立つ症状があることや，「難病」という名前のイメージにより，「病気がうつる」と誤解され，周囲との関係で摩擦が起こることがあります。難病の原因は様々ですが，自己免疫機能の不全や異常，神経伝達物質の異常などが代表的な病因であり，ほとんどの難病は感染性ではありません。むしろ，難病では免疫力低下も生じうるため，風邪をひいている人がそれを難病のある人にうつさないように注意するといった配慮も欠かせません。

2 変化する症状や状態に合わせた支援

前述のように難病は多様な疾患の総称で，個人の状態や生活には個別性が高いため，一人ひとりの被後見人等に合わせた支援を展開するべきであることはいうまでもありません。そのうえで特に留意したいのは，症状や状態の可変性に配慮した計画的支援を検討すべきであるということです。この点は精神障害への支援と共通する発想といえます。

後見人等の受任時に，被後見人等がどのような病状であるかによっても必要な支援が異なります。病気の状態をみながら，被後見人等の意思をその都度確認し，先の見通しを小刻みに立てることも必要です。状態に合わせて適切な制度や施設，サービスを利用できるよう，主治医等の医療関係者，保健所や市役所などの保健福祉の関係者，患者会などと連携することも意義があります。

一部の難病では，主治医と連携を図りながら進行のスピードなども考慮し，被後見人等の先々のことに関する意思確認を適時行い，被後見人等が意思表示できなくなったときや死後においても，その意思を反映できるように整えることが望まれます。

3 指定難病の申請手続き

難病法の制定により，2015（平成27）年1月1日から難病指定医のみが指定難病の新規診断を行うこととなりました。そのため難病の初回申請は，大学病院や専門病院等の難病指定医に受診します。申請手続きの主な流れは以下のようになります。

①難病指定医に受診する，②診断書（臨床調査個人票）[2]をもらう，③診断書や他の必要書類にて都道府県の窓口（保健所等）に申請する，④特定医療費（指定難病）受給者証をもらう，⑤指定医療機関に受診する。

上記したように，指定難病はこれまで暫時追加されています。現段階では指定難病として特定医療費支給の対象となっていない疾患であっても，今後対象となることも考えられます。また，病状が重症度の基準に届かないと認定されませんが，残念ながら状態が悪化した際には支給対象となる場合もあります。主治医や医療機関のソーシャルワーカーの助言も期待できますが，後見人等としても被後見人等の病状の程度をみながら，適時申請を支援することを忘れてはなりません。難病に関する情報を幅広く提供している難病情報センターのWEBサイト[3]なども活用し，最新の情報を被後見人等とともに入手するようにしましょう。

---

[2] 診断書の書式となる臨床調査個人票は，各難病について用意されており，厚生労働省のホームページからダウンロードできます。
https://www.mhlw.go.jp/stf/seisakunitsuite/bunya/0000084783.html （最終閲覧2018年8月31日）
[3] 難病情報センター：お知らせ．
http://www.nanbyou.or.jp/entry/2668 （最終閲覧2018年8月31日）

第6章

成年後見制度の限界と課題

第1節 成年後見制度の限界

1 国際社会の動向と日本の成年後見制度

　2000（平成12）年に改正された日本の成年後見制度は，補助類型を新設した法定後見制度を軸に対象者の意思を尊重する任意後見制度を創設した仕組みとして諸外国からも注目を集めました。特に任意後見制度は，任意後見人（任意後見契約を結んだ時点では「任意後見受任者」といいます）や契約内容を対象者が自ら選び，対象者の意向を制度へ反映させるとともに，家庭裁判所が任意後見監督人を選任したときから任意後見人の効力を発動させる仕組みとしたことが評価されました。

　しかし，当初期待されたよりも利用率は低迷し，類型別では後見類型が圧倒的に多く，補助申立て件数と任意後見監督人の選任申立て割合は，いずれも全体の2％に過ぎません[1]。

　ほぼ同じ人口規模で高齢化率も近く，引き合いに出されることの多いドイツ世話法と比較すると，おおよそ10分の1の利用となっており，早くも日本は制度疲労が垣間見える状況となっています[2]（表6-1）。

　2016（平成28）年4月に「成年後見制度の利用の促進に関する法律」（成年後見制度利用促進法）が成立し，2018（平成30）年度から5年間かけて成年後見制度利用促進計画が進められ，現在は成年後見制度を再構築する段階にあります。

　国際連合が定めた「障害者の権利に関する条約（障害者権利条約）」を日本は2014（平

---

[1] 裁判所：成年後見関係事件の概況　平成29年.
　http://www.courts.go.jp/about/siryo/kouken/（最終閲覧2018年8月31日）
[2] 新井誠：ドイツ成年者世話法から学ぶもの．Chuo Online．読売新聞．
　http://www.yomiuri.co.jp/adv/chuo/opinion/20120611.html（最終閲覧2018年8月31日）

表6-1　日本の成年後見制度とドイツ世話法の比較

	日本	ドイツ
人口	約1億2000万人	約8200万人
利用者数	約20万人	約130万人

成26）年1月に批准しました。障害者権利条約12条では，代理決定から意思決定支援への転換を求めており，日本の成年後見制度の後見類型における包括的代理権は，下記に示す障害者権利条約第12条第4項に照らせば条約に抵触しているといえます。

> 1　締約国は，障害者が全ての場所において法律の前に人として認められる権利を有することを再確認する。
> 2　締約国は，障害者が生活のあらゆる側面において他の者との平等を基礎として法的能力を享有することを認める。
> 3　締約国は，障害者がその法的能力の行使に当たって必要とする支援を利用する機会を提供するための適当な措置をとる。
> 4　締約国は，法的能力の行使に関連する全ての措置において，濫用を防止するための適当かつ効果的な保障を国際人権法に従って定めることを確保する。当該保障は，法的能力の行使に関連する措置が，障害者の権利，意思及び選好を尊重すること，利益相反を生じさせず，及び不当な影響を及ぼさないこと，障害者の状況に応じ，かつ，適合すること，可能な限り短い期間に適用されること並びに権限のある，独立の，かつ，公平な当局又は司法機関による定期的な審査の対象となることを確保するものとする。当該保障は，当該措置が障害者の権利及び利益に及ぼす影響の程度に応じたものとする。
> 5　締約国は，この条の規定に従うことを条件として，障害者が財産を所有し，又は相続し，自己の会計を管理し，及び銀行貸付け，抵当その他の形態の金融上の信用を利用する均等な機会を有することについての平等の権利を確保するための全ての適当かつ効果的な措置をとるものとし，障害者がその財産を恣意的に奪われないことを確保する。
>
> （障害者権利条約　第12条（法律の前にひとしく認められる権利））

　成年後見制度の世界的潮流は，判断能力が低下した人を保護の対象としてとらえるのではなく，意思決定できる存在と位置づけることを起点としています。つまり，場所や時間を変える工夫，アプローチの方法，近しい支援者の活用等，ありとあらゆる手段を用いて，対象者の意思決定を支援し，意思確認していくことが目指されています。そのうえで，どうしても意思確認が難しい場合は，必要最低限の限定的判断として，対象者にかかわる多様な人びとの意見を勘案し，推定意思として代理決定していく方向にあります。一度の代理決定が，以降の代理決定を認める根拠にはなりません。対象とする範囲も，契約

行為，生活支援，医療行為に至るまで，各国の法制度によって違いがあります。

成年後見制度の世界的潮流である自己決定と代理決定の関係性を考えてみましょう。ここでは便宜上，代理決定の内容を，高額な支出やリスクを伴う契約行為に関すること，嗜好や興味の選択や付随する契約・支出などを含めた生活支援に関すること，どこでどのような生活をしていくかなど中長期的な生き方に関することなど，に分類してみました。代理を要する内容もセイン園被後見人等の状況等によって異なり，比重の置き方はそのときに応じても変化します。もちろん，いずれも相互に関連するため明確に分けられるわけではありませんが，自己決定と代理決定の関係性をイメージするため図式化してみました（図 6-1）。

意思決定支援を含めた自己決定（○の部分）が中心にあり，常にこれを拡大できるようにかかわることが重視されます。そして，意思確認が難しい場合に必要最低限の部分（△突出部分）のみ代理決定を行いますが，その際も常に自己決定の可能性を探り，必要に応じて意思決定支援を含めた自己決定に立ち返る必要性を表しています。

このような世界的潮流のなかでの日本の成年後見制度の限界をみてみたいと思います。

図 6-1 成年後見制度の世界的潮流のイメージ図

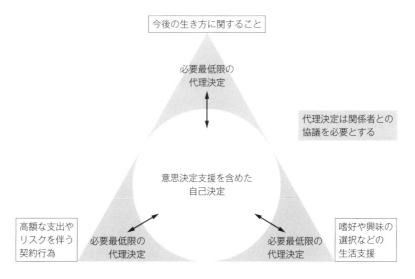

2 定期的な類型の再評価

成年後見制度は，もともと急増が想定された認知症高齢者を主な対象として制度設計された経緯があります。認知症は徐々に中核症状が進行していくと理解されていますが，精神障害は病状や障害の変化があり，変化に合わせた柔軟な成年後見制度の利用が求められることがあります。なお，認知症においても症状の変化はあり，固定的ではありません。

制度上は本人を含む申立権者の申立てにより類型変更が可能です。しかし，定期的な類型見直しの規定がないため，対象者や周囲が申立て手続きを行わない限り，類型変更の必要性があっても漫然と現状の類型が続くことになります。

補助から保佐，保佐から後見など，より代理人の権限が大きくなる類型変更の申立てを行うのは，意思決定支援をもってしても本人の意思が確認できない場合で，代理人による代理権行使が急がれるなど，必要に迫られて手続きが行われる状況が想定されます。

一方，本人の権限を回復するための軽い類型への変更は，本人が権限を取り戻したいと希望する場合や，周囲が能力に見合った類型にするべきと考えて本人に権限回復を提案する場合などが考えられ，いずれも手続きのために主治医に働きかけ，手続きを進めていくことになります。

しかし，代理権をもつ成年後見人等がいることで，契約等でかかわる人たちも含め誰も困ることがなく，本人や周囲も類型変更に消極的な場合は，本人の能力が回復していたとしても当該類型が維持されます。この状態は適切な制度利用とはいえません。

そこで，成年後見制度利用に至る疾患や障害の種別・内容を問わず，定期的に再評価する仕組みが必要と考えます。

3 意思決定支援体制の構築

意思決定の尊重は，成年後見制度の理念のひとつであり，身上配慮義務のなかで，成年被後見人等の意思の尊重としても規定されています。善管注意義務（善良な管理者の注意義務）とともに後見実務を行ううえでの前提となりますが，実務は成年後見人等の裁量に委ねられています。

意思決定支援が求められる場面は，日々の食事の嗜好から住居の選択などの重大な決定まで幅広く存在します。関係者・機関による意思決定支援をより充実させていくとともに後見人等による意思決定支援の質をいかに担保していくかが問われます。

サービス提供側による意思決定支援は利益相反になることもあり，限界と偏りがあります。本来であれば日本版イムカ[3,4]などの第三者機関に委ねたいところですが，新たな機関を創設するには財政，人材，組織力の課題があり，既存組織の活用が現実的です。どの機関がマンパワーや質を伴って実質的に機能させられるのかは今後の課題です。

意思決定が困難な状況にある場合，支援者や家族を含めた支援チームによる意思決定を

---

3) IMCA (Independent Mental Capacity Advocate) は，英国における第三者代弁人をさします。本人が意思決定能力を失っており，重大な医療行為や入院，入所などに同意できる状態でなく，意思決定支援者や代弁者としての任意後見人，家族・親友等がいないときに本人に代わって独立した立場から「ベスト・インタレスト（最善の利益）」を表明する役割をもちます。
4) 菅富美枝：イギリス成年後見制度にみる自律支援の法理―ベスト・インタレストを追求する社会へ．2010，ミネルヴァ書房．

模索する方向にあります。支援チームによる多様な意見をどのように収集・集約するのか，支援チームの質をいかに担保するのかといった課題はそのチームを構成するメンバーによって変わります。周囲の都合や価値によるのではなく，成年被後見人等の立場から代理決定をするための質を担保するには代理決定手続きの標準化が必要になると思われます（図6-2）。

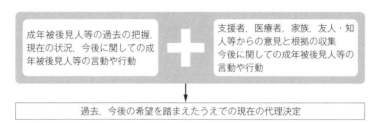

図6-2　代理決定支援手続き標準化のイメージ

　代理決定にあたり，成年後見人等は成年被後見人等にはなりえない前提に立つ必要があります。そのうえで，成年被後見人等の過去，現在，未来を勘案した意思決定支援を行い，意思決定支援の延長線上に代理決定を位置づけていく工夫が必要と考えます。

　しかし，意思決定支援は対人援助の専門職でも簡単にできることではありません。専門職後見人もすべてが対人援助技術に長けているわけではなく，親族後見人も同様です。ここに成年後見人等による意思決定支援の限界のひとつがあります。

　他方，意思決定支援の必要性と難しさを知り，必要に応じて支援チームと協議する姿勢が，後見人等の価値観だけでの安易な代理決定に慎重さをもたらすといえます。

　成年後見制度利用促進基本計画で形づくられる中核機関が，このような意思決定支援や代理決定の質の担保にどのようにかかわり，役割を果たせるのか注視していく必要があります。

　成年後見制度は一人ひとりの人を理解して，個別に対応することを基本にすべきです。意思決定支援手続きの標準化で質の担保を図ったうえで，個人を尊重する仕組みにできるかが問われます。後見制度の本質は個人の尊厳を尊重するところにあるからです。

　意思決定支援における課題のひとつに，医療同意があります。医的侵襲性の高い医療同意について，成年後見人等に同意権を与えることに賛否両論ありますが，成年被後見人等の意思決定支援については，これまでみてきたことが基本になると考えます。健康維持や傷病の治療に関する医療の活用は，成年被後見人等の死生観にも触れることになり，可能であれば事前の意向確認や意思表明の書類を整えておくことも必要かもしれません。特に医療の要否の判断が難しいのは，成年被後見人等の考え方に触れていく一方で，痛みや苦しさなど，客観的にも苦痛が見て取れ，なおかつ成年被後見人等の意思表示が確認できないときです。成年後見人等の同意がないことで，成年被後見人等が必要な治療を受けられ

ず，結果として成年被後見人等が望まぬ状態に陥ることは避けたいと誰しも考えていることでしょう。このような場合でも必要な治療を受けられる仕組みの構築，すなわち必要な治療を本人以外に誰の判断で行うことが適切なのか，という重大な課題が残っています。

軽微な医療行為は成年後見人等に代理権を付与してもよいのではないかという意見もありますが，「軽微」の範疇の定義づけも含め，今後の検討が待たれます。

4 後見制度全体の底上げと監督機能

成年後見制度が制度として位置づけられている以上，親族，専門職を問わず，成年後見制度を利用する誰もが同等のサービスを享受でき，どの職種が担っても一定の質が担保される制度にしていく必要があると考えます。そのうえで専門職等の得意分野を活かしていくことが理想です。同じ制度を使いながら，成年後見人等の担い手によってあまりにサービス内容に格差がある事態には改善の余地があります。

成年後見人等の質を担保するには監督機能をいかに働かせるかがひとつの鍵を握っています。

事故対策，予防としての監督体制の強化は必要ですが，監督機能の比重が成年後見人等による搾取など防犯に置かれ，肝心な成年被後見人等の意思決定支援や身上監護の充実のために奏功しないのであれば，何のための成年後見制度なのか根本から問い直さなくてはなりません。

身上監護の質を担保する監督を，成年後見人養成機関に委ねることもひとつの方法ですが，自浄作用に頼るだけでなく第三者機関による監督機能は必須と考えます。

5 欠格条項

現在，欠格条項の見直しが進んでいますが，成年後見制度の利用者で成年被後見人や被保佐人などを対象とした資格制限は180程度の法律において設けられています。例えば教員や公務員なども欠格条項の対象です。そのほかにも，統合失調症や感情障害など，特定の疾患を一律に対象としている点や，成年後見制度利用者への一律の資格制限などは，障害者権利条約にも抵触すると考えられます。成年後見制度利用促進法において，成年後見人等の権利が制限されている制度について検討を加え，必要な見直しを行うこととされています。

6 その他

次に成年後見制度の直接的課題ではありませんが，間接的にかかわる法制度の課題につ

いても触れたいと思います。

　ひとつめは、「精神保健及び精神障害者福祉に関する法律」（精神保健福祉法）です。現行法では成年被後見人等が望まない非自発的入院について、強制力執行の同意者として成年後見人等が位置づけられています。

　医療保護入院の同意権を後見から外すことは第1段階です。さらに第2段階として、この入院同意者について、公的機関が担う体制をつくるべきではないでしょうか。これらを同時改革できることが最も望まれます。

　もうひとつは、「心神喪失等の状態で重大な他害行為を行った者の医療及び観察等に関する法律」（心神喪失者等医療観察法）です。心神喪失者等医療観察法において成年後見人等は保護者となり、心神喪失者等医療観察法に基づく手続きにおいて、審判期日への出席、意見の陳述、退院許可の申立て等ができることとされています。

　しかし、そもそも障害者権利条約に照らせば、心神喪失者等医療観察法という強制医療の仕組み自体に課題があります。本人の権利を制限し侵害する可能性も有する心神喪失者等医療観察法の仕組みにおいても、成年後見人等の役割を果たすためには強制医療の執行側に立つことなく、あくまで精神疾患や障害によって触法行為をした人の意思決定を支援するスタンスを堅持することが求められます。

　この2つの法律は、成年後見制度の課題以前にそれぞれの法律自体が権利侵害の要素を多分に含んでいるといえます。精神保健福祉法の見直しのための検討会でも指摘されていたように、障害者権利条約からみても、改善の余地の残る課題といえるでしょう。

第2節 成年後見制度の課題

1 成年後見制度利用促進法における附帯決議

■成年後見制度の利用促進について

> 政府は，本法の施行に当たり，次の事項について適切な措置を講ずるべきである。
> 一，障害者の権利に関する条約第十二条の趣旨に鑑み，成年被後見人等の自己決定権が最大限尊重されるよう現状の問題点の把握に努め，それに基づき，必要な社会環境の整備等について検討を行うこと。
> 二，成年後見人等の事務の監督体制を強化し，成年後見人等による不正行為の防止をより実効的に行うため，家庭裁判所，関係行政機関及び地方公共団体における必要な人的体制の整備その他の必要な措置を十分に講ずること。
> 右決議する。
>
> （成年後見制度の利用の促進に関する法律案に対する附帯決議）

　2016（平成28）年4月，第190回国会において，成年後見制度利用促進法における附帯決議がなされました。附帯決議のうち，特に自己決定権の尊重については，すでに前節の「3 意思決定支援体制の構築」（216頁）で触れましたが，今後の成年後見制度の根幹にかかわります。財産管理の不正防止を監督することは当然ですが，財産が被後見人等の人生を豊かにするために適切に遣われているのかが問われなければなりません。いずれにしても附帯決議に対する措置が待たれるところです。

2 成年後見制度利用促進法と成年後見制度利用促進基本計画

　成年後見制度利用促進基本計画において，成年後見制度と地域支援体制の連携が模索されます。地域ごとに連携の仕組みを考えていく方向性は歓迎したいところです。しかし，予算もつけず，マンパワーもないなかで，既存システムへ便乗するだけでは施策とはいえず，形骸化が懸念されます。予算づけと機能の明確化を計り，成年後見制度と地域支援体制の連携で支援機関全体が意思決定支援を前提とした支援を展開できるような質の担保を目指していく必要があります。成年後見制度が目指すのは，個人が尊重される仕組みづくりであり，利用者は自由に自分の生き方に関して意思を表明することができ，柔軟に意見を変えることの保証が求められるのではないでしょうか。

3 成年後見制度の積極的活用

これまでの成年後見制度の利用の大半は，他の手段がなくやむを得ない状況での利用のように思われています。しかし，このような消極的理由だけでなく，本来は，積極的理由での活用も考えられるはずです。

自らも利用したいと思える成年後見制度であってほしいと願う気持ちは誰もがもつことでしょう。目指すのは，法的権限をもつ代理人等が必要なときに必要な権限だけを発動できる仕組みとし，代理人の必要がなくなれば速やかに代理人の権限を解約する柔軟性のある制度にすることではないでしょうか。

すなわち，代理人等の権限を個別的ニーズに合わせて設定していくことと，すでに述べた定期的な類型の再評価が必要ということです。

あわせて，後見類型の包括的代理権の見直しと，保佐・補助を含めた三類型のあり方も検討する必要があると考えます。任意後見がより利用しやすいものへ変わっていく必要もあります。そして，身上監護を中心とした財産管理を基本とし，財産管理で不正が働かないような監督機能をもつ制度設計へ改正されることが求められます。

運用面では，やはり成年後見人等の質の担保が重要です。自死や犯罪を除き成年被後見人等の意思を尊重する姿勢が求められ，その技術の習得と成年後見人等をサポートするシステムの構築が必要となります。

成年後見人等が自身だけの思いや価値観のみで代理決定するのではなく，成年被後見人等の意思決定支援を前提とし，支援機関や支援チームと連携することが意思決定支援の質を高めます。しかし，関係機関の意見も，関係者個々の価値観によらず，あくまで本人の意見や態度・言動が尊重される仕組みを検討したうえでの代理決定の内容なのかが問われる必要があります。そして，成年後見人等には成年被後見人等を代弁できるぐらいの関係性の構築が求められます。

被後見人等と後見人等のマッチングの体制整備も，利用しやすい制度へ向けた改革が期待されるところです。家庭裁判所による成年後見人等の選任に至る合理的な判断は，必ずしも成年被後見人等の希望に合うわけではありません。選任前に両者が対面し，成年被後見人等が後見人等を選べれば，関係性構築が困難として就任後に後見人等が辞任する案件は減ると思われます（図6-3）。成年後見人等もまた，選ばれる成年後見人等を目指し，対人援助技術の習得を迫られることになります。

今を生きるうえで，真に意思決定が支えられる制度であれば，複雑な課題に対しても支援を得ながら十分に検討がなされたうえで決定することができます。反対に自分の意思決定に自信がもてず適切な支援も得られないなかで周囲から意思決定を強要される事態は，対象者にとって生きづらい環境となってしまいます。障害者の「親亡き後」をめぐる長年の課題に対し，成年後見制度がこたえられる部分も少なくありません。現行成年後見制度

図6-3 後見人等と被後人等のマッチングの手順

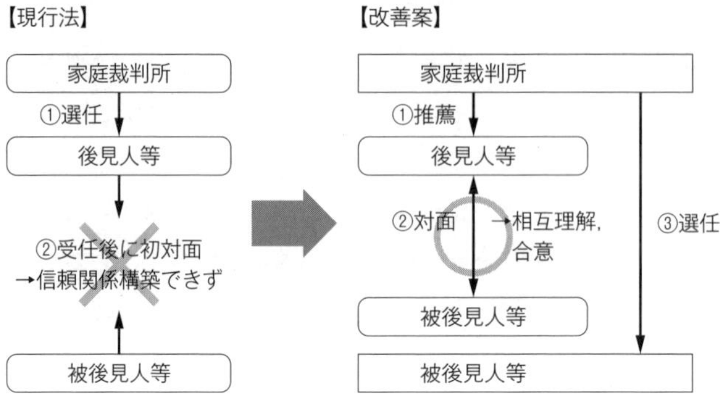

【現行法】
家庭裁判所
①選任
後見人等
②受任後に初対面
→信頼関係構築できず
被後見人等

【改善案】
家庭裁判所
①推薦
後見人等
②対面 →相互理解,合意
被後見人等
③選任
被後見人等

の抱える課題が適切に改善され，意思決定支援を要する人びとがより積極的に制度活用できるための取り組みが望まれます。

資　料

1　公益社団法人日本精神保健福祉士協会の倫理綱領

日本精神医学ソーシャルワーカー協会
(1988年6月16日制定/1991年7月5日改訂/1995年7月8日改訂)
日本精神保健福祉士協会（2003年5月30日改訂）
社団法人日本精神保健福祉士協会（2004年11月28日採択）
（2013年4月21日採択/2018年6月17日改訂）

前　文

　われわれ精神保健福祉士は，個人としての尊厳を尊び，人と環境の関係を捉える視点を持ち，共生社会の実現をめざし，社会福祉学を基盤とする精神保健福祉士の価値・理論・実践をもって精神保健福祉の向上に努めるとともに，クライエントの社会的復権・権利擁護と福祉のための専門的・社会的活動を行う専門職としての資質の向上に努め，誠実に倫理綱領に基づく責務を担う。

目　的

　この倫理綱領は，精神保健福祉士の倫理の原則および基準を示すことにより，以下の点を実現することを目的とする。
1．精神保健福祉士の専門職としての価値を示す
2．専門職としての価値に基づき実践する
3．クライエントおよび社会から信頼を得る
4．精神保健福祉士としての価値，倫理原則，倫理基準を遵守する
5．他の専門職や全てのソーシャルワーカーと連携する
6．すべての人が個人として尊重され，共に生きる社会の実現をめざす

倫理原則

1．クライエントに対する責務

(1) クライエントへの関わり

　精神保健福祉士は，クライエントの基本的人権を尊重し，個人としての尊厳，法の下の平等，健康で文化的な生活を営む権利を擁護する。

(2) 自己決定の尊重

　精神保健福祉士は，クライエントの自己決定を尊重し，その自己実現に向けて援助する。

(3) プライバシーと秘密保持

　精神保健福祉士は，クライエントのプライバシーを尊重し，その秘密を保持する。

(4) クライエントの批判に対する責務

　精神保健福祉士は，クライエントの批判・評価を謙虚に受けとめ，改善する。

(5) 一般的責務

　精神保健福祉士は，不当な金品の授受に関与してはならない。また，クライエントの人格を傷つける行為をしてはならない。

2．専門職としての責務

(1) 専門性の向上

　精神保健福祉士は，専門職としての価値に基づき，理論と実践の向上に努める。

(2) 専門職自律の責務

　精神保健福祉士は同僚の業務を尊重するとともに，相互批判を通じて専門職としての自律性を高める。

(3) 地位利用の禁止

　精神保健福祉士は，職務の遂行にあたり，クライエントの利益を最優先し，自己の利益のためにその地位を利用してはならない。

(4) 批判に関する責務

　精神保健福祉士は，自己の業務に対する批判・評価を謙虚に受けとめ，専門性の向上に努める。

(5) 連携の責務

　精神保健福祉士は，他職種・他機関の専門性と価値を尊重し，連携・協働する。

3．機関に対する責務

　精神保健福祉士は，所属機関がクライエントの社会的復権を目指した理念・目的に添って業務が遂行できるように努める。

4．社会に対する責務

　精神保健福祉士は，人々の多様な価値を尊重し，福祉と平和のために，社会的・政治的・文化的活動を通し社会に貢献する。

倫理基準

1．クライエントに対する責務

(1) クライエントへの関わり

　精神保健福祉士は，クライエントをかけがえのない一人の人として尊重し，専門的援助関係を結び，クライエントとともに問題の解決を図る。

(2) 自己決定の尊重
   a　クライエントの知る権利を尊重し，クライエントが必要とする支援，信頼のおける情報を適切な方法で説明し，クライエントが決定できるよう援助する。
   b　業務遂行に関して，サービスを利用する権利および利益，不利益について説明し，疑問に十分応えた後，援助を行う。援助の開始にあたっては，所属する機関や精神保健福祉士の業務について契約関係を明確にする。
   c　クライエントが決定することが困難な場合，クライエントの利益を守るため最大限の努力をする。

(3) プライバシーと秘密保持
　精神保健福祉士は，クライエントのプライバシーの権利を擁護し，業務上知り得た個人情報について秘密を保持する。なお，業務を辞めたあとでも，秘密を保持する義務は継続する。
   a　第三者から情報の開示の要求がある場合，クライエントの同意を得た上で開示する。クライエントに不利益を及ぼす可能性がある時には，クライエントの秘密保持を優先する。
   b　秘密を保持することにより，クライエントまたは第三者の生命，財産に緊急の被害が予測される場合は，クライエントとの協議を含め慎重に対処する。
   c　複数の機関による支援やケースカンファレンス等を行う場合には，本人の了承を得て行い，個人情報の提供は必要最小限にとどめる。また，その秘密保持に関しては，細心の注意を払う。クライエントに関係する人々の個人情報に関しても同様の配慮を行う。
   d　クライエントを他機関に紹介する時には，個人情報や記録の提供についてクライエントとの協議を経て決める。
   e　研究等の目的で事例検討を行うときには，本人の了承を得るとともに，個人を特定できないように留意する。
   f　クライエントから要求がある時は，クライエントの個人情報を開示する。ただし，記録の中にある第三者の秘密を保護しなければならない。
   g　電子機器等によりクライエントの情報を伝達する場合，その情報の秘密性を保証できるよう最善の方策を用い，慎重に行う。

(4) クライエントの批判に対する責務
　精神保健福祉士は，自己の業務におけるクライエントからの批判・評価を受けとめ，改善に努める。

(5) 一般的責務
   a　精神保健福祉士は，職業的立場を認識し，いかなる事情の下でも精神的・身体的・性的いやがらせ等人格を傷つける行為をしてはならない。

b　精神保健福祉士は，機関が定めた契約による報酬や公的基準で定められた以外の金品の要求・授受をしてはならない。

2．専門職としての責務
(1) 専門性の向上
　　a　精神保健福祉士は専門職としての価値・理論に基づく実践の向上に努め，継続的に研修や教育に参加しなければならない。
　　b　スーパービジョンと教育指導に関する責務
　　　1) 精神保健福祉士はスーパービジョンを行う場合，自己の限界を認識し，専門職として利用できる最新の情報と知識に基づいた指導を行う。
　　　2) 精神保健福祉士は，専門職として利用できる最新の情報と知識に基づき学生等の教育や実習指導を積極的に行う。
　　　3) 精神保健福祉士は，スーパービジョンや学生等の教育・実習指導を行う場合，公正で適切な指導を行い，スーパーバイジーや学生等に対して差別・酷使・精神的・身体的・性的いやがらせ等人格を傷つける行為をしてはならない。

(2) 専門職自律の責務
　　a　精神保健福祉士は，適切な調査研究，論議，責任ある相互批判，専門職組織活動への参加を通じて，専門職としての自律性を高める。
　　b　精神保健福祉士は，個人的問題のためにクライエントの援助や業務の遂行に支障をきたす場合には，同僚等に速やかに相談する。また，業務の遂行に支障をきたさないよう，自らの心身の健康に留意する。

(3) 地位利用の禁止
　精神保健福祉士は業務の遂行にあたりクライエントの利益を最優先し，自己の個人的・宗教的・政治的利益のために自己の地位を利用してはならない。また，専門職の立場を利用し，不正，搾取，ごまかしに参画してはならない。

(4) 批判に関する責務
　　a　精神保健福祉士は，同僚の業務を尊重する。
　　b　精神保健福祉士は，自己の業務に関する批判・評価を謙虚に受けとめ，改善に努める。
　　c　精神保健福祉士は，他の精神保健福祉士の非倫理的行動を防止し，改善するよう適切な方法をとる。

(5) 連携の責務
　　a　精神保健福祉士は，クライエントや地域社会の持つ力を尊重し，協働する。
　　b　精神保健福祉士は，クライエントや地域社会の福祉向上のため，他の専門職や他機関等と協働する。
　　c　精神保健福祉士は，所属する機関のソーシャルワーカーの業務について，点検・評価し同僚と協働し改善に努める。

d　精神保健福祉士は、職業的関係や立場を認識し、いかなる事情の下でも同僚または関係者への精神的・身体的・性的いやがらせ等人格を傷つける行為をしてはならない。

3．機関に対する責務

　精神保健福祉士は、所属機関等が、クライエントの人権を尊重し、業務の改善や向上が必要な際には、機関に対して適切・妥当な方法・手段によって、提言できるように努め、改善を図る。

4．社会に対する責務

　精神保健福祉士は、専門職としての価値・理論・実践をもって、地域および社会の活動に参画し、社会の変革と精神保健福祉の向上に貢献する。

2 成年後見制度に関する見解

発信者：社団法人日本精神保健福祉士協会
2010年6月3日

はじめに

新しい成年後見制度の施行から既に11年目を迎える。この間，本協会は成年後見制度に関する事業への取り組みに対しては，慎重な態度を取ってきた。その理由の一つは，精神保健福祉士の立場から現成年後見制度が内包する課題について整理する必要があったためである。二つは，当該事業への取り組みに対する組織体制の構築に時間を要したためであり，三つは，精神保健福祉士による成年後見人・保佐人・補助人（以下，「成年後見人等」という。）としての活動とソーシャルワークとの関係についての整理が必要であったためである。

本協会は，足掛け8年の準備・検討期間を経て，ようやく2009年に認定成年後見人ネットワーク「クローバー」を発足させ成年後見制度に係る事業に本格的に取り組むこととなった。しかしながら，法施行10年を経てもなお，法制度自体の課題や実際の運用における多くの問題点は改善されていない現状に鑑みて，精神障害者の権利擁護と社会的復権を担う専門職能団体の責として，本見解を内外に示すものである。本協会は，今後も成年後見制度に参画しながら，実態把握を踏まえた要望活動や制度改正のための提言を行っていく所存である。

以下に，成年後見事業への取り組みを通じてあらためて認識するに至った課題も含め，各課題とその解決に向けた本協会としての現段階での見解を述べる。

1．成年後見制度と関連法制度における課題

(1) 成年後見制度が抱える課題と改善のための方策

(1) 申立支援の整備

成年後見人等の一部には，搾取，自己決定の歪曲，必要な介入の放棄などが見られ，本制度が適正に運用されていない場合がある。また，必要な人への制度活用が進んでいない現状もある。そのため，市町村長申立ての円滑化，申立て費用の公的負担（鑑定料も含む）など，支援を充実させるべきである。

(2) 後見監督制度の充実

後見監督制度があるものの，ほとんど活用されていない現状から，市民後見や親族後見，さらには専門職後見に対する後見監督制度や支援制度の充実が図られるべきである。

(3) 死亡後の対応

被後見人等の死亡後の事務処理（遺体引き取り・埋葬・各種契約解除・支払い等）は，

実態として後見人等に求められることが多いが，その権限や義務が無く，判断根拠や費用捻出も曖昧なままに後見人等の善意や判断に任されており，法的整備が必要である。

(4) 公的後見人制度の導入

暴力や多訴案件，長期化，その他困難ケースの対応については公的責任において対応すべきである。

(5) 成年後見制度の社会化

成年後見制度の十分な普及が行われていない現状から，教育課程への組み入れなどにより広く国民に本制度を周知する工夫が必要である。

(6) 苦情対応

専門職後見人の中にも，機動力に欠ける人，必要な行動をとらない人，財産管理のみで身上監護への配慮に欠ける人などが現に存在する。このため，地域における苦情受付体制の構築が必要である。

(7) 身上監護をめぐる法体系の整理

民法における成年後見制度においては，成年後見人等の特性（親族，法律専門職，福祉専門職など）によらず，身上監護を適切に行うよう規定すべきである。しかしながら，実現性のある身上監護の担保に限界があるのであれば，身上監護を中心とした権利擁護の法整備をすべきである。また，財産の有無を問わず身上監護が保障される体制も整えるべきであり，その際は公的身上監護人など専門機関設置の検討も必要となる。

(2) 後見類型による参政権の喪失

被後見人に選挙権・被選挙権が認められていない（公職選挙法第11条）ことについては，日本国憲法において保障されている国民の権利や障害者の権利条約との関連も含めて改正されるべきである。

被後見人は，主に重要な財産管理やその協議，施設・サービス等の利用契約について判断能力などが乏しいとされているに過ぎず，その状態が必然的に地域や国のあり方についての見解を持ち得ないことまで意味するとは限らないからである。

このほか，多くの制度において被後見人等を欠格条項の対象としていることは，一律に社会参加の機会を制限することとなっており，見逃すことができない大きな課題である。

(3) 成年後見制度利用支援事業の完全実施

成年後見制度利用支援事業を実施している市町村は，全市町村約1800か所のうち560か所に留まっている（2008年4月現在，厚生労働省社会・援護局障害保健福祉部調べ）。当該事業は，認知症高齢者から徐々に対象が拡大され，障害者自立支援法の地域生活支援事業にも位置づけられたが，依然として通知によるものであり，法令化が必要である。また，被生活保護者に対する後見扶助の創設も検討すべきである。

2. 医療同意の課題
(1) 精神保健福祉法下の医療保護入院への同意について

　精神保健福祉士が成年後見活動を担う際には，特に精神保健福祉法に規定する医療保護入院制度において，以下の課題がある。

　⑴　医療保護入院では，後見人および保佐人が保護者として同意することが求められる。このことは，自己決定の尊重から一変して本人保護の目的で，強制力をもって行動制限の権限を行使する立場となるため，その後の後見活動に支障をきたす懸念がある。保護者制度を含めた医療保護入院制度のあり方についても今後検討されなければならない。

　⑵　施設入所は本人同意を前提としている一方で，精神科病院への医療保護入院は本人同意を要しない。これも医療保護入院制度の課題だが，後見制度の理念である，ア）自己決定の尊重，イ）残存能力の活用，ウ）ノーマライゼーションの観点からも矛盾する。ただし，成年後見人等はソーシャルワークそのものを行う役割ではないことも，成年後見人等が自覚し整理して理解することが必要である。

　⑶　受診援助や関係機関との連携による危機介入において，当事者との関係性の構築や精神障害の知識，ネットワークの活用など，精神保健福祉士が持つノウハウが役立つ場面は多いが，受診につながらないケースも多い。受診への働きかけは行えるが，保護者として「治療を受けさせること」が成年後見人および保佐人の義務と位置づけられることは実態と乖離している。また，受診援助自体は，事実行為であり本来の後見事務ではないと考えられるが，その責任だけが成年後見人等に課せられることも課題である。

　⑷　医療中断などで被後見人等が事故や事件の加害者となり，民事訴訟を起こされた場合，成年後見人等の責任を問われる可能性がある。一定の要件に基づく免責の仕組みも求められる。

(2) 医療同意の課題

　重篤な疾患や事故対応など，成年後見人等として現時点での生命や将来へのリスクに対して判断せざるを得ない事態が生じており，裁判所が迅速に判断する仕組みを導入するなどの具体的な対応策が求められる。

3. 財産管理における残存能力・潜在能力の活用

　被保佐人や被補助人は別として，被後見人には預貯金通帳の所持がほとんど認められていない。財産管理においては，被後見人自身が管理できる通帳（金額や取引方法・取引項目などの制限付き）を発行できる仕組み作りが必要である。

　また，「日用品の購入その他日常生活に関する行為」は被後見人においても行為能力と

して法律上認められており，公共料金の支払いや，生活用品の購入なども想定されているが，それに伴う被後見人による金融機関等での金銭取引も認められるべきである。

4．関係者の連携体制構築と維持

　成年後見人等が就任すると，それまで関わっていた関係機関が支援の手を緩めたり引いてしまったりすることが懸念される。また，日常的な金銭管理や，身上監護における契約の前段階・準備段階の手続き等までも成年後見人等に委ねられる懸念がある。

　後見実務は，チーム体制やネットワークと連携することで実質的に機能することから，成年後見人等が選任された後も，関係者には協力を得ることが重要である。ただし，成年後見人等は関係機関の都合に合わせるのではなく，あくまでも被後見人等の側に立ち，関係機関をも監視する視点を持ち続けることは当然である。

5．精神障害者をめぐる後見制度の現状

　精神障害者が生活していく上で以下のような問題を抱える場合がある。その課題に向き合い，より良い生活を支援していくためにも，障害を理解している精神保健福祉士が成年後見人等としての役割を果たしていくことが求められる。

- ○財産管理，身上監護の両面で，家族による代理・代行が本人の自己決定を尊重しているか疑問な場合がある。
- ○家族が，保護者や緊急連絡先としての役割を盾とし，成年後見制度の利用を拒む場合がある。
- ○財産のない単身者（扱いを含む）は，判断能力の低下があっても入院医療機関に埋没してしまう傾向がある。
- ○施設や医療機関において，契約能力が不充分な状態が長期間持続している人たちの金銭管理をはじめとした代理行為が行われ，利益相反や専門職倫理に抵触する可能性を否定できないが，成年後見人等が選任されている人は少ない。
- ○施設退所後の地域生活で，住居の確保，金銭の管理などで課題を抱える場合に，成年後見制度のニーズがある。
- ○親の死亡により遺産を相続したが，財産の自己管理が困難かつ単身生活の経験もなく，身上配慮を要する場合がある。
- ○単身者など，成年後見人等が生活全般に関する相談や即時対応を行わざるを得ず，その職務を超える場合がある。

6．認定成年後見人養成研修をとおして明らかになってきた課題

（1）成年後見制度および関連する社会制度の課題

　すでに1および2で示した成年後見制度の問題点のほか，以下のような課題が明らか

となった。

　　○低所得者における後見報酬の保障
　　　成年後見制度利用支援事業を実施している自治体がまだ少ない現状においても専門職後見人としての受任依頼がある。判断能力の低下で身上監護だけを期待される低所得者の案件では，第三者後見人はまったくの奉仕活動になってしまう。低所得者の案件にも継続性をもって対応できる制度とするためにも，身上監護に関しても正当な報酬付与を求め，公的制度として保障すべきである。専門職後見人のボランティア精神に頼っている現状では，後見制度の安定した運用が難しい。

(2) 認定成年後見人ネットワーク「クローバー」の運営における本協会の責任と課題
　(1) 認定成年後見人が権利を侵害しないための倫理観の確立と適切な後見実務の遂行が求められる。
　(2) 精神保健福祉士としての本来業務と成年後見活動の両立は，個人の環境と共に，精神保健福祉士を取り巻く状況の課題でもある。
　(3) 本協会の構成員か否かに関係なく「精神保健福祉士」であることの社会的信用により，既に成年後見人等を受任している者がいる。その資質の格差や倫理観を伴った適正な実務遂行を支援（監視）することが専門職団体としての本協会の役割の一つである。
　(4) 都道府県精神保健福祉士協会等に対する各家庭裁判所からの後見人候補者の推薦依頼が実際にあることから，本協会の取り組みの周知と都道府県単位での活動との連携が急務である。
　(5) 本協会として，認定成年後見人の支援体制を強化・充実させていく必要がある。その活動の中から制度が内包する課題を内外に訴えていくことこそ，重要な社会的役割だといえる。

(3) 個人の環境および心理的な課題
　一度成年後見人等を受任すると，生涯にわたるかかわりが求められ，終始拘束されることの心理的負担は重い。後見期間の長期化に伴う，成年後見人等への支援体制という点では今後検討が必要である。

以上

3 成年後見制度に関する横浜宣言

2010年10月4日横浜（日本）開催第1回成年後見法世界会議において採択
2016年9月16日エルックナー/ベルリン（ドイツ）開催第4回成年後見法世界会議において
改訂・修正

Ⅰ．前文

　法の前において等しく承認される権利は，すべての人にとって他人との平等を基礎として権利を行使し，自由を享受するための核心的な要請である。しかしながら，疾病や障害を抱える人は，その疾病や障害のゆえに，今なお彼らの法的能力を行使することがたびたび制限されたり，それが完全に剥奪されることもある。

　成年後見法世界会議は，2010年に日本で開催された第1回会議，2012年にオーストラリアで開催された第2回会議，2014年にアメリカで開催された第3回会議およびドイツで開催された第4回会議において，弱い立場に置かれている成年者の支援と保護に関する理念および実践に関する国際的な情報交換を促進してきた。上記の世界会議は成年者の法的支援と保護の分野における進展と展開を実証し，能力剥奪を自律とケアへと方向転換させる法的施策，社会政策の目標を創案してきた。とりわけ世界会議は，法的能力の行使に支援を必要としたり，法的能力を能動的かつ有効に行使できない人々に対する最良の対応とは何かを問い，現代における人権に適合した法的システムはそれにいかに答えるべきかを模索してきた。

　2010年に日本の横浜にて開催された第1回世界会議は，成年者の法的支援と保護のためのシステムとそれが将来において果たすべき国際的役割の重要性を改めて確認し，そのようなシステムの適切な利用を広く世界に訴えるために「横浜宣言」を発することとした。

　2016年にドイツのエルックナー/ベルリンにて開催された第4回世界会議は，「横浜宣言」中の「世界の課題」を改訂・修正し，能力剥奪を撤廃して，自律とケアを志向する成年者の法的支援と保護のみが専ら備えられているシステムに転換する必要性を強調することとした。

　2010年および2016年世界会議組織委員会は，本「横浜宣言」の起草・修正に関与したすべての参加者に対して深甚なる謝意を表するとともに，改訂・修正された本宣言が世界における成年者の法的支援と保護のためのシステムの一層の発展に寄与し，本宣言が継続して検証されることを切望する次第である。

Ⅱ．世界の課題

1．（共通する認識）

　2016年世界会議の参加者たる私達は，次の事実を共通に認識するものである。

(1) 人口動態，社会変化，医学の進歩および生活条件の向上等によって全世界的に法的能力の行使について支援または保護を必要とする成年者の人口が増加している。

(2) このような成年者の人口が増加している事実は，医療，年金，保険給付，住宅，移動手段，社会保障といった社会的資源に大いなる衝撃を与えるものであり，次世代にとって主要な社会経済問題となる。

(3) 家庭内，施設内双方において弱い立場に置かれている成年者に対する虐待の実態が白日の下にさらされつつある。

(4) 人権の保護は世界的潮流としては改善されつつあるものの，いまだ多くの国では法的能力を行使するための法整備は等閑視されたり，立ち遅れたりしており，自律的で事前の意思決定，法的能力を行使するための支援の必要性の判定，そのような支援と必須の保護を準備する手段確保のベスト・プラクティスに関する最新の考え方が考慮されるには至っていない。

2. (条約・憲章への賛意)

加えて，私達は次の条約と憲章の指導原理と条項に賛意を表する。

(1) 1948年12月10日国際連合「世界人権宣言」およびそれに続く2006年12月13日国際連合「障害者の権利に関する条約」は，あらゆる人権の普遍性，不可分性，相互依存性，相互関連性を改めて確認し，そのような人権が差別なく完全に享受されるべきであることも改めて確認することを締約国に要請している。

(2) 2000年1月13日ハーグ国際私法会議「成年者の国際的保護に関する条約」は管轄権，準拠法，承認と執行，国家間協力を一元化している。

(3) 1950年「人権と基本的自由の保護のための欧州条約」，1981年「人および人民の権利に関するアフリカ憲章」，1982年「権利および自由に関するカナダ憲章」は，それらの適用領域において重要な地域的，国家的な人権規約である。

3. (基本原則)

成年者の法的支援と保護に関する基本原則をここに宣言する。

(1) すべての成年者は，ある特定の行為または決定に関して支援と保護が必要であると確定されない限り，支援なしに法的能力を行使する能力を有すると推定されなければならない。

(2) 支援と保護は，成年者がその法的能力を行使することを可能にするあらゆる実際的な手段を取ることを含んでいる。

(3) 法と実務は，支援と保護のための要請が特定の事柄，特定の時に関連するものであり，その力点は変化しうるものであり，なすべき特定の行為と決定もまたその性格と効果に応じて変化しうるものであり，ひとりの個人においても随時変化することを認識す

べきである。
(4) 法的能力の行使に関連して成年者によって自立的に講じられた措置は他の措置に優先する。
(5) 支援と保護の措置が個別事案に適用される場合には，当該措置の目的を達するために必要最小限の介入に限定されなければならない。
(6) 支援と保護の措置は定期的に独立した当局の検証を受けなければならない。成年者は法的能力の如何にかかわらず，このような検証を受ける正当な権利を有する。
(7) 法的能力を行使するために取られる措置はそれが必要であり，かつ国際人権法に合致すると確認される場合にのみ講じられる。当該措置は第三者保護のためであってはならない。
(8) 成年者が現に有する能力にかかわらず法的能力を制限するいかなる形態の能力剥奪制度も撤廃されるべきである。

4．（行動規範）

どのような事柄であれ法的能力を行使するために支援と保護を要請する成年者は必要なときには法定代理人を選任してもらう権利があることを，更に宣言する。法定代理人および成年者本人のために法的能力を行使する者は誰であれ以下の義務を負うことを確認する。
(1) あらゆる意思決定過程に成年者本人を最大限関与できるようにする。
(2) 成年者が可能である分野においては自主的に行動するように関与を奨励し，成年者本人を援助する。
(3) 年金，保険給付，社会保障等については，成年者自らが権利を有する事柄に関して能動的に行動できるように成年者に助力，支援を与える。
(4) 成年者が可能な範囲において独立した，または相互依存的な生活を営むことができるように積極的に助力する。
(5) 成年者の権利，意思および選好を尊重するように行動する。
(6) 成年者の要望，価値観，信念を最大限尊重し，それらに従う。
(7) 成年者の人権，市民権を尊重し，これらの侵害に対しては常に本人のために然るべき行動を取る。
(8) 成年者本人の利益とその成年者のために行動している者の利益の衝突には警戒し，回避するように努める。
(9) 自らの立場から利益を得ない。
(10) 公正かつ誠実に行動する。
(11) 成年者本人のために適切かつ注意深く行動する。
(12) 本人の生活への介入は，最も侵害性がなく，最も制限的でない，最も自然な行為を選択することによって，可能な限り抑制されたものとする。

⒀　成年者を冷遇，無視，虐待，搾取から保護する。

⒁　正確な会計記録を付け，(a) 成年者本人，(b) 任命権者たる裁判所または (c) 公的機関の要請に応じて速やかにそれを提出する。

⒂　(a) 成年者本人，(b) 任命権者たる裁判所または (c) 公的機関より付与された権限の範囲で行動する。

⒃　どのような形態の支援または保護が継続して必要であるかについて定期的に見直しをうける。

5．（結論）
最後に以下のことを宣言する。

⑴　法と実務は，専門性の基準を明らかにし，成年者本人が法的能力の如何を問わず裁判所あるいは公的機関に本人自身が効果的にアクセスすることを妨げてはならず，適切な監督の手段を整え，十分な体制を整備しなければならない。

⑵　上記の体制整備には，成年者本人の法的能力の行使に形式上関与する親族やボランティアのための相応の財源手当てを伴うガイダンス要領，訓練，有用なアドバイスが含まれていなければならない。

⑶　改訂・修正された本「横浜宣言」が公的機関および各国政府に広く周知徹底され，成年者の法的支援と保護に関する問題意識を目覚めさせ，私達がここに認識し，確認し，そして宣言した条項が遵守されるための援助をここに要請する次第である。

2010年および2016年成年後見法世界会議
2010年および2016年成年後見法世界会議
組織委員会
2010年および2016年成年後見法世界会議
参加者一同

Ⅲ．日本の課題

2016年成年後見法世界会議における日本からの参加者は，改訂された本宣言の趣旨に全面的な賛意を表明したうえで，日本政府が早期に成年者の法的支援と保護に関する現行法制を改正し，改善することを要望し，以下の事項を「横浜宣言」に含めることを確認し，これに海外からの参加者も全面的な賛意を表明した。

1．基本原則

⑴　かつての禁治産宣告のような意思決定のあらゆる分野において能力を剥奪する制度は廃止されるべきである。

(2) 成年者の法的支援と保護に必要な範囲における最も制約の少ない制度としてのみ能力制限は許容されるべきである。

2. 障害者権利条約の理念の評価
(1) 支援付き意思決定という考え方の重要性は尊重されるべきである。
(2) 認知症，知的障害，精神障害等の障害別の支援付き意思決定を用いた支援手法が開発されるべきである。
(3) 支援付き意思決定者の権限濫用を防止し，不当威圧を規制する措置を講じるべきである。
(4) 成年者の安全，法的支援と保護を確保するための実効的な措置を講じるべきである。
(5) 障害者権利条約の下においても最も制約の少ない制度としての法定代理制度は許容される。

3. 現行法の改正とその運用の改善
(1) 現行成年後見法は後見，保佐，補助という3類型を前提としているが，とりわけ後見類型においては本人の能力制限が顕著である。障害者権利条約第12条の趣旨に鑑みて，現行の3類型の妥当性を検証する必要がある。同時に，成年者の法的支援と保護手続における本人の保護に関する検証も必要である。
(2) 全国の市区町村長が成年後見等に関する市区町村長申立てをさらに積極的に実施しうる体制を法的に整備すべきである。
(3) 成年者の法的支援と保護制度を利用するための費用負担が困難である者に対しては公的な費用補助を行うべきである。
(4) 成年後見等の開始には本人の権利制限という側面があることに鑑み，原則として鑑定は実施すべきであり，また本人面接は省略すべきではなく，鑑定・本人面接の実施率が低水準にとどまっている現状を改善すべきである。
(5) 現行法は，成年後見人が本人の財産に関してのみ代理権を有すると規定しているが，成年後見人の代理権は財産管理に限定されるべきではなく，これを改めるべきである。成年後見人は，本人の医療行為に同意することができるものとすべきである。
(6) 現行法に多く残されている欠格事由は撤廃すべきである。
(7) 任意後見制度は「自己決定権の尊重」に最も相応しい制度であるが，その利用は決して多いとはいえない。任意後見制度の利用を促進し，同時にその濫用を防止する立法的措置を講じるべきである。

4. 公的支援システムの創設
成年者の法的支援と保護制度は，利用者の資産の多寡，申立人の有無等にかかわらず「誰でも利用できる制度」として位置づけられるべきであり，そのためには行政が成年者

の法的支援と保護制度全体を公的に支援することが不可欠である．このような公的支援システムは「成年者の法的支援と保護の社会化」を実現するものあり，行政による公的支援システムの創設を提言する．成年者の法的支援と保護制度の運用面における司法機能，とりわけ家庭裁判所の機能の一層の拡充・強化を図ることが公的支援システムの円滑な実施の大前提となるべきである．このような公的支援システムの創設は，本人の親族，一般市民，各専門職間のネットワークを拡充させ，適切な法定代理人の確保，成年者の法的支援と保護制度の権利擁護機能の強化に資するものである．

2010年および2016年成年後見法世界会議
2010年および2016年成年後見法世界会議
組織委員会
2010年および2016年成年後見法世界会議
日本人参加者一同

〔原本は英文〕

〔新井誠・仮訳〕

(日本成年後見法学会ホームページより引用．http://jaga.gr.jp/wp-content/uploads/yokohama_20170106.pdf（最終閲覧2018年8月31日))

4　公益社団法人日本社会福祉士会連絡先一覧

	郵便番号	所在地	担当者	電話番号	FAX
本会事務局	160-0004	東京都新宿区四谷1-13 カタオカビル2階	事務局	03-3355-6541	03-3355-6543
（公社）北海道 社会福祉士会	060-0002	札幌市中央区北2条西7丁目 かでる2.7　4階	事務局	011-213-1313	011-213-1314
（公社）青森県 社会福祉士会	030-0822	青森市中央3-20-30 県民福祉プラザ5階	事務局	017-723-2560	017-752-6877
（一社）岩手県 社会福祉士会	020-0801	盛岡市浅岸3-23-50 浅岸和敬荘内	事務局	019-651-6111	019-651-6565
（一社）宮城県 社会福祉士会	981-0935	仙台市青葉区三条町10-19 PROP三条館内	事務局	022-233-0296	022-393-6296
（一社）秋田県 社会福祉士会	010-0922	秋田市旭北栄町1-5 秋田県社会福祉館内	事務局	018-896-7881	018-896-7882
（一社）山形県 社会福祉士会	990-0021	山形市小白川町2-3-31 山形県総合社会福祉センター内	事務局	023-615-6565	023-615-6521
（一社）福島県 社会福祉士会	963-8045	郡山市新屋敷1丁目166番 SビルB号室	事務局	024-924-7201	024-924-7202
（一社）茨城県 社会福祉士会	310-0851	水戸市千波町1918 茨城県総合福祉会館5階	事務局	029-244-9030	029-244-9052
（一社）栃木県 社会福祉士会	320-8508	宇都宮市若草1-10-6 とちぎ福祉プラザ内 とちぎソーシャルケアサービス共同事務所	事務局	028-600-1725	028-600-1730
（一社）群馬県 社会福祉士会	371-0843	前橋市新前橋町13-12 群馬県社会福祉総合センター7階 （社）群馬県社会福祉士会	事務局	027-212-8388	027-212-7260
（公社）埼玉県 社会福祉士会	338-0003	さいたま市中央区本町東1-2-5 ベルメゾン小島103号	事務局	048-857-1717	048-857-9977
（一社）千葉県 社会福祉士会	260-0026	千葉市中央区千葉港7番1号 塚本千葉第5ビル3階（ホテルニューツカモト）	事務局	043-238-2866	043-238-2867
（公社）東京社会福祉士会	170-0005	東京都豊島区南大塚3-43-11 福祉財団ビル5階	事務局	03-5944-8466	03-5944-8467
（公社）神奈川県社会福祉士会	221-0844	横浜市神奈川区沢渡4-2 神奈川県社会福祉会館3階	事務局	045-317-2045	045-317-2046
（公社）新潟県 社会福祉士会	950-0994	新潟市中央区上所2-2-2 新潟ユニゾンプラザ3階	事務局	025-281-5502	025-281-5504
（公社）長野県 社会福祉士会	380-0836	長野市南県町685-2 長野県食糧会館6階	事務局	026-266-0294 平日9:00～18:00	026-266-0339
（一社）山梨県 社会福祉士会	400-0073	甲府市湯村3丁目11-30	事務局	055-269-6280	055-269-6280

	郵便番号	所在地	担当者	電話番号	FAX
（一社）富山県社会福祉士会	939-0341	射水市三ヶ579 富山福祉短期大学内	事務局	0766-55-5572	0766-55-5572
（一社）石川県社会福祉士会	920-8557	金沢市本多町3丁目1番10号 石川県社会福祉会館2階	事務局	076-207-7770	076-207-5460
（一社）福井県社会福祉士会	918-8011	福井市月見3丁目2番37号 NTT西日本福井南交換所ビル1階	事務局	0776-63-6277	0776-63-6330
（一社）静岡県社会福祉士会	420-0856	静岡市葵区駿府町1番70号 静岡県総合社会福祉会館4階	事務局	054-252-9877	054-252-0016
（一社）岐阜県社会福祉士会	500-8385	岐阜市下奈良2丁目2-1 岐阜県福祉農業会館5階	事務局	058-277-7216	058-277-7217
（一社）愛知県社会福祉士会	460-0001	名古屋市三の丸1丁目7番2号 桜華会館 南館1階	事務局	052-202-3005	052-202-3006
（一社）三重県社会福祉士会	514-0003	津市桜橋2丁目131 三重県社会福祉会館4階	事務局	059-228-6008	059-228-6008
（公社）滋賀県社会福祉士会	525-0072	草津市笠山7丁目8-138 滋賀県立長寿社会福祉センター内	事務局	077-561-3811	077-561-3835
（一社）京都社会福祉士会	602-8143	京都市上京区猪熊通丸太町下る仲之町519 京都社会福祉会館2階	事務局	075-803-1574	075-803-1575
（公社）大阪社会福祉士会	542-0012	大阪市中央区谷町7-4-15 大阪府社会福祉会館1階	事務局	06-4304-2772	06-4304-2773
（一社）兵庫県社会福祉士会	651-0062	神戸市中央区坂口通2-1-1 兵庫県福祉センター5階	事務局	078-265-1330	078-265-1340
（一社）奈良県社会福祉士会	630-8213	奈良市登大路町36 大和ビル3階	事務局	0742-81-8213	0742-81-8223
（一社）和歌山県社会福祉士会	640-8319	和歌山市手平2-1-2 県民交流プラザ和歌山ビッグ愛6階	事務局	073-499-4529	073-499-4529
（一社）鳥取県社会福祉士会	689-0201	鳥取市伏野1729-5 鳥取県社会福祉協議会福祉人材部	事務局	0857-59-6336	0857-59-6341
（一社）島根県社会福祉士会	690-0011	松江市東津田町1741-3 いきいきプラザ島根 1階	事務局	0852-28-8181	0852-28-8181
（一社）岡山県社会福祉士会	700-0807	岡山市北区南方2-13-1 岡山県総合福祉・ボランティア・NPO会館（きらめきプラザ）7階	事務局	086-201-5253	086-201-5340
（公社）広島県社会福祉士会	732-0816	広島市南区比治山本町12-2 広島県社会福祉会館内	事務局	082-254-3019	082-254-3018
（一社）山口県社会福祉士会	753-0072	山口市大手町9番6号 社会福祉会館内	事務局	083-928-6644	083-922-9915
（一社）香川県社会福祉士会	762-0084	丸亀市飯山町上法軍寺2611番地	事務局	0877-98-0854	0877-98-0856

4 ● 公益社団法人日本社会福祉士会連絡先一覧

	郵便番号	所在地	担当者	電話番号	FAX
（一社）愛媛県社会福祉士会	790-0905	松山市樽味2丁目2-3 ラ・マドレーヌビル2階	事務局	089-948-8031	089-948-8032
（一社）徳島県社会福祉士会	770-0943	徳島県徳島市中昭和町1丁目2番地 徳島県立総合福祉センター3階	事務局	088-678-8041	088-678-8042
（一社）高知県社会福祉士会	780-0870	高知市本町4丁目1番37号 丸ノ内ビル3階12号室	事務局	088-855-5921	088-855-3612
（公社）福岡県社会福祉士会	812-0011	福岡市博多区博多駅前3-9-12 アイビーコートⅢビル5階	事務局	092-483-2944	092-483-3037
（公社）佐賀県社会福祉士会	849-0935	佐賀市八戸溝1丁目15-3 佐賀県社会福祉士会館	事務局	0952-36-5833	0952-36-6263
（一社）長崎県社会福祉士会	852-8104	長崎市茂里町3番24号 長崎県総合福祉センター県棟5階	事務局	095-848-6012	095-848-6012
（一社）熊本県社会福祉士会	862-0910	熊本市東区健軍本町1-22 東部ハイツ105	事務局	096-285-7761	096-285-7762
（公社）大分県社会福祉士会	870-0907	大分市大津町2-1-41 大分県総合社会福祉会館内	事務局	097-576-7071	097-576-7071
（一社）宮崎県社会福祉士会	880-0007	宮崎県原町2-22 宮崎県総合福祉センター人材研修館内	事務局	0985-86-6111	0985-86-6116
（公社）鹿児島県社会福祉士会	890-8517	鹿児島市鴨池新町1-7 鹿児島県社会福祉センター内	事務局	099-213-4055	099-213-4051
（一社）沖縄県社会福祉士会	903-0804	那覇市首里石嶺町4-135-1 くしばるビル207	事務局	098-943-4249	098-943-5249

※注　（公社）は公益社団法人，（一社）は一般社団法人を意味します。

(https://www.jacsw.or.jp/01_csw/06_zenkokukai/（最終閲覧2018年8月31日））

5　公益社団法人成年後見センター・リーガルサポート連絡先一覧

	郵便番号	住所	電話番号
本部	160-0003	東京都新宿区四谷本塩町4番37号　司法書士会館	03-3359-0541
札幌支部	060-0042	札幌市中央区大通西13丁目4番地 中菱ビル6階　札幌司法書士会内	011-280-7077
函館支部	040-0033	函館市千歳町21-13　桐朋会館　函館司法書士会内	0138-27-2345
旭川支部	070-0901	旭川市花咲町4丁目　旭川司法書士会館	0166-51-9058
釧路支部	085-0833	釧路市宮本1-2-4	0154-42-8650
宮城支部	980-0821	仙台市青葉区春日町8番1号　宮城県司法書士会館内	022-263-6786
ふくしま支部	960-8022	福島市新浜町6番28号　福島県司法書士会館内	024-533-7234
山形支部	990-0021	山形市小白川町1丁目16番26号　山形県司法書士会館内	023-623-3322
岩手支部	020-0015	盛岡市本町通2丁目12番18号　岩手県司法書士会館内	019-653-6101
秋田支部	010-0951	秋田市山王6丁目3番4号　秋田県司法書士会館	018-824-0055
青森支部	030-0861	青森市長島3丁目5番16号　青森県司法書士会館内	017-775-1205
東京支部	160-0003	新宿区四谷本塩町4番37号　司法書士会館4階	03-3353-8191
神奈川県支部	231-0024	横浜市中区吉浜町1番地　神奈川県司法書士会館内	045-640-4345
埼玉支部	330-0063	さいたま市浦和区高砂3丁目16番58号　埼玉司法書士会館内	048-845-8551
千葉県支部	261-0001	千葉市美浜区幸町2丁目2番1号　千葉司法書士会館内	043-301-7831
茨城支部	310-0063	水戸市五軒町1丁目3番16号　茨城司法書士会館内	029-302-3166
とちぎ支部	320-0848	宇都宮市幸町1番4号　栃木県司法書士会館	028-632-9420
群馬支部	371-0023	前橋市本町1丁目5番4号　群馬司法書士会内	027-224-7771
静岡支部	422-8062	静岡市駿河区稲川1丁目1番1号　静岡県司法書士会館内	054-289-3999
山梨支部	400-0024	甲府市北口1丁目6番7号	055-254-8030
ながの支部	380-0872	長野市妻科399	026-232-7492
新潟県支部	950-0911	新潟市中央区笹口1丁目11番地15	025-244-5141
愛知支部	456-0018	名古屋市熱田区新尾頭1丁目12番3号	052-683-6696
三重支部	514-0036	津市丸之内養正町17番17号	059-213-4666
岐阜県支部	500-8114	岐阜市金竜町5丁目10番地の1　岐阜県司法書士会館内	058-259-7118
福井県支部	918-8112	福井市下馬2丁目314番地　司調合同会館	0776-36-0016
石川県支部	921-8013	金沢市新神田4丁目10番18号　司法書士会館内	076-291-7070
富山県支部	930-0008	富山市神通本町1丁目3番16号　エスポワール神通3階	076-431-9332
大阪支部	540-0019	大阪市中央区和泉町1丁目1番6号	06-4790-5643
京都支部	604-0973	京都市中京区柳馬場通夷川上ル5丁目232番地の1 京都司法書士会館内	075-255-2578
兵庫支部	650-0017	神戸市中央区楠町2丁目2番3号　兵庫県司法書士会館	078-341-8686
奈良支部	630-8325	奈良市西木辻町320-5　奈良県司法書士会内	0742-22-6707
滋賀支部	520-0056	大津市末広町7番5号	077-525-1093
和歌山支部	640-8145	和歌山市岡山丁24　和歌山県司法書士会館内	073-422-0568
広島県支部	730-0012	広島市中区上八丁堀6番69号	082-511-0230

	郵便番号	住所	電話番号
山口支部	753-0048	山口市駅通り2丁目9番15号	083-924-5220
岡山県支部	700-0816	岡山市富田町2丁目9番8号　岡山県司法書士会館	086-226-0470
鳥取支部	680-0022	鳥取市西町1丁目314-1	0857-24-7013
しまね支部	690-0884	松江市南田町26番地	0854-22-1026
香川県支部	760-0022	高松市西内町10番17号　香川県司法書士会館	087-821-5701
徳島支部	770-0808	徳島市南前川町4丁目41番地　徳島県司法書士会館内	088-622-1865
高知支部	780-0928	高知市越前町2丁目6番25号	088-825-3141
えひめ支部	790-0062	松山市南江戸1丁目4番14号　愛媛県司法書士会合同会館	089-941-8065
福岡支部	810-0073	福岡市中央区舞鶴3丁目2番23号	092-738-1666
佐賀支部	840-0843	佐賀市川原町2番36号	0952-29-0626
長崎支部	850-0874	長崎市魚の町3番33号　長崎県建設総合会館本館6階	095-823-4710
大分支部	870-0045	大分市城崎町2丁目3番10号	097-532-7579
熊本支部	862-0971	熊本市中央区大江4丁目4番34号	096-364-2889
鹿児島支部	890-0064	鹿児島市鴨池新町1番3号　司調センタービル3階	099-251-5822
宮崎県支部	880-0803	宮崎市旭1丁目8番39-1号　宮崎県司法書士会館内	0985-28-8599
沖縄支部	900-0006	那覇市おもろまち4丁目16番33号　司法書士会館	098-867-3526

(資料提供：公益社団法人成年後見センター・リーガルサポート)

6 家庭裁判所一覧

裁判所名	郵便番号	所在地	電話番号
札幌家庭裁判所	060-0042	北海道札幌市中央区大通西12	011-350-4659
函館家庭裁判所	040-8602	北海道函館市上新川町1-8	0138-38-2370
旭川家庭裁判所	070-8641	北海道旭川市花咲町4	0166-51-6251
釧路家庭裁判所	085-0824	北海道釧路市柏木町4-7	0154-41-4171
仙台家庭裁判所	980-8637	宮城県仙台市青葉区片平1-6-1	022-222-6111
福島家庭裁判所	960-8512	福島県福島市花園町5-38	024-534-2156
山形家庭裁判所	990-8531	山形県山形市旅篭町2-4-22	023-623-9511
盛岡家庭裁判所	020-8520	岩手県盛岡市内丸9-1	019-622-3165
秋田家庭裁判所	010-8504	秋田県秋田市山王7-1-1	018-824-3121
青森家庭裁判所	030-8523	青森県青森市長島1-3-26	017-722-5351
東京家庭裁判所	100-8956	東京都千代田区霞が関1-1-2	03-3502-8311
横浜家庭裁判所	231-8585	神奈川県横浜市中区寿町1-2	045-345-3505
さいたま家庭裁判所	330-0063	埼玉県さいたま市浦和区高砂3-16-45	048-863-8761
千葉家庭裁判所	260-0013	千葉県千葉市中央区中央4-11-27	043-333-5302
水戸家庭裁判所	310-0062	茨城県水戸市大町1-1-38	029-224-8513
宇都宮家庭裁判所	320-8505	栃木県宇都宮市小幡1-1-38	028-621-2111
前橋家庭裁判所	371-8531	群馬県前橋市大手町3-1-34	027-231-4275
静岡家庭裁判所	420-8604	静岡県静岡市城内町1-20	054-273-5454
甲府家庭裁判所	400-0032	山梨県甲府市中央1-10-7	055-213-2541
長野家庭裁判所	380-0846	長野県長野市旭町1108	026-232-4991
新潟家庭裁判所	951-8513	新潟県新潟市中央区川岸町1-54-1	025-266-3171
名古屋家庭裁判所	460-0001	愛知県名古屋市中区三の丸1-7-1	052-223-3411
津家庭裁判所	514-8526	三重県津市中央3-1	059-226-4171
岐阜家庭裁判所	500-8710	岐阜県岐阜市美江寺町2-4-1	058-262-5121
福井家庭裁判所	910-8524	福井県福井市春山1-1-1	0776-22-5000
金沢家庭裁判所	920-8655	石川県金沢市丸の内7-1	076-221-3111
富山家庭裁判所	939-8502	富山県富山市西田地方町2-9-1	076-421-6324
大阪家庭裁判所	540-0008	大阪府大阪市中央区大手前4-1-13	06-6943-5321
京都家庭裁判所	606-0801	京都府京都市左京区下鴨宮河町1	075-722-7211
神戸家庭裁判所	652-0032	兵庫県神戸市兵庫区荒田町3-46-1	078-521-5221
奈良家庭裁判所	630-8213	奈良県奈良市登大路町35	0742-26-1271
大津家庭裁判所	520-0044	滋賀県大津市京町3-1-2	077-503-8104
和歌山家庭裁判所	640-8143	和歌山県和歌山市二番丁1	073-422-4191
広島家庭裁判所	730-0012	広島県広島市中区上八丁堀1-6	082-228-0494
山口家庭裁判所	753-0048	山口県山口市駅通り1-6-1	083-922-1330
岡山家庭裁判所	700-0807	岡山県岡山市南方1-8-42	086-222-6771

裁判所名	郵便番号	所在地	電話番号
鳥取家庭裁判所	680-0011	鳥取県鳥取市東町 2-223	0857-22-2171
松江家庭裁判所	690-8523	島根県松江市母衣町 68	0852-23-1701
高松家庭裁判所	760-8585	香川県高松市丸の内 1-36	087-851-1631
徳島家庭裁判所	770-8528	徳島県徳島市徳島町 1-5-1	088-603-0111
高知家庭裁判所	780-8585	高知県高知市丸ノ内 1-3-5	088-822-0340
松山家庭裁判所	790-0006	愛媛県松山市南堀端町 2-1	089-942-0083
福岡家庭裁判所	810-8652	福岡県福岡市中央区大手門 1-7-1	092-711-9651
佐賀家庭裁判所	840-0833	佐賀県佐賀市中の小路 3-22	0952-23-3161
長崎家庭裁判所	850-0033	長崎県長崎市万才町 6-25	095-822-6151
大分家庭裁判所	870-8564	大分県大分市荷揚町 7-15	097-532-7161
熊本家庭裁判所	860-0001	熊本県熊本市千葉城町 3-31	096-355-6121
鹿児島家庭裁判所	892-8501	鹿児島県鹿児島市山下町 13-47	099-222-7121
宮崎家庭裁判所	880-8543	宮崎県宮崎市旭 2-3-13	0985-23-2261
那覇家庭裁判所	900-8603	沖縄県那覇市樋川 1-14-10	098-855-1000

注：支部・出張所は除く

(出典：最高裁判所「裁判所データブック 2017」http://www.courts.go.jp/vcms_lf/db2017_furoku.pdf（最終閲覧 2018 年 8 月 31 日））

⦿日本弁護士連合会の成年後見に関する法律相談窓口

下記あてにお問い合わせください。
日本弁護士連合会ホームページ
https://www.nichibenren.or.jp/index.html

あとがき

　本書を手に取ってくださったみなさま，読後にどのような感想を抱かれたでしょうか。
　成年後見制度は「両刃の剣」だと，あらためて感じた方もいらっしゃると思います。およそ，権利擁護という取組みは，常にそうした側面をもつものかもしれません。よかれと思ってすることが度を越せばお節介となり，過度な介入は本人の権利さえ侵害することがあります。しかし，それをおそれて躊躇し時宜を逃せば，これもまた本人に不利益をもたらします。頃合いを見計らい過不足なく後見活動を展開することは実に難しいと，本書第4章で連ねた14事例のどれを読んでもそのように感じられます。
　例えば，事例10は，脳出血後遺症により意思疎通が難しくなった被後見人の財産状況の確認や滞納した医療費の清算，持ち家の処分，親の納骨など，弁護士と精神保健福祉士による複数後見とはいえ，被後見人の人生を大きく左右するいくつもの判断や手続きが代理されていきます。被後見人は，住み慣れたわが家を本当に処分してよいと思っているのか，意思疎通が難しいなかでも本人の生きる権利を守り最善を尽くそうと奔走し，可能な限り本人の意思を確認しようとする後見人（精神保健福祉士）の姿が印象的です。
　成年後見人の必要性は，その当事者が主体的に感じて発信できるとは限りません。むしろ自らの困難感を自覚しSOSを発信することができないからこそ後見人等が必要になるともいえます。事例4では，元来無駄遣いをしない性格に認知症の進行も加わって，適切にお金を使うことができず不自由な生活に陥った高齢者への後見活動を紹介しています。無理強いするわけではなく，知的障害のある息子の支援を介入のきっかけとして本人の潜在ニーズに働きかけ，本人の求めに応じる形で適宜福祉サービスを導入していく展開は，本人のペースを大事にしつつ諦めない身上保護の取組みが実を結ぶことを教えてくれます。
　一言で「精神障害」といってもその幅は広く，また発達障害や難病なども含めて若年のうちから後見人等を必要としたり，各種医療・福祉サービスを組み合わせて生活を支えることが求められる事例も多くあります。事例2，6，9，14などでは，長期的展望のもとに，変化する本人の状態や状況に合わせ，また各種支援機関と連携しながらサービスを的確に選択して適用する後見人活動の例を示しています。また，事例1，3，8，12などは，精神医療や障害者福祉の関連法・制度の適用者への支援展開であり，疾患や障害の特性を知りそのときの状態に合わせて適切に支援することは，専門職後見人であっても単独で行うことは難しく関係者との協働も必要とすることがわかります。一方，言うまでもなく，支援者の安心のために「支援」を本人に押し付けたり本人の意向を置き去りにしてはなりま

せん。いずれの事例でも後見人等が丁寧に意向確認を繰り返していることは注目すべき点のひとつです。

　また，精神疾患や障害の特徴を類型化して述べることは教科書的には簡単ですが，実際には後見人等を必要とする一人ひとりの特性や嗜好，また置かれている状況などとの関連も十分にアセスメントすることが求められます。本書では，それらの機微を学べるように，精神保健福祉士として有する専門知識を踏まえ，公益社団法人日本精神保健福祉士協会内の成年後見人ネットワーク・クローバーが中心となって積み上げてきた実践と幅広い法制度・施策の理解および支援方法を提示し，また疾患や障害に関する知識を提供することを重視して編集しました。多数の図表も交えて精神保健福祉を取り巻く動向把握を合わせて行えることも特徴としています。

　さらに，精神障害者の自己決定を常に価値の中心に据えて職能団体としての活動を展開している本協会ならではの視点から，当事者の権利擁護と意思決定支援のあり方を追究し，現行成年後見制度の限界や課題に関しても言及しています。

　成年後見人等になろうとする多様な職種の方々をはじめ，被後見人等を支援する精神保健福祉士として成年後見人等と連携する皆さまにとっても，当事者の権利を真に擁護することの覚悟をし直す機会として本書を一読いただけることを願います。そして，後見人等を必要とする精神障害のある方々への適切な支援が展開されますよう願ってやみません。

　この間，成年後見制度利用支援事業の必須化や，精神障害にも対応した地域包括ケアシステムの推進など，精神障害のある人への成年後見人等を必要とする事態は膨らんできています。本協会に成年後見人ネットワーク・クローバーを設置して10年目となる本年，こうした事態にこたえるべく，前作の「精神障害者の成年後見テキストブック」(2011, 中央法規出版)を改編することとなり，本書の発刊にこぎつけました。本テキストの発刊に向けてクローバー運営委員会のメンバーには，豊富な支援事例をもとに知見を提供し執筆の労をとっていただきました。また，中央法規出版の澤誠二氏には迅速な発刊に向け，種々のご高配をいただきました。末筆になりますが，感謝を込めてここに記します。

2018年9月

編者　田村綾子

監修・編者紹介，執筆者一覧

■監修
公益社団法人日本精神保健福祉士協会
1964年「日本精神医学ソーシャル・ワーカー協会」設立，1988年「倫理綱領」を制定，1999年「日本精神保健福祉士協会」へ名称変更，2004年「社団法人日本精神保健福祉士協会」設立許可，2013年「公益社団法人日本精神保健福祉士協会」へ移行。精神保健福祉士の資質の向上を図るとともに，精神保健福祉士に関する普及啓発等の事業を行い，精神障害者の社会的復権と福祉のための専門的・社会的活動を進めることにより，国民の精神保健福祉の増進に寄与することを目的とする。

■編者
岩崎　香
早稲田大学人間科学学術院教授。精神保健福祉士，相談支援専門員。社会福祉士。所沢武蔵野クリニック，一般社団法人精神医学研究所附属東京武蔵野病院，順天堂大学スポーツ健康科学部を経て現職。日本精神障害者リハビリテーション学会理事，一般社団法人日本精神保健福祉学会理事。

田村綾子
聖学院大学心理福祉学部教授，日立製作所西湘健康管理センター非常勤。精神保健福祉士，社会福祉士。医療法人丹沢病院医療福祉相談室長，公益社団法人日本精神保健福祉士協会特命理事・研修センター長を経て現職。日本精神保健福祉士協会副会長・認定スーパーバイザー。一般社団法人日本ソーシャルワーク教育学校連盟理事。

■執筆者
公益社団法人日本精神保健福祉士協会認定成年後見人ネットワーク「クローバー」
運営委員会

委 員 長
長谷川千種（はせがわちぐさ）………… 第3章第1節，第4章8，12，第6章
昭和大学附属烏山病院精神保健福祉室

副委員長
齋藤敏靖（さいとうとしやす）………… 第1章第3節，第2章第1節，第4章4，13
東京国際大学人間社会学部

委　　員
淺沼尚子（あさぬまひさこ）………… 第2章第2節，第4章2，11
ソーシャルワーカー事務所長楽庵

安部裕一（あべゆういち）………… 第3章第2節，第4章5，7，9，10，14
一般社団法人北九州成年後見センター

今村浩司（いまむらこうじ）………… 第3章第2節
西南女学院大学保健福祉学部福祉学科

岩崎香（いわさきかおり）………… はじめに，第1章第1，2節，第4章6
早稲田大学人間科学学術院健康福祉科学科

岡田昌大（おかだまさひろ）………… 第5章3，6，7
医療法人芳志会こころのクリニック西尾

川井邦浩（かわいくにひろ）………… 第3章第1節，第4章1，3
医療法人杏和会阪南病院

毛塚和英（けづかかずひで）………… 第5章1，4，8，9
社会福祉法人はらからの家福祉会

笹木德人（ささきのりと）………… 第5章2，5，10
グループホームあらかき

田村綾子（たむらあやこ）………… 第2章第3節，第5章10，あとがき
聖学院大学心理福祉学部・公益社団法人日本精神保健福祉士協会第1副会長

よくわかる成年後見制度活用ブック
精神障害や認知症などのある人の意思決定支援のために

2018年10月10日　発行

監　　修	公益社団法人日本精神保健福祉士協会
編　　集	岩崎香・田村綾子
発 行 者	荘村明彦
発 行 所	中央法規出版株式会社 〒110-0016　東京都台東区台東3-29-1　中央法規ビル 営　　業　　TEL 03-3834-5817　FAX 03-3837-8037 書店窓口　　TEL 03-3834-5815　FAX 03-3837-8035 編　　集　　TEL 03-3834-5812　FAX 03-3837-8032 https://www.chuohoki.co.jp/
装　　丁	有限会社ダイアローグ
印刷・製本	永和印刷株式会社

定価はカバーに表示してあります。
ISBN978-4-8058-5749-6

本書のコピー，スキャン，デジタル化等の無断複製は，著作権法上での例外を除き禁じられています。また，本書を代行業者等の第三者に依頼してコピー，スキャン，デジタル化することは，たとえ個人や家庭内での利用であっても著作権法違反です。

落丁本・乱丁本はお取り替えいたします。